日本の神社と「神道」

井上寛司

法蔵館文庫

本書は二〇〇六年、校倉書房より刊行された。

はしがき

本書は、日本固有の宗教及び宗教施設とされる神社と神社祭祀・神祇信仰の問題を、「神道」との関わりに視点を据えて検討しようとするものである。

日本の宗教について考える場合、神社・神祇信仰と「神道」に関わる正確な理解が、寺院や仏教に対してと同じく極めて重要であることは改めて指摘するまでもない。日本の宗教を支える主要な宗教施設が寺院と神社の二つ（とくに前近代）であることにも、それは示されている。従来から寺院と神社、神と仏との関係に視点を据えて日本の宗教史を読み解く作業が進められてきたのは、その意味からしても当然のことであった。

では、これによって神社や神社祭祀・神祇信仰の問題は十分に解明されたといえるのであろうか。残念ながら、筆者はこのことにたいへん否定的とならざるをえない。戦後歴史学の中にあって最も大きく立ち遅れているのがこの分野ではないかとさえ考える（ごく近年新たな動きも生まれつつあるが）。その背景に戦前の「国家神道」がもたらした深刻な影響、すなわち国家権力と結んで日本の内外の民衆に取り返しのつかない深刻な精神的苦痛をもたらした神社や神社祭祀に対する激しい怒りや嫌悪感、それが神社そのものに対する冷静で真摯な学問的研究を大きく阻害する一つの重要な要因になってきたという事情（＝神社史研究そのものに対する忌避感）があったことは、恐らく否定できないところであろう。しかし、果たして問題はそれだけであろうか。筆者は「国家神道」そのものを含め、それとは別のもっと深いところにより根本的な原因があるのではないかと考える。

まず第一に、最も注意する必要があると考えるのは、「国家神道」そのものについての批判的検討の問題である。「国家神道」については、第三章において改めて検討を加えることとするが、予め結論のみを述べれば、村上重良氏以下今日に至るまで多くの研究者によってその解明が進められてきたにもかかわらず、依然として十分に説得力のある、整合的な理解には到達しえていない、と筆者は考える。その原因の一つとしてとりわけ問題だと考えられるのは、柳田国男氏の「国家神道」批判の持つ意味が十分吟味されてこなかったこともあって、柳田氏の提起した「国家神道」批判がそのまま受け入れられ、いわば暗黙のうちにそうした理解の上に立って村上氏以下の研究が進められてしまったことである。

柳田氏による「国家神道」批判の最も重要かつ大きな特徴は、「真の神道」（＝「固有信仰」）論を対置することによって「国家神道」を批判するというもの、そしてそこで提起される「真の神道」なるものが、自ら「新国学」と称していることからも知られるように、本居宣長などの「国学神道」の新たな形での復権を意図するものにほかならなかったということである。これは、絶対主義的天皇制に代わる象徴的天皇制論の先取り、その別の形での提起というべきものであって、こうした理論的枠組みを持つ柳田氏の「国家神道」批判がいわば無批判のまま受け入れられ、その上に立って「国家神道」論の研究が進められてしまった。村上氏以下の戦後の「国家神道」論研究が大きな混乱に陥ってしまったのは、いわば当然のことであったといわなければならない。

第二に、いっそう深刻だと考えられるのは、右のような事情もあって、柳田氏の提起した新たな「神道」論が何らの学問的な検証を経ることもなく、あたかも疑う余地のない真理であるかのように受け止められ、そしてこれ以後「神道＝自然発生的な日本固有の民族的宗教」とする理解（それは、戦後いち早く象徴的天皇制論の重要性を説いた津田左右吉氏や和辻哲郎氏など、戦前・戦時中の一部の研究者にも共有されていた）が一種の社会的通念として定着し、今日にまで至ったことである。それは、「神社・神道非宗教」論の上に立って構築された「国家神道」のまさに裏返しという位置を占めるものであって、「神社・神道非宗教」論と同様、学問的には重大な疑義と問題とを抱える理解であったといわなければならない。そしてさらに、こうした「神道」理解とも関わって、日本の「神社」は稲作農耕儀礼の中から自然発生的に成立したものであり、その起源は原始社会に遡るとする見解が建築史学の福山敏男氏らから提起され、これまた広く戦後における「神社」理解の通説的な位置を占めることとなった。

この「神社」と「神道」に関する二つの理解がそれぞれ相互に支え合う、表裏一体の関係にあったのは明白で、この二つが重なり合うことによって、原始社会から現在に至るまで一貫して変わることのない超歴史的なあり方こそ日本宗教の最も本質的で重要な特徴（それは天皇制の問題とも密接に関わる）であり、そこに日本の宗教や歴史そのものの独自性・特殊性が看取できるとの理解が、これまた広く社会に浸透していくこととなった。三島由紀夫を初めとする多数の論者がおびただしい数の「日本文化論」を発表し、そしてその流れが現在にまで及び、近年の新自由主義思想などと結んだ新たなナショナリズムの台頭とも関わって再び活性化の傾向さえ認められる、そうした動向の共通の理論的前提となっているのが、日本の宗教についてのこうした「通念」にほかならないと考えられるのである。そして同じくそうした観点から、戦前の「国家神道」というのも、日本歴史の全体からすれば極めて特異で非本質的なもの、それは一部の維新官僚が日本文化の伝統を無視して強行した一過性のものに過ぎないとする理解もまた生まれることとなった。

しかし、こうした理解や主張、そしてその理論的前提となっている「神社」や「神道」についての理解が多くの問題を抱えていることは、現実の歴史過程や歴史的事実に照らしてみれば明らかであって、いわばこうした不確かな「通念」や「常識」に基づいて進められてきたのが、ほかならぬ戦後の神社・宗教史研究でもあったと考えられるのである。神社や神社祭祀の歴史的な本質に切り込み、その総体を余すところなく全面的に解明することなど、およそ及びもつかないというのは、「国家神道」論研究の場合と基本的に同じであったといわなければならないであろう。

以上のような問題意識に基づいて、本書ではその理論的中核をなすと考えられる「神道」に焦点を合わせ、①古代から近現代に至る歴史過程を通じて、実際のところ「神道」はどういうものとして存在し機能したのか、②それはそのそれぞれの時代における神社・神社祭祀や信仰のあり方とどのように関わり合っていたのか、そして③そうした歴史過程を通じて、いかにして今日の社会的通念とされる「神道＝自然発生的な日本固有の民族的宗教」説が成立するに至ったのか、これらの点について大雑把な検討を試みることとした。

従って、本書は『日本の神社と「神道」』との表題を掲げ、神社や神社祭祀・神祇信仰について一定の歴史的考察を試みることとはするが、しかしそこでの主要な課題はあくまで神社・宗教史研究を進めていくための理論的・方法論的基礎ないし前提を構築する、そのための一つの問題提起ということにあって、神社や神社祭祀・神祇信仰そのものの歴史的分析を直接の目的とするものではない。別言すれば、本書で取り上げるのは「神道」に関わる限りでの神社や神社祭祀・神祇信仰の一側面であって、日本の宗教や神社の歴史的性格そのものの全面的な解明をそれ自体として試みようとするものではない。

また、こうした課題に応えるため、本書では筆者が専門研究分野とする中世以外の古代から近代に至るすべての時代を考察の対象としたところから、先行研究についての理解や総括が必ずしも十分でないところも存在するであろうと考えられる。もちろん、筆者なりにそれらの研究成果に学ぶべく鋭意努力したつもりではあるが、なお十分とはいえないところも存在するであろう。そうした点での不十分さに対するご批判は謙虚に受け止めなければならないと考えるが、しかし歴史学に課せられた課題に真に応えようとすれば、ときにはこうした「背伸び」や「挑戦」も必要であり、それによって初めて見えてくる問題もまた存在するのではないかと考える。各時代・分野を専攻される諸賢からすれば、種々の不十分さが目に付くところもあろうかと考えるが、それらの点も合わせ、厳しいご批判とご教示をいただければ幸いである。

以下、本書の構成について、簡単に説明しておくこととしたい。序章「「神道」と神社史研究の課題――〝顕密体制論〟の批判的継承・発展のために――」は、「神道」の概念やその理解をめぐって初めて本格的な学問的検討を加えた黒田俊雄氏の研究の批判的検討を試みたものである。黒田氏の学問的到達点を確認するとともに、その理論的・方法論的な弱点と問題点の析出を通じて、新たな「神道」論及び神社史研究の課題と方向性とを導き出そうとしたものである。黒田氏がこの問題を顕密体制論という日本中世の宗教（仏教）構造論の上に立って検討を行っているところから、直接的には中世神社史研究の課題の解明に主題が置かれているが、黒田氏がその学問的な基礎の上に近代の「国家神道」までを視野に入れて「神道」論を展開していることもあって、「神道」論・神社史研究の全体を見通すものとなっており、本書全体の課題設定に位置するものと考え、序章として収めることとした。

第一章「日本の「神社」と「神道」の成立」、第二章「中世末・近世における「神道」概念の転換」、及び第三章「「国家神道」論の再検討―近世末・近代における「神道」概念の転換―」の三章は本書の中核となる部分で、序章での課題設定に基づき、古代・中世における「神社」と「神道」の成立から始まって、中世・近世・近代の各時代を通じて「神道」の概念がそれぞれどのように変化していったのかについて、当該期の宗教・思想構造や国家的イデオロギーのあり方との関わりを念頭に置きながら検討を試みた。

結章「日本の「神社」と「神道」」は、本書のいわば結論に当たる部分で、第一章～第三章で検討した内容の総括を通して、「神道」の呼称や内容、及び神社がその成立から近代に至るまでの間にどのような歴史的変遷をたどったのかを概観した。本書の基本的な認識（＝結論）はこの結章に示されており、それは序章で提示した検討課題に対する現時点での筆者なりの回答という位置を占めるものである。

附論「古代・中世の神社と「神道」」は、内容的に結章と重複するところも多いが、最新の研究成果をも踏まえつつ、古代と中世にやや踏み込む形で結章の内容を補い、敷衍しようとしたものである。結章に対する補論としての位置を占めるところから、附論として本書に収めることとした。

目次

はしがき……3
序章　「神道」と神社史研究の課題
——〝顕密体制論〟の批判的継承・発展のために——……19
はじめに——問題の所在と課題の設定……19
第一節　黒田俊雄氏の中世「神道」論をめぐる学説の概要と特徴……22
A 「神道」・「神道」説について　B 「神国思想」について
C 「王法仏法相依」論について
第二節　黒田俊雄氏の学説についての疑問と問題点……30
第三節　中世における神社史研究の課題……35
むすび……43

第一章　日本の「神社」と「神道」の成立……49
はじめに――問題の所在と課題の設定……49
第一節「神道」とは何か……54
1　古代の「神道」　54
2　中世の「神道」　59
第二節「神道」の成立をめぐる予備的考察……71
1「神道」の成立に関する従来の諸説の検討　71
2「神社」の成立とその歴史的性格――日本古代の宗教構造　75
第三節「神道」成立の歴史過程……87
1　日本的宗教としての顕密主義・顕密体制の成立　87
2　中世的神統譜の成立　92
3　中世日本紀の成立　103
4　二十二社・一宮制の成立　113

第四節　「神道」成立の歴史的意味――むすびにかえて……133

第二章　中世末・近世における「神道」概念の転換……163

はじめに――問題の所在と課題の設定……163

第一節　吉田兼倶と「唯一神道」の歴史的位置……165

1　先行研究の批判的検討　165

2　「唯一神道」の歴史的性格　174

第二節　幕藩制国家の宗教・イデオロギー構造と「神道」概念の変容……185

1　幕藩制国家の宗教・イデオロギー構造の歴史的特質　185

2　儒学・「神道」思想の歴史的展開と「神道」概念の変容　198

第三節　近世の「吉田神道」と「吉田神道」批判……212

1　近世初期における「吉田神道」の変質　212
――体制的宗教としての「吉田神道」の成立

2　近世中期以後における「吉田神道」批判の展開　234

むすび……248

第三章　「国家神道」論の再検討
——近世末・近代における「神道」概念の転換——……280

はじめに——問題の所在と課題の設定……280

第一節　「国家神道」の成立……286
1　明治初期における維新政府の政策基調（1）
——「神道国教」化の理解をめぐって　286
2　明治初期における維新政府の政策基調（2）
——「国家神道」の基本的枠組みの成立　300

第二節　「神道」概念の転換と「国家神道」の体制的確立……309
1　教部省・教導職設置の意味するもの　309
2　「信教の自由」論争と二つの「神道」概念の併存　320
3　新たな「宗教」概念と「神道非宗教」・「神社非宗教」論の成立　337

第三節　柳田国男「固有信仰」論の歴史的位置……347
1　「国家神道」の再編成と神社整理　347
2　柳田国男「固有信仰」論の提起とその意味するもの　363
むすび……375

結章　日本の「神社」と「神道」……403
はじめに……403
第一節　「神道（シントウ）」の成立とその歴史的性格……405
1　「神道」の呼称　405
2　「神道」の意味するもの　409
第二節　「神社」の成立とその歴史的展開過程……420
1　「神社」の歴史的性格　420
2　「神社」の歴史的展開　424

むすび……429

附論　古代・中世の神社と「神道」……436

はじめに――問題の所在と課題の設定……436

第一節　「神道」の呼称とその意味するもの……440

第二節　律令制神祇体系と「神社」の成立……443

第三節　律令制神祇体系の転換……449

第四節　中世的神祇体系と二十二社・一宮制の成立……454

むすび……471

あとがき　479

文庫版あとがき　486

日本の神社と「神道」

序章　「神道」と神社史研究の課題
――〝顕密体制論〟の批判的継承・発展のために――

はじめに――問題の所在と課題の設定

「日の丸」・「君が代」の国旗・国歌法制化問題や、最近の教科書問題をめぐるいわゆる新自由主義史観の立場からの種々の言説などにも見られるように、天皇を中心とした超歴史的な日本歴史の捉え方との思想闘争は、科学的歴史学にとって依然として軽視することのできない、否むしろますます重要性を増している課題の一つと考えられる。

こうした超歴史的な日本歴史の捉え方を、その根底において支えているのが、「日本宗教史上の最大のドグマ」とされる、日本の宗教についての特殊な理解にあることはよく知られているところといってよい。「神道＝原始・古代から現代に至るまで連綿として続く、天皇の存在と密接・不可分の関わりを持つ、日本に固有の土着的（民族的）宗教」という理解がそれである。(1)

こうした理解や主張が事実の問題としても、また歴史理論としても多くの問題を抱えていて、とうてい成り立ちえないことについては、すでに黒田俊雄氏が明快に指摘したところである。[2]とくに重要なのは、黒田氏が単なる理論的あるいは方法論的な批判にとどまらず、「神道」論の成立期とされる日本中世の宗教構造の全体像（顕密体制論）を提示し、その中に「神道」を位置づけることを通して、具体的かつ積極的に、歴史の事実に照らして「神道＝日本の民族的宗教」説が成り立ちえないことを明らかにしたことにある。

周知のように、黒田氏は日本中世の社会や国家の全体構造を荘園制社会、権門体制国家として捉えることを提起しており、顕密体制論はそうした国家や社会のあり方に対応する、中世社会に固有の宗教の歴史的性格や構造をその総体において捉える概念として提起されたものであった。顕密仏教による諸宗教の統合を説く黒田氏の学説の具体的な内容については、後ほど改めて述べることとするが、仏教や仏教思想を外的で非本質的なものと位置づけ、「神道」の連続的側面のみを強調する理解が成り立ちがたいことは、これによって明白になったと考えられる。

では、問題はこれによって解決されたのであろうか。日本中世史の研究者を初めとして、一般には黒田氏の問題提起が肯定的に受け止められ、問題は決着したかのように考える向きもないではない。[3]しかし、いまに至るも「神道」学や「神道」史研究の側から黒田氏の学説に対する正面切った批判や反論が提起されず、それでいて黒田氏による問題提起以前とまったく変わらない論調の研究や啓蒙書がむしろ従来以上に盛んに公表される現状を考えるとき、残念ながら黒田氏の問題提起は基本的に「スレチガイ」に終わっていると考えざるをえない。

こうした「スレチガイ」の原因がすべて黒田氏の側にあるとはもちろん考えないが、しかし黒田氏が専ら寺院史・仏教史の観点から理論を組み立て、同じくその視角から「神道」の評価を試みていて、「神道」や神社そのものにまで踏み込んで検討を加えていない(4)ところに、その原因の一つがあったことは否定できないであろう。

そうであれば、私たちに残された課題は、黒田氏の研究の到達点を踏まえつつ、その批判的な継承・発展を通じて、さらにもう一歩踏み込んだ検討を試みる必要があるということになる。ここでは、そうした作業を進めるための基礎的前提として、まずは黒田氏が提起した顕密体制論そのものの批判的検討を通して、問題の所在と研究課題とを明らかにすることを心がけたいと考える。但し、黒田氏の提起した顕密体制論の全体を議論の俎上にのぼせるにはもっと別の形が必要と考えられるので、ここでは中世における神社史研究の課題の解明という観点から、黒田氏が提起した「神道」論をめぐる問題に絞って考えてみることとしたい。なぜ神社史なのかといえば、結論的にいって黒田氏の学説の抱える最大の弱点の一つがここにある、すなわち寺社勢力を強調する黒田氏の学説が、実際には神社史を欠いた「片肺飛行」となってしまっているところに、重大な問題が含まれていると考えるからである。[5]

以下、顕密体制論の一環として提起された「神道」論をめぐる黒田氏の理解の特徴とそれについての疑問・問題点、及び今後に残された課題について若干の検討を試みることとしたい。

第一節　黒田俊雄氏の中世「神道」論をめぐる学説の概要と特徴

黒田氏の「神道」論の最も大きな特徴の一つは、津田左右吉氏が『日本の神道』[6]で提起した、文献上に現れる「神道」の六つの語義〈①古くから伝えられてきた日本の民族的風習としての宗教〈呪術を含めていう〉的信仰。②神の権威、力、はたらき、しわざ、神としての地位、神であること、もしくは神そのもの。③神に関する思想的解釈や教説。④特定神社の宣伝的な教説。⑤政治的・道徳的な規範としての「神の道」。⑥宗派神道〉が、ほぼ歴史的な経過に合致するとして、これを立論の基礎に据えているところにある。

第二に、その分析を通じて、古代・中世において「神道」なる語は津田氏のいう②の意味にほかならなかったこと、また中世におけるその実態は仏の化儀・化導を現す一つの形であって、仏教と並立する独自の宗教として存在したわけではないこと、それが「日本の民族宗教」のような姿をもって現れてくるのは、顕密体制が変質する中世後期以後のことであり、しかもそれが仏教などと区別される一個の独立した「宗教」として確立するのは近代の「国家神道」の成立を待たなければならないこと、などを明らかにした。

第三に、これらの問題を明らかにするために、黒田氏は三つの主要な論点を提示し、それら相互の連関とそのそれぞれの全体的な考察を通じて、議論を展開した。三つの主要な論点とは、A「神道」・「神道」説、B「神国思想」、C「王法仏法相依」論である。

以下、そのそれぞれについて、黒田氏がどのように考えているかを、黒田氏の記述によりながら整理すれば、およそ次のようになろう（〔 〕は筆者の補ったもの。…は（中略）を示す。以下、同じ）。

A 「神道」・「神道」説について

(1)中世では「神道」に関する説はすべて仏教の一部として、一般的には本地垂迹説によって行われた…つまり、神は仏の別の姿であり、神の姿、ありよう、権威、はたらきとは、仏の衆生済度の姿、はたらきを意味した…実際、「神道」とはそれ独自の宗教体

系ではなくて、「仏の化儀」の一つの形を指す言葉にほかならなかった。(Ⅳ．一四〇頁)

(2)〔中世には〕神道なる言葉でいわれる独立の宗教は現実には存在しなかったのであって、あったのは儀礼の系列だけである。換言すれば、いわば禁忌の儀礼の神秘的演出の体系こそが「神道」の名で呼ばれるものであった。(Ⅱ．一五八頁)

(3)仏(神)の化儀には、人々の祭祀・祈禱が対応する。そこで個々の神の神徳と、流派・社家の作法との個別的特色が強調され、それに教義的解釈が附加されて、〔両部神道・山王神道・三輪神道などの〕いわゆる社家神道、吉田兼倶のいう本迹縁起神道が発生する。…中世の「神道」説の基本的内容はまさにそうしたものであった。(「「神道」の語義」『歴史学の再生』所収、二〇頁)

(4)〔伊勢神道の場合〕「神道」の語は…依然根本では〝神の状態・属性〟を意味しながらも、〔「仏法」「三宝」など〕対比の相手を見出すことによって、特殊な領域ないし流儀を意味する言葉へと転換を見せている…「神道」の語義は、こうして仏教(ないし宗教的真実)の民族的現象形態＝流儀を意味するようになり、民族的宗教の名称という次の段階へ一歩近づいていく…いわゆる伊勢神道から唯一神道への道程がこれである。(Ⅳ．一四二頁)

(5)伊勢の神道説では、〔社家神道的立場から〕「天地開闢」以下の神代の歴史と神国の意義についての説明が、あたらしく展開することになった。…〔そこでは日本が〕かつての本迹説のように単純に和光同塵の神の垂迹の国ということでなく、そういう認識を踏まえたうえでのことではあるが一種の帝王神権的な、その意味でいわば政治理念的な性格をもつ主張になってくる。…そこからのちの唯一神道にみるように顕密仏教に対して自己の優越を主張するまで〔になるが〕、それはもはや、中世の体制としては異端的なものといわなければならない。…〔それは〕中世の体制的宗教の支配がこの時期に実質上すでに解体していた〔ことと表裏の関係にあった。〕（Ⅳ．一五四〜六頁）

(6)これに続く近世では、中世後期の北畠親房・慈遍・一条兼良など、津田説の第三の「思想的解釈や教説」の意味を受けて、林羅山以下の儒家神道がおこる。ここで「神道」は、道教や仏教や儒教と対置される「日本の民族的宗教」の名称という語義を確立するとともに、津田説第五の「政治的・道徳的規範としての「神の道」」の意味を付与されていくこととなる。もちろんその〝神道〟は、そうすることで逆に実質は儒教に従属し、しかも当時の現実的実在としての〝神道〟は実際はたいてい仏教に従属していたのであるが。（Ⅳ．一四二頁）

(7)「日本の民族的宗教」としての神道は、国学から国家神道への段階に至って、はじめて名実ともに備わった形で出現する。神道が、道教・仏教・儒教と全然別な「古くから伝へられて来た日本の民族的風習としての宗教（呪術を含めていふ）的信仰」だという観念が、ここにはじめて明確になり、「神道」の語義もそれが基本とされ、明治以後の学者もこの語義を踏襲することになる。これと並行して宗派神道が簇生し、「神道」にもう一つの語義を加えたが、儒教や仏教から完全に独立した宗教である点では、国学以降の動向と共通する側面をもつ。（Ⅳ．一四二～三頁）

B「神国思想」について

(1)十世紀には、本地垂迹の教説が明確になり、やがて（十一世紀末・十二世紀初頃）土着の神祇の本地仏が特定して明示されるようになる。こうしてこの国土に鎮座する神々は、仏・菩薩・天・神と連続または等質の存在となり、その意味で、「神道」（神としての姿・権威）という概念・機能は仏教と世俗世界との接点に位置するものになった。したがって、この「国土」はそういうものとして観念され、「衆生」はその権威と恩沢の下にあるとされた。中世の「神国」観念（思想）は、ここから展開することになる。（Ⅱ．二〇八頁）

(2)中世の神国思想は、いわゆる神道説と不可分の関係にある。しかも、まず当時一般に「神国」という明確な観念があってそのために種々の神道説が起こったのではなく、

「神」についての雑多な教説が「神道」という名目のもとにくりひろげられたなかで、その一部として、「神国」ということが日本の特殊性として語られるようになったのである。（Ⅱ．一四六頁）

(3)神国思想は、思想的には顕密主義に本来的な固有のもの、その意味ではむしろ仏教的なものとして、性格づけられるとともに、現実的には権門体制＝顕密体制の衰退状況における反動的な本質顕現現象として位置づけられる。（Ⅱ．一三九頁）

(4)〔政治的・社会的イデオロギーとしての機能を持つ論理の体系である〕神国思想は顕密体制の反動的対応のための重要な役割を果たし、それゆえにこそ強調されるという側面を持って〔おり、〕異端＝改革運動と並行して展開〔していった。〕（Ⅱ．一六六～七頁）

(5)神国とは、神の擁護する国であるとともに、神の支配する国である。…神国が、仏の方便としての垂迹神によって理論づけられたあいだは、この神の支配は、いまだ消極的なものであった。…しかるに神の存在が根元的な規制力となり、神国たることがすべての前提となり天照大神が最高神たる地位を確立すると、神の支配力は絶対のものにたかめられてくる。…ここにおいて、政治支配は神の支配と一致し、神国は封建国家権力を意味することになる。（Ⅳ．五一～二頁）

(6)〔封建王政段階には〕神国思想は、都鄙民衆の素朴な寿祝的な神祇崇拝を「天下太平・国家安穏」という国家と権力の賛仰へと結集するあからさまな国家イデオロギーになり、かつて「王法仏法の相依」をいわれたときの密教のような地位を占めることになった。…神国思想はこのようにしてこの後、封建支配の反動イデオロギーの切り札となった。(Ⅱ、一七三~四頁)

C 「王法仏法相依」論について

(1)「王法・仏法」というときの王法とは、実際には国王(天皇)や世俗的権門の権力と秩序、その統治をいい、仏法とは、現実の社会的・政治的勢力としての大寺社ないしその活動のことにほかならなかった。つまり、王法仏法相依とは、単に仏教が政治権力に奉仕することをいうのではなく、仏教が社会的・政治的に独自性を帯びた勢力を形成しながら国家全体の秩序の構成原理のなかに入り込んでいる政治と宗教との独特の癒着の仕方を意味していた。(Ⅱ、一八九~九〇頁)

(2)権門体制国家においては、…国家の体制原理そのものが宗教的で〔あるところから、〕国家と宗教が結合し依存しあっている状況は、意義づけられ理論化されて、「王法・仏法」相依相即の思想となった。ここにいう王法とは、世俗の政治権力を指す言葉であるが、…単に現実あるがままの政治権力や武力そのものではなく、宗教的…に理念化された国家権力を意味し…絶対的な次元で仏法に包摂される〔というものであった。〕（Ⅱ・九五〜八頁）

(3)「神道」は仏教の「法」（真理）の教理・信仰の体系に包まれながらも、まさに「和光同塵」の世俗的な存在であった。すなわち、この両義的本質のゆえに、「王法」と「仏法」の接点としての地位を占め、さらに両者の完全な癒着・融合の論理としての神国思想を展開させることともなったのである。（Ⅲ．六八頁）

(4)かつての「王法・仏法相依」の輝かしい権威を失い始める〔なかで〕…権門体制における帝王の権威がことさらに論じられたように、神道がことに力説されるようになる。…このようになれば、神国の観念が、封建王政への傾斜と結合して、国家イデオロギーとしての神国思想を生んでくるのは、見やすい傾向である。（Ⅱ．一七二〜三頁）

(5)〔鎌倉末・南北朝期以後、仏法は〕集権的傾向を強めた王権とその秩序（王法）に掌握され従属し〔代わって〕神道…が重視された。それは顕密仏教を補強する新しい形態で〔あり、〕…そうしたことを通じて、神秘主義的・没論理的な教説や信仰がひろがり、権力の安泰と現世の利益とのための寿祝・祈禱が宗教の使命となった。（Ⅲ．二二五〜六頁）

以上によって知られる黒田氏の理解の特徴は、顕密体制における中世国家と宗教との関係を具体的に現すのが王法仏法相依であり、そこでは仏法と世俗世界との両義性を持つ「神道」がその接点に位置したが、顕密体制が動揺を深める中で「神道」の比重が増し、神国思想の浮上と合わせて、「神道」が顕密仏教を補強する新しい機能を果たすこととなった、とまとめられよう。王法仏法相依から異端的「神道」説・「神国思想」への展開というのが、黒田氏の理解する中世宗教史の一つの大きな流れであったということになろう。

第二節　黒田俊雄氏の学説についての疑問と問題点

黒田氏の「神道」論において、まず第一に問題となるのは、A「神道」・「神道」説の理解についてである。先述のことからも知られるように、この点についての黒田氏の理解を簡略化して示せば、仏の化儀としての中世的「神道」の成立↓神祇についての仏教的教説としての「神道」説（社家神道）の成立↓仏教と対決ないしそれを排斥した異端的「神道」説（伊勢神道から唯一神道へ）の成立↓近世における新たな「神道」概念（政治的・道徳的規範としての「神の道」）への転換、と整理することができる。しかし、ここには二つの大きな問題が含まれている。

その第一は、同じく社家神道と認めながらも、「伊勢神道」以後とそれ以前とを質的に区別し、ここに「神道」概念転換（津田氏のいう②から③の意味への転換）の歴史的基点を置いていることである。こうした理解が、「神国思想」が新たな意味と重要性を持つに至ったとする理解と表裏一体の関係にあるのは明白である。しかし、果たしてそうであろうか。黒田氏が「神道」の語義を説明するための史料として掲げた中にも、明らかに黒田氏の理解と矛盾するものが多く含まれている。

ア．『渓嵐拾葉集』（Ⅳ．一三九頁）

次吾国ノ世次ノ様ヲ云ニ、天照太神魔王ノ神璽ヲ得テ吾国ニ来下シ、神道ノ本源ト成玉フ。

イ．『太神宮参詣記』（Ⅳ．一四一頁）

天照太神ハ神道ノ主、大日如来法花ハ仏法ノ主也。

ウ．『宝基本紀』（Ⅳ．一四一頁）

神道則出二混沌之堺一、帰二混沌之始一、

黒田氏はこれらを、いずれも「神道」が神そのものを示す事例として挙げているが、一見して明らかなように、ここにいう「神道」や神はいずれも仏教思想に基づいて中世的に再編成・再構築された古代天皇神話(7)（＝中世日本紀）の中で活躍する神々のことであって、その意味するところは「伊勢神道」の主張と本質的に異ならない。慈円自ら『愚管抄』において「神道」＝「日本紀」と理解していること[8]からも知られるように、中世において「神道」なる語は中世的な天皇神話（中世日本紀）とそこで活躍する神々として理解されているのであって、社家神道一般と「伊勢神道」以下とを質的に区別する黒田氏の理解は、仏教史の観点から見た一つの理解ではあっても、「神道」そのものについての理解としては著しく説得力に欠けるといわなければならない。

第二の問題は、黒田氏が民衆の素朴な神々への信仰を含め、中世の神祇信仰一般をすべて「神道」として捉えていることである。例えば、次の記述などがそれを示している。

中世ではこの「神道」は、土俗信仰としての神、または本地垂迹説にいう「権現」「明神」、あるいは真言密教系教説にいう「本覚神」など、種々の説明が行われていたが、教理的には顕密仏教つまり「仏法」の教説と信仰に組み込まれており、神社もその末社として支配されていた。（Ⅲ．六八頁）

中世「神道」説と庶民の信仰とは基本的に一致していた。（『歴史学の再生』一二三頁）

黒田氏がここでいわんとしているのは、中世の顕密体制のもとでは、在来の神々に対する信仰とその神がすべて顕密仏教の教理に基づいて理解されているということであって、そのこと自体に問題はない。しかし、それが「神道」だというのは明らかに論理の飛躍だといわなければならず、事実を正確に捉えたものとは認めることができない。中世民衆が天皇神話や天皇の神的権威をそのまま受け入れ、これを信仰していたとは考えがたいからである。

以上に指摘した「神道」・「神道」説の理解をめぐる二つの問題点は、それが「神道」論の根幹に関わる問題であるだけに、その影響は深刻で、黒田氏の「神道」論が極めて不安定な基礎の上に構築されていることを示すものと考えざるをえない。いったい、なぜこういうことになってしまったのか。結論的にいって、その理由は次の二つの点にあると考えられる。一つは、黒田氏が寺院史・仏教史の観点から、専ら仏教との関係において、それも「神道」の語義の問題を中心に議論を組み立てていて、「神道」・「神道」説そのもの、あるいは「仏の化儀としての神」という場合の「神」そのものの歴史的・階級的性格についての検討をほとんど行っていないことにある。二つには、右のこととも関わるが、黒田氏が不用意に津田氏の説に依拠し、しかもこれを歴史的な発展段階として理解してしまったことである。黒田氏が歴史的な発展段階を示すと考えた、①仏の化儀としての「神道」、②神祇についての仏教的教説としての「神道」説＝「社家神道」、③神代の歴史を踏まえた帝王神権的な「神道」説、これらはいずれも中世「神道」のそれぞれ別の一側面を示すものであって、中世の「神道」・「神道」論はまさにそういうものとして成立・機能していたと考えなければならない。にもかかわらず、これを発展段階論的に理解してしまったところに、黒田氏が混迷に陥る大きな原因があったと考えられるのである。

以上のような「神道」・「神道」説についての理解の不安定性は、当然のことながら他の二つの論点（B・C）についても大きな問題を抱えることとなった。B「神国思想」については、保立道久氏[9]が誤解してしまったように、ここでも黒田氏のいう「神国思想」の概念は不安定で、著しく説得力に欠けるものとなっている。第三期以後の黒田氏[10]は、B―①・③などに見られるように、「顕密主義に本来的な固有のもの」として、その成立が顕密体制の成立期に遡ることを指摘しているが、しかし他方ではB―②・④などに示されるように、国家イデオロギーとしての「神国思想」は中世における異端＝改革運動の展開に対応する形で現れてくると指摘していて、成立期の「神国思想」とその後の国家イデオロギーとしての「神国思想」とはどのような関係にあるのかが明確でない。黒田氏はこれを「本質の顕現」という形で説明しているが、こうした理解がさきに指摘した「社家神道」から異端的「神道」説への転換という、それ自体再検討を要する理解と表裏の関係にあることは明らかであろう。また、C「王法仏法相依」論に関しては、「神道」が王法と仏法との「接点」に位置するという説明が、言葉の上では理解できても、その具体的な意味内容がまったく明らかでないところに問題がある。これまた「神道」を仏法の側から、仏法との関係において説明するにとどまり、これを王法や王権、あるいは世俗社会との具体的な関わりにおいて考察するという視角が欠落しているところに、その主要な原因があると考えられる。

以上を要するに、黒田氏が中世の「神道」を顕密体制の中に位置づけ、それは仏法の世俗的な一形態であって、中世を通じて決して仏教と並立する独立した宗教などではなかったことを明確にしたのは極めて重要であり、そこに黒田氏の最大の功績を認めることができるが、しかしこと「神道」の歴史具体的な内容という点に関しては、残念ながら著しく説得力に欠けるといわざるをえない。

第三節　中世における神社史研究の課題

以上の考察によって、「神道」論に関しては、黒田氏による顕密体制論の問題提起を踏まえながらも、その根本的なところまで立ち返って再検討を加える必要のあることが明らかとなったと考える。そこで以下においては、これまでに述べてきた以外の点も含めて、黒田氏の学説に対する批判的検討という観点から、私たちに残された研究課題とは何かについて考えてみることとしたい。

本論に入るに先立って、予め方法論の問題について若干考えておきたい。それは「神道」史と神社史との関係についてである。従来、神社史と「神道」史は神祇史を含めほぼ同じものと理解され、その区別は明確でなかった[11]。こうした状況が生まれてくる背景には、すべての神社を一括し、かつそこでは等しく「神道」が共通の宗教的・思想的基盤をなしているとの理解が存在することにあると考えられる。しかし、こうした理解は中世社会の実態と大きく乖離しており、少なくとも次の二点に留意しておくことが必要だと考えられる。

まず第一に、中世には大きく分けておよそ次の三つのタイプの神社が存在したことを明確にしておかなければならない、ということである。

(a)国家権力（地域支配権力を含む）の一翼を担い、あるいはそのイデオロギー支配機関としての機能を果たした二十二社・一宮などの公的・国家的な性格を持つ有力神社[12]。
(b)個々の領主権力と結んで民衆支配の一翼を担った荘郷鎮守などの中小神社。
(c)民衆の素朴な信仰対象となっていたその他の零細な神社や小祠。

第二に、このうち「神道」説の主たる担い手は(a)と(b)、とりわけ主要には(a)であって、その内容も(a)〜(c)においてそれぞれ性格が異なっていたと考えなければならない。

これらのことを念頭に置いて考えるとき、「神道」史という問題の立て方が歴史の実態を反映しない、極めて一面的な捉え方であることは明白であろう。以上のことから、「歴史的実態としての神社（a)〜(c)のすべてを含む）を対象とし、その多様な諸側面を総合的、かつ歴史的に考察する研究分野（「神道史」や「神祇史」はその中の一部を構成する）」として神社史研究を定立し、改めてその歴史分析を深めていく必要があると考えられる。

さて、中世における神社史研究の課題について考える場合、まず第一にその歴史的前提の確認が不可欠となるのはいうまでもない。これは直接的には、古代の神社制度や国家（天皇）と宗教・神社との関係、あるいは王権・天皇神話の歴史的・階級的性格を解明することにほかならない。黒田氏の学説に関していえば、直接の守備範囲でないとはいえ、この点に関する考察が欠落してしまっていて、ここにも寺院史・仏教史のみの観点からの考察という、黒田氏の方法論上の限界が明瞭に現れている。とくに問題なのは、古代の王権や古代国家の政治的イデオロギーとしての天皇神話に関する考察を欠いたことが、黒田氏の中世「神道」理解を著しく不安定にさせ、あるいは誤らせる大きな要因になっていると考えられることである。

第二の課題は、同じくその歴史的前提の一つとして、いわゆる「神仏習合[13]」の歴史過程を正確に捉えておくことである。この点でとくに問題となるのは、黒田氏に限らず一般にこの歴史過程が在来の神祇信仰が仏教思想に取り込まれる過程としてのみ理解されていることである。しかしそれは事の一面であって、神社・神祇信仰の側においても主体的・積極的に仏教思想を受け入れ、理論武装を図っていった過程として捉えておくことが必要だと考えられる。伊勢神宮などにおいてとりわけ顕著に認められる「神仏隔離」の現象[14]も、決して仏教に対する単なる拒否反応ではなく、むしろそうした神社の側の主体的で積極的な仏教受容のあり方を示すものとして捉え返す必要があるのではないか。高取正男氏のいう「神道」観念の成立[15]というのも、黒田氏の指摘するように、客観的には「仏教の全体系のなかでの「神道」の従属的位置と役割の自覚」(Ⅳ. 一六九頁)にほかならなかったとはいえ、神社や神祇信仰の側の主体的な対応の、その一つの現れであったと理解すべきものであろう(宮廷祭祀に認められる「神仏隔離」儀礼についても同様)。

第三の課題は、黒田氏のいう本地垂迹説の成立にともなう「社家神道」=中世「神道」説の成立をいかなる歴史過程、いかなる歴史的本質を持つものとして理解するかという問題である。この点で、さきに掲げた黒田氏の指摘(A—③)は、重要な問題を提起している。すなわち、個々の神社において縁起の作成が行われ、それこそがいわゆる「社家神道」と呼ぶべきものにほかならなかったというのである。但し、黒田氏の場合、これを従来の「神道」史研究に従って「両部神道・山王神道などの社家神道」の成立という形で理解したところから、問題の本質から大きく外れることとなってしまった[16]。

重要なのは次の三点であろう。

まず第一に、黒田氏自身が正しく指摘しているように、「各地の神社ごとに脚色されて、中世では無数の「神道」説が成立した。…〝伊勢神道〟もまた〔そうした〕〝社家神道〟の一つにほかならなかった」(Ⅳ.一八八〜九頁)のであって、これらは「社家神道」ではなく、正しくは神社縁起＝「神道」教説の一つとして捉えるべきものと考えられる。

第二に、ここで重要なことは、この縁起づくりにおいて、具体的に何が行われたのかということにある。この問題は次の点とも密接に関わるが、神社の祭神の由来や神威・神徳の強調がその中心であったところから、古代天皇神話と繋げ、その中に祭神をいかに位置づけ、意味づけるかが主要な課題とされた。神社や神祇信仰にとって、仏教思想に対抗し、それなりに自己主張を展開できるほぼ唯一の理論的財産・根拠が、歴史的に蓄積された伝統的な儀礼の体系を除けば古代天皇神話のみであったことを考えるとき、縁起づくりの過程を通じて古代天皇神話が「再発見」されていった[17]ことは容易に理解できるところといえるであろう。国文学界などにおいて注目を集めている「中世日本紀[18]」の成立期が院政期に遡るというのも、こうした脈絡の中でこそ理解されるべきものと考えられる。慈円が「神道」を「日本紀」として理解していたという、さきに指摘したこともこれを示すものであって、中世「神道」の具体的な内容・実態は、仏教思想に基づいて再編成・再構築された古代の天皇神話（＝中世日本紀）とそこで活躍する神々、及びそれについての思想的解釈にほかならなかったということになろう。

第三に、いま一つ重要なことは、これらの縁起づくりがどのように進められ、それはいかなる歴史的な意味を持っていたのかということである。この点に関してまず留意すべきことは、それがすべての神社において同じであったと考えてはならないこと、すなわち先述した神社の三つのタイプによって、それぞれその意味合いが異なっていたと考えられることである。とくに（a）・（b）両タイプの神社にとって、それは封建領主化への過程にほかならなかったのであって、新たな封建的イデオロギー構築の問題でもあった。また、（a）タイプの神社にとっては、この時期が同じく中世的な国家的神社制度である二十二社・一宮制（王城鎮守・国鎮守制）の成立期にも当たっていたから、いっそうの切迫性をもって国家的な地位の確立と宗教的粉飾が強く求められることとなった。このように考えると、中世的「神道」論形成の主たる担い手が（a）及び（b）、とりわけ（a）であったことは容易に理解できよう。逆に、（a）タイプの神社を主体とする縁起づくりであったからこそ、それは中世的な天皇神話（＝中世日本紀）の形成という形で進められることにもなったと考えられるのである。

第四の課題は、黒田氏が「王法仏法相依」論として提起した中世における国家と宗教との関係を、神社を含めてどのように捉え返すかという問題である。黒田氏の場合、古代・中世を通じて一貫して天皇神話と王権の歴史的性格についての配慮・考察が十分でないため、王法と仏法の接点に位置するとの極めて抽象的な評価はなされるものの、神社の果たす固有の役割が明確でなく、従って神社・「神道」の持つ世俗的な性格や、国家と宗教の具体的な関係がほとんど見えてこないという結果となってしまっている。西山克氏が、天皇を天皇たらしめている践祚や大嘗祭のような秘儀的な祭祀を単なる「世俗的秘儀」といい捨てるのは「あまりに独断にすぎる」、と黒田氏を厳しく批判しているのも[19]、このことと関わっていよう。とくに留意すべきは、先述した(a)タイプの神社の果たす機能と役割であって、それ自体が王法仏法相依の論理に支えられて国家権力機構の一翼を担う(とくに諸国一宮の場合)と同時に、宗教的に粉飾された政治的イデオロギーとしての天皇神話の一端を担うことにより、直接的に王権を支える政治的・宗教的機能をも果たしていることについてである。寺院史・仏教史の観点からだけでは、日本の中世国家と宗教との関係を全面的、かつ具体的に捉えるのが困難だということを知らなければならないであろう。

第五の課題は、中世の仏教的世界観と神国思想を、同じく中世王権のあり方と合わせて、どのように理解するかという問題である。天竺・震旦・本朝の三国世界の中に日本を位置づけ、かつそこでは古代とは異なる天神・地神と人王という新たな区分法に基づいて神統譜・天皇系図を総括する考え方。これは、『日本書紀』「神代巻」と『先代旧事本紀』・『古事記』などの「神典」に典拠を持つ天神・地神の神々の力によって擁護される神聖な国＝日本という考え方の成立を意味するものであり、そうした考え方は黒田氏も指摘しているように（Ⅳ．一〇一〜二・一二二〜三頁）、平安後期の成立になる『扶桑略記』以後に現れてきたものであった。日本を神国とするこうした考え方が、仏教的世界観に基づく自国認識であり、かつそれは「神代巻」などの「神典」に支えられた中世王権のあり方についての認識と表裏一体の関係にあった。黒田氏の場合、第一期の早い時期にこうした重要な問題を提起しながら、第三期の顕密体制論を踏まえて神国思想を論じる段階になると、中世王権の問題が後方に退いてしまい、その結果神国思想の問題が専ら鎌倉期、それも鎌倉後期以後の問題としてとりあげられるということになってしまったのであって、ここにも黒田氏の神国思想論が再検討されなければならない状況が示されているといえよう。

最後に第六の課題として、以上のようにして成立した中世的な宗教構造が、その後どのように展開、あるいは変質・解体していったのか、黒田氏のいう「伊勢神道」から「唯一神道」に至る過程をどのように考えるかという問題がある。これまた多面的な検討を要する問題であるが、黒田氏が触れなかった点でいえば、『神道集』などに示されるように、多様な文芸・宗教活動などを通じて中世「神道」論が（c）を含め広く一般民衆を捉えていった、その歴史過程と歴史的実態、あるいは神領興行などを通じて諸国一宮の再興や宗教構造の再編成が進められた、これらの問題を黒田氏の指摘する封建王政への傾斜の問題と絡めてどのように捉えていくのか、さらには室町・戦国期における国家と宗教との関係を「神道」思想との関わりにおいてどのように捉えるのかなどの点が問題となろう。

むすび

以上、本章では黒田氏が生涯を通じて学問的な情熱を傾け、追究し続けた問題の一つである中世「神道」論について、私たちがそこから何を学び、何を批判的に継承・発展させなければならないのかを、中世における神社史研究の課題の解明という観点から考えてきた。重厚で難解な黒田氏の所説がどこまで正確に理解できているか、またそれについての問題点の摘出や解決方向の提示がこれで良かったのか心許ない限りであるが、筆者の結論としては、最初にも述べたように、「片肺飛行」になっていると思われる顕密体制論を、神社史研究によって補うことを通してさらに豊かに発展させることが、私たちに課せられた大きな課題ではないかと考える。

ところでこの場合、「補う」ないし「発展させる」とは、黒田氏の学説との関係においていかなる意味を持っているのか。最後に、このことについて少し考えておきたい。

これまた結論的にいって、とくに二つの点が重要だと考える。その一つは、顕密仏教との関係、すなわち黒田氏が繰り返し強調し、また本章でも幾度も確認してきたように、「神道」の成立や中世神社の存在形態そのものが体制仏教としての顕密仏教や仏教思想を離れてはありえなかったことである。この点を外しては中世の神社史研究そのものが成り立ちえないことを明確にしておく必要があるといえよう。

いま一つには、右の点もそうであるが、黒田氏の場合、基本的な問題の枠組みや問題点の指摘と解明に力点が置かれていて、黒田氏が副次的ないし派生的と考えた問題が著しく後方に退くという論理構成になっていることである。本章で指摘した「片肺飛行」というのはまさにそうした性格の問題であって、神祇信仰・神祇崇拝や王権・天皇神話の問題などもその一環をなす問題といえよう。こうした問題の立て方がそれ自体としては歴史学研究の本来的な課題設定や分析方法であるとしても、黒田氏によって切り開かれた学問的な到達点の上に立ち、かつ今日の思想状況や私たちに課せられた歴史的諸課題に応えようとするならば、もはや私たちが黒田氏と同じ地平や視点に立ちえないことも、これまた明らかだといわなければならない。日本社会のより本質的で抜本的な変革が求められている今日の状況にふさわしい課題設定のあり方と歴史分析をいかに鍛え、発展させていくのか。そのことがいま改めて鋭く問われていると考える。

注

（1）一部に、戦前の「国家神道」以来の伝統の上に立って、「神道」は宗教ではないとする意見も根強く存在する（真弓常忠『神道の世界―神社と祭り―』朱鷺書房、一九八四年、など）。

（2）『黒田俊雄著作集』（法藏館）第四巻所収「中世宗教史における神道の位置」、「「神道」史研究の背景」など。以下、黒田氏の所説は、とくに注記しない限りすべて本著作集によることとし、必要に応じて巻数（ローマ数字で示す、及び論文名）と頁数のみを記す。

（3）周知のように、黒田氏の問題提起によって寺院史・仏教史研究が長足の進歩を遂げたが、皮肉なことにその一方で神社史研究がいっそう停滞するに至ったのも、いわばその一つの現れということができよう。近年、こうした動向に対する批判から、黒田氏の顕密体制論の批判的検討を試みようとする研究が西山克氏（「「中世神道」論のための覚書」『神道大系・月報』一一六、一九九三年）や横井靖仁氏（「中世神社史研究の基本問題」『新しい歴史学のために』二二七、一九九七年）などによって提起されているが、いずれも未だ部分的な問題の指摘にとどまっている。

（4）黒田氏が中世の神社について具体的な分析を試みた唯一の事例として加賀国一宮白山宮が

あるが（著作集Ⅲ、「白山信仰の構造―中世加賀馬場について―」）、白山宮が比叡山の末社ということもあって、惣長吏をはじめ神社の上層部がすべて僧侶によって独占され、宮司以下の神官がこれに従属するという、一宮としてはむしろ特異な事例に属し、とうていこれをもって中世の諸国一宮や神社一般を代表させることはできない。

（5）例えば、著作集Ⅲ所収「中世寺院史と社会生活史」において、神社は寺院史の中の一部として、寺院との関わりにおいてのみ一括的に論述されている。

（6）『津田左右吉全集』第九巻（岩波書店、一九六四年）。

（7）「古代天皇神話」の用語やその概念については、神野志隆光氏の指摘（「神話の思想史・覚書」『万葉集研究』二二、一九九八年、など）に従う。

（8）平沢卓也「実類と中世神話」（『明治聖徳記念学会紀要』二二、一九九七年）参照。

（9）「黒田学説の位相」（『人民の歴史学』一三五、一九九八年）。

（10）非「領主制」理論に基づいて権門体制論・顕密体制論などを構築、発展させた時期。平雅行「黒田俊雄氏と顕密体制論」（『歴史科学』一三八、一九九四年）参照。

（11）土岐昌訓氏も、『神社史の研究』（桜楓社、一九九一年）「はしがき」において、「宮地（直一…井上）博士は神祇史に広狭の二義あることを認め、広義には神社史と神道思想史を包含し、狭義には専ら神社史を指すものとする」、「戦前に於ける大体の傾向として、神祇史・神道史は共に広狭の二義が行われ、神社史を中心とする研究者が神祇史を、神道思想史を中心とする研究者が神道史を称したようである」と指摘しており、こうした状況は今日においても基本的に変わるところがない。

(12) 一口に二十二社・一宮といっても、二十二社と一宮とでは性格が異なり、また個々に見ていけば例えば二十二社の中にも社会的・経済的勢力の劣る神社も含まれるが、ここでは二十二社・一宮制という中世的な国家的宗教システムの問題として捉えている。本書第一章第二節参照。

(13) 黒田氏も指摘しているように(Ⅱ. 三二九頁)、この概念が学術用語としては問題を含んでいることに留意しておく必要がある。

(14) 本稿とは若干評価が異なるが、岡田莊司「日本の神々と仏教」(『仏教と出会った日本』所収、法藏館、一九九八年)はこの点について重要な問題を提起している。

(15) 『神道の成立』(平凡社、一九七九年)。但し、高取氏のいう「神道の成立」は、「神道」の一つの側面の成立、あるいは「神道」成立の一階梯と考えるべきものであって、「神道」の成立そのものは中世になってから、仏教思想を踏まえてのものであったとしなければならないと考える。この点については本書第一章及び附論を参照されたい。

(16) 「両部神道」・「山王神道」などという捉え方に多くの問題が含まれていることについては、門屋温氏の指摘がある(「「神道史」の解体―真言神道研究の課題―」『日本の仏教』三所収、法藏館、一九九五年、など)。

(17) 古代には確かな宗教的基盤を持たない、権力側の一方的な政治的イデオロギーたるにとどまった天皇神話が、なぜ宗教思想として立ち現れることとなったのか。それは仏教思想との結合を抜きに考えることができない（拙稿「中世の出雲神話と中世日本紀」『古代中世の社会と国家』所収、清文堂出版、一九九八年、参照）。それがここにいう「再発見」であり、この過程を経ることによって、より強靭な天皇神話、すなわち宗教思想としての特徴を備えた天皇神話として立ち現れることになったと考えられるのである。

(18)『国文学　解釈と鑑賞』八一四（一九九九年三月号）に、「特集：日本紀の享受」として、研究史の整理と合わせ、現在の研究の到達点が示されている。このほか、その概要を示したものとして、阿部泰郎「日本紀と説話」（『説話の講座3　説話の場―唱導・注釈―』所収、勉誠社、一九九三年）などがある。本書第一章第三節参照。

(19)　前掲注(3)西山氏論文。

第一章　日本の「神社」と「神道」の成立

はじめに――問題の所在と課題の設定

近年、「神道」に関するおびただしい数の著作が書店の店頭をにぎわしている。中には、「神道」関係書を集めたコーナーまで設けているところもしばしば見受けられるほどである。こうしたにぎわいの背景には、地球環境の悪化や高度な文明社会のもたらす種々の弊害など、日本あるいは人類の直面する深刻な現状や諸課題への真摯な問いかけ、あるいは閉塞状況に陥っている日本の現状を打破するための「日本文化論」的な立場からの問題提起など、さまざまな立場や分析視角、あるいは種々の要因が複雑に絡まり合っているのを推察することができる(1)。

しかし同時に、そこでは、「神道」を日本固有の宗教（＝日本の民族的宗教）と捉える点で、その理解に基本的な違いが認められず(2)、それゆえにまた「神道とは何か」という定義の困難さが異口同音に強調されるという、共通の特徴が存在していることにも注意しておかなければならない。一例を挙げれば、「(神道への)新しい入門書」と銘打って刊行された安蘇谷正彦『神道とはなにか』[3]において、安蘇谷氏は「日本固有の宗教といわれる神道」の「起源ないし形成期」は弥生時代に求めるのが妥当だとし(三五頁)、大部分の日本人にとって「神道とは何か」に答えることが困難、ないし神道を自覚的に信じることがほとんど不可能な主な理由として、①神道が経典や定まった教義を持たない、②神道が日本人の生活様式であったため、神道との関係が無自覚、また言葉で説明する必要がなかった、③神道の歴史の中でも、神道信仰の言葉化がごく限られた人々の営みで、神職もこれを積極的に説こうとしなかった、の三点を指摘し(二一頁)、そのうえで「神道とは、日本の神々への信仰あるいは信頼を有する生き方である」との定義を行っている(二〇一頁)。こうした理解は、表現の方法や力点の置き方に若干の違いがあるとはいえ、すべての著作にほぼ共通しているというのが、大きな特徴となっているのである。

ところで、こうした理解は決して近年になって新しく登場してきたというものではなく、とくにこれを「自然発生的に成立した日本の民族的宗教」とする点では、戦前、さらにはそれより遥か以前(近世の国学など)から説かれ続けてきたことと基本的に変わるところがない。では、こうした長期にわたって繰り返し説かれ続けてきた理解は、歴史の事実に照らして、果たして正鵠を射たものと評価できるのであろうか。結論をさきに述べれば、筆者は大いに疑問ありとしなければならないと考える。その最大の理由は、日本史上において現実に展開した「神道」の歴史的実態と上記のような評価とが大きく食い違ってしまっていることにある。

その具体的な内容については改めて述べることとし、ここでいま一つ指摘しておく必要があるのは、先述した「神道の定義の困難さ」という問題とも関わって、そこでは共通してキリスト教や仏教・イスラームなどの、いわゆる創唱宗教との対比において「神道」の歴史的な特徴や本質が捉えられていることである。確かに「神道」を一個の宗教として捉えた場合、いわゆる創唱宗教との違いはいうまでもなく対照的といってよいほど大きい。しかし、果たしてこうした対比や比較にどれほどの意味と有効性があるのだろうか。同じく民族的宗教というのであれば、中国の道教やインドのヒンドゥー教との比較検討こそ、むしろ必要ではないか。「神道」の定義が極めて抽象的で、著しく具体性に欠けるのも、このことと無関係ではないであろう[4]。

とくに重要と考えられるのは中国の道教との比較であって、道教に関する近年の研究は日本の「神道」について考えるうえにおいても、参考とすべき問題が少なくない。例えば、近年刊行された『東アジア仏教一　東アジア仏教とは何か[5]』などがそれである。この中で福井文雅氏[6]は、道教が中国において一個の自立した宗教として成立するのは五世紀以後のこと、それも仏教の教理や組織を模倣し、これを換骨奪胎して理論や大綱を形成するというものであったとし、また高崎直道氏[7]は、こうした道教の成立が一世紀に伝来した当初「仏を祀る呪願の宗教」と受け止められた仏教が、長い時間をかけて中国社会の中に定着していく過程と並行するものであった、と指摘している。もちろん、道教には「広義の道教」ともいうべき、中国固有の信仰形態や民間信仰を含め、漠然と「道教」もしくは「道教的信仰」と呼ぶ場合もないわけではない。しかし、それは研究者が便宜上名づけたものであって、古典文献のうえにその明証があるわけではなく、その実態分析は「(狭義の)道教」を踏まえ、それとの関係において進められなければならない、とされている[8]。

ここに示された道教の歴史的性格についての評価やその分析方法を念頭に置いて考えるとき、私たちは少なくとも次の三点について考えてみなければならないということとなろう。

その第一は、日本の場合、仏教などの外来宗教や思想の伝来という事態に直面する中で、果たして中国の道教と同じように、これに対抗して「一個の自立した宗教」を生み出したといえるのか。日本古代の「神道」は、果たして仏教や儒教・道教などと肩を並べる、一個の体系性を持った自立した宗教といえるものだったのか。

第二に、もしそうでないとすれば、それはなぜか。また、実際にはどういうものとして存在し、機能していたのか。

第三に、中国における「道教の成立」の場合と同様、ただ漠然と自然発生的に成立したというだけでなく、そうした歴史的前提を踏まえつつも、日本の「神道」がいつ、どのような歴史的状況のもとで、どのようにして、またどういうものとして「成立」し、その後どのように変化、あるいは発展して今日に至ったのか、これらのことこそが歴史的に解明されなければならないのではないか。

さらにいま一つ、日本の「神道」について考えようとする場合、欠かすことのできない重要な位置を占める問題として神社がある。神社と「神道」とが密接不可分の関係にあることは、「神社神道」という概念や、さきに注(1)において一部を引用した工藤伊豆氏の「神社はある意味でその（神道…井上）結晶である」という指摘からもうかがわれるところであるが、しかし神社史研究の大きな立ち遅れもあって、両者が具体的にどのように関わり合っているのかについては、未だ必ずしも十分明確になっているとはいいがたい。

そこで本章では、以上に指摘した三つの点を念頭に置きながら、日本における「神道」の成立過程について若干の検討を試みることとしたい。具体的には、①日本の歴史上、「神道」は実際のところどういうものとして存在し、あるいは機能していたのか。そのことから考えて、「神道」の基本的性格はどういうものと捉えればよいのか。②そのような「神道」はいつ、どのようにして成立していったのか。この二つの問題を、神社の成立・展開やその歴史的性格と関わらせながら考える。これが本章の課題ということになる。

第一節　「神道」とは何か

1　古代の「神道」

「神道」という語が史料上に初見するのは、周知のように『日本書紀』においてであり、そこでは次のように記されている。

【史料一】

ア．天皇信二仏法一、尊二神道一。（用明、即位前紀）

イ．尊二仏法一、軽二神道一。斮二生国魂社樹一之類、是也。（孝徳、即位前紀）

ウ．詔曰、惟神惟神者。謂下随二神道一亦自有中神道上也。我子応レ治故寄。（大化三年四月壬午条）

ここに見える「神道」について、早くにそれが日本固有の民族的宗教にほかならないと指摘したのは津田左右吉氏で[9]、そうした理解は現在においても依然として定説的な位置を占めている。近年においても、例えば三橋健氏[10]は津田氏と同じくこれを「日本固有の伝統的民族宗教」だとし、それまで特定の呼び方がなかったのを、『日本書紀』の編纂者が仏教に対抗する意図のもとに、政治的な色彩の強い外交的な用語として用いたもので、『古事記』・『万葉集』など古代の他の諸記録の中に「神道」の語が現れないのはそのためだ、と指摘している。[11]前節で述べた、近年における多数の「神道」関係書が等しくこれを日本固有の民族的宗教とする認識の上に立って論を展開しているのも、ともにこうした通説的理解を前提としていると考えられるのである。

しかし、こうした理解は果たしてそれにふさわしい確かな理論的・実証的な根拠を持ちえているといえるであろうか。筆者にはそのように思えない。まず第一に問題となるのは、すでに津田氏自身も指摘しているように、この「神道」という語が日本で独自に生み出されたのではなく、中国からもたらされた用語、その借用にほかならないということである。中国での「神道」はときに仏教や儒教をも指すこともあったが、一般的には外来の宗教・思想である仏教に対し、伝統的な在来の信仰（＝道教、もしくは広義の道教的信仰）を意味しており、[12]三橋氏が指摘しているように、『日本書紀』における用法もまさにこれに準ずるものであった。史料一（ア・イ）の「神道」が、いずれも専ら「仏法」との区別・対比で語られているのは、ともにそのことを意味している。

しかし、このことは同時に次のことをも意味している。すなわち、この「神道」の概念は、仮にそれが日本における「伝統的な在来の信仰」というニュアンスを持つものであったとしても、それはいわば消極規定というべきものであって、そこに「仏法」と区別され、異なるという以上に何ら具体的で積極的な意味は示されていない。つまり、この「神道」という用語それ自体の中に、これまで考えられてきたような「(他とは区別される一個の独自の体系性を持った)日本固有の民族的宗教」などという意味はまったく含意されていないのであって、それは「神道」という語に示された「伝統的な在来の信仰」をそのように理解したという、「解釈の次元」の問題と考えなければならないのである。

そこで第二の問題として、果たしてこうした解釈が成り立ちうるのかどうか、それをこの当時の「神道」の用語法に即して証明できるかどうかが問われることとなる。「神道」の語義については、これまた周知のように津田氏によって包括的な考察が加えられており[13]、津田氏は『日本書紀』(史料一)以下の諸文献に現れる「神道」史料の詳細な検討を踏まえて、これを①「古くから伝へられて来た日本の民族的風習としての宗教(呪術をも含めていふ)的信仰」、②「神の権威、力、はたらき、しわざ、神としての地位、神であること、もしくは神そのもの」、③思想的解釈や教説、④特定神社の宣伝的な教説、⑤政治的・道徳的規範としての「神の道」、⑥宗派神道の六つに分類し、しかしその間を通じて

①こそが「神道の称呼の根原」としての位置を占めた、と指摘している。津田氏が①を最も重視し、そこに基点を置いて「神道」を理解しようとしているのは明白である。

しかし、津田氏のこうした理解には、いくつかの検討を要する問題が含まれている。その一つは、これほど重要な位置を占めるとの評価にもかかわらず、①の根拠となる史料がわずかにさきに掲げた『日本書紀』（史料一）のみであること、しかもそれは先述したように津田氏の「史料解釈」の問題であって、これが唯一の史料解釈だという根拠はどこにも示されていないこと。これに対し二つには、『日本書紀』に次いで史料上に現れる『続日本紀』延暦元年（七九二）七月二十九日条以下の古代の用語例[14]がいずれも②に分類されていること、しかも「神の権威・力・はたらきや神そのもの」という②の分類基準からすれば、①の史料もまた②に含めて理解することが十分可能であるにもかかわらず、なぜあえて①と②を分けなければならないのか、その区分の基準と根拠がこれまた著しく不明確で説得力に欠けること。三つには、①から②への変化・発展という歴史過程の捉え方、及びその分類基準それ自体が著しく説得力に欠けること。すなわち、①が津田氏の考える「日本に固有な民族的宗教」という積極的で明確な内容を持った概念だとするならば、なぜそれが②の「神の権威・力・はたらきや神そのもの」という、まことに曖昧で極めて漠然とした概念へと転化していくことになるのか、その説明がまったくなされておらず、著しく整合性と説得力に欠けるといわなければならない。

以上を要するに、津田氏による①と②の区分法、とりわけ①を②から区別して独自に定立することには再検討の必要があり、黒田俊雄氏が指摘するように[15]①を②の中に含め、少なくとも古代における「神道」の語義はともに「神の権威・力・はたらきや神そのもの」であったとするのが妥当だといえるであろう。

さて、以上のように津田氏の理解が再検討ないし修正を要するとした場合、そこからは新たにどういう問題が提起されてくることになるのであろうか。この点でまず第一に留意すべきは、津田氏のいう①の「日本に固有な民族的宗教」という理解そのものが確かな存立の根拠を失い、修正を余儀なくされることである。このことは、「神道」＝「（他とは区別される一個の体系性を持った）日本に固有な民族的宗教」という理解が、「解釈の次元」においてもまた確かな史料的根拠を失ったことを意味するものであり、『日本書紀』（史料一）とは別の史料を用いるなど、「日本に固有な民族的宗教」という理解の成立しうる根拠が別途、独自に示されるのでなければ、これまでの通説的理解は抜本的な再検討と変更を求められることとならざるをえない。

第二の問題は、「神の権威・力・はたらきや神そのもの」という形で示される日本古代の「神道」の実態、及びこうした概念を支える仏教伝来前後の日本古代宗教の歴史的性格や特徴とはどういうものであったかということである。この時期の「神道」が、専ら仏教や仏法との対比で認識され、かつ「神の権威・力・はたらきや神そのもの」という極めて漠然とした形でしか表現されないということは、この当時の在来の信仰が未だ仏教などと肩を並べるような一個の体系性を持った自立的な宗教としては成立していなかったことを示すものと考えなければならない。それは、基本的に原始社会以来のアニミズム的な自然信仰の上に立つ伝統的な「カミ」信仰として捉えるべき性格のものであったということであり、「神道」の語もこうした未だ一個の体系性を持つに至っていない素朴なカミ信仰におけるカミそのものやそのありようを指して呼んだ用語と考えなければならないことになろう。「神の権威・力・はたらきや神そのもの」という極めて漠然とした形でしか把握できないような性格のもの、それが日本古代の「神道」の歴史具体的な内容・実態にほかならなかったことを、ここでは確認しておくこととしたい。

2　中世の「神道」

続いて、本項では古代から中世への移行にともなって、「神道」のあり方や内容がどのように変化していったのか、あるいは変化しなかったのかについて考える。

先述のように、津田氏は平安期を通じて「神道」の語義は②（もしくは①）であったとし、その一方で仏教思想（本地垂迹説）などの影響によって両部神道などの「思想的解釈や教説」としての「神道」③、そして鎌倉期には伊勢神道などの「特定神社の宣伝的な教説」としての「神道」④が成立してくると指摘している。しかし、このうち③と④は寺院と神社、寺僧と神官というように、その担い手に差違はあるものの、ともに「神道」についての教説という点で本質的な違いがなく、このことからこれまた今日の通説的理解である「神道」理解の二類型が生み出されることとなった。一つは、仏教や儒教・道教などの外来の宗教（とくに仏教）と区別される、日本に固有で伝統的な信仰の形態や体系（＝宗教）、そしていま一つは、仏教思想などに対抗して、日本において新たに構築された独自の宗教思想（＝教説）、この二つである。前節で紹介した安蘇谷氏の表現を借りるならば、日本独自の宗教としての「神道」そのものと、その言語化ということになろう。

このうちの後者について、近年の事例でいえば、例えば「神々の変貌—中世神道の教理と文芸—」を特集した『国文学　解釈と鑑賞』七七五号[16]において、末尾に「中世神道研究の動向と展望」（佐藤真人氏執筆）を掲げ、「ここで扱う中世神道研究は、両部神道・伊勢神道・山王神道・吉田神道などに大別されるところの神道の諸流派の研究、およびそれに関連する中世の神祇信仰に限定することとし、神社史・祭礼史・芸能史等の分野や神道文学関係の研究などは省略する」と指摘されている、などがその一例といえよう。こうした捉え方は、決して国文学の分野だけのものではなく、基本的には神祇史を神社史と神道史の二つに分けて捉えた宮地直一氏[17]以来の、伝統的かつ一般的な考え方であって、歴史的には卜部（吉田）兼倶の『唯一神道名法要集』[18]に示された神道の三区分法（本迹縁起神道、両部習合神道、元本宗源神道）に基点を置く理解だということに注意しておく必要がある。そこには次のように記されている。

［史料二］

問ふ。神道トハ幾ク分別スル子細有ル哉。

答ふ。一ニハ本迹縁起ノ神道。二ニハ両部習合ノ神道。三ニハ元本宗源ノ神道。故ニ是れヲ三家ノ神道ト云ふ。

さて、中世に至って、こうした二類型の「神道」が成立するという津田氏、及びそれに支えられた今日の通説的理解は、これをどのように考えればよいであろうか。二類型のうちの第一が成立しがたいことについてはすでに前項で指摘したところであるが、結論的にいって、この二類型という捉え方それ自体にもやはり同じく問題が含まれていると考えなければならない。というのは、この二類型の区分法が成立するためには、当然のことながら両者の「神道」（第二類型にいう「神道」教説の「神道」と第一類型の「神道」）が同じものでなければならないが、実際にはそうなっていないからである。例えば、『神道五部書』

に示される「伊勢神道」を例にとると、これは周知のように外宮の禰宜度会氏が内宮より下位にあった外宮の権威を高めようとして唱えたものであって、その具体的な内容は古代天皇神話の、外宮祭神（豊受大神）を中心とした中世神話への組み替えにほかならなかった。山本ひろ子氏が『中世神話』[19]として描出したのがそれであって、要するにそれは『古事記』や『日本書紀』などに示される「古代天皇神話についての思想的解釈」であり、決して「日本古来の伝統的な民族的宗教」そのものの単純な解釈や言語化などではありえない[20]。このことは、その具体的な内容が異なるとはいえ、両部神道・山王神道・唯一神道など、すべての「神道」教説に共通していえるところであって、この点で二つの類型の「神道」には明らかなズレが認められるのである[21]。

以上のことから、津田氏のいう「神道」の二類型論もまた成り立ちがたいとの結論に導かれざるをえないのであるが、しかし視点を変えて問題を整理すると、そこには「神道」の何たるかを解明していくための極めて重要な手がかりが隠されているのがわかる。「神道」の二類型を念頭に置き、かつ「神道」教説の「神道」が古代天皇神話の中世的変容形態にほかならないことを踏まえて考えると、「神道」とは要するに天皇神話と表裏一体の関係にある概念ではないかとの推察が導き出されてくるからである。しかし、この問題に踏み込むのはしばらく措き、ここで津田説の批判的検討のうえに立って提示された黒田氏の見解について見ておくこととしよう。

さきにその一部を紹介したが、黒田氏は津田氏による「神道」概念の区分法を踏まえつつ、しかし津田氏のいう①やその評価には従いがたいとして、それは古代東アジア世界の普遍的な宗教としての道教の一形態、もしくは②に宛てて理解すべきであって、②にいう「神道」概念は仏教が優位となるのにともなって仏の「化儀」の一つの形を示すに過ぎないものになった、とした。すなわち、黒田氏は古代のみならず中世を通じて「神道」の語義は「神の権威・力・はたらきや神そのもの」であって、仏教が優位となる平安期以後、その「神」は仏教思想に基づいて仏の「化儀」の一つとして立ち現れることになったと考えているのである。そして、津田説の批判的な検討のうえに立って、改めて津田氏とは別に、歴史上の「神道」の語義は、①〝神的なるもの・聖なる状態〟を原義として〝神の権威、しわざ、神そのもの〟を意味した古代・中世、②「道」・教義・宗派を意味した近世、③日本の民族的宗教の名称と考えられた近代という、基本的に三つの段階を経過したと指摘した[22]。

ここに示された黒田氏の「神道」の語義に関する三段階区分は、津田説に較べてより包括的でよく整理されており、「神道」のトータルな歴史過程を解明していくための大枠を示したものとして、重要な問題提起と評価することができると考える。とくに重要なのは、本来古代・中世の「神道」の語義の中に、仏教と対比されるような「一個の体系性を持った宗教」という意味が含まれていないのを明確にしたことであって、前項でも述べたように、「神道」が〝神の権威、しわざ、神そのもの〟を意味するというのは、それが未だ一個の体系性を持った自立した「宗教」とは呼ぶことのできない状態にあったことを示すものにほかならず、その後、いつ、どのような過程を経て「神道」が一個の「宗教」へと発展、ないし転換していったのかが、改めて問われなければならないということになる。黒田氏は、こうした理解を踏まえて、『日本書紀』などに見える「神道」の語を仏教などと対比される「一個の自立的な宗教」と考えること自体が疑問で、そうした理解は「近代的な語義を（近代以前に…井上）投影させた錯誤[23]」によると考えざるをえない、と指摘したのである。

しかし、こうした重要な指摘にもかかわらず、やはり黒田氏にあってもなお問題が含まれていると考えなければならない。すべてを並列的に捉えてしまっていることである。古代・中世の「神道」の用語例の中に、黒田氏の指摘する①（津田氏のいう②）の事例が多数確認できるのはその通りであるが、しかしそれ以上に重要なのは、これらの区分とは別に、古代から中世への移行にともなって、「神道」あるいはそこでいう「神」の内容に明らかな質的な変化が認められ、それが黒田氏のいう第二・第三段階をも規定することになったということである。すなわち、それまでは専ら仏教や仏法との対比においてただ漠然と、一般的な形で論じられるに過ぎなかったのが、中世にあっては明確に古代天皇神話の歴史的変容形態としての中世日本紀（中世の天皇神話。これについては後述する）や、そこに現れるアマテラス以下の神々に基軸を据えて、具体的かつ積極的な形で「神道」が語られるようになる[24]。それは、黒田氏が強調する仏教思想の影響による変化というだけでは捉えることのできない、それとは明らかに次元を異にする問題であって、黒田氏に即していえば、「仏の「化儀」」という場合の、その神の歴史具体的な内容の変化こそが問題だということになる。このことを、いくつかの史料に即して見ておこう。

【史料三】

夫礼神明波保二護朝廷一之、鎮守教行多末布越為二重跡之本誓一爪、就レ中仁我朝波神道祐レ基ケル国、釈家留レ趾多ル地奈利、神威波依二皇威一弖施レ威之、神明波引二皇明一礼天増レ明ス、神自良不レ貴ス、依レ人弖貴レ之、教自良不レ弘ス、依レ人天弘万留、（天永四年〈一一一三〉四月十五日鳥羽天皇宣命[25]）

【史料四】

惟みレバ、吾が国は神国なり。神道の初メ、天津祝詞ヲ呈ハシ、天孫は国主なり。

（『中臣祓訓解』[26]）

【史料五】

吾朝者神国也、以レ敬二神道一、為二国之勤一、（貞応三年〈一二二四〉五月日延暦寺大衆解[27]）

【史料六】

それ我が国は神国なり。宗廟相竝んで、神徳これあらたなり。…しかれば即ち、かつは神道の冥助に任せ、かつは勅宣の旨趣を守って、早く平氏の一類を亡ぼして、朝家の怨敵を退けよ。（『平家物語』巻五[28]）

【史料七】

八幡大菩薩者、昔是本朝之聖皇、今亦　宗廟　之霊神也、…所レ仰之吾神者、今上聖主之祖宗也、…夫神道之垂迹者、為レ奉レ護二国家一也、神徳之倍増者、依レ被レ重二宮寺一也、（「弘安九年〈一二八六〉一月二十三日尚清言上状写」[29]）

【史料八】

諏訪ノ南宮ハ。神功皇后ノ征夷ノ時。諏訪大明神大将軍トシ打平給ケリ。其時皇后ニ近ヅキ奉リテ。誕生シ玉フ南宮也トゾ申ケル。此故ニヤ。大菩薩ノ御眷属トメ。使節ヲウケ給リ。天竺白鷺池マデ。万里ノ烟浪ヲ越テ渡リ玉ケン。神道霊験ノ不思議ヲ。驚嘆セヌ人ハ無リケリ。（『八幡愚童訓』下[30]）

【史料九】

次吾国ノ世次ノ様ヲ云ニ。天照太神魔王ノ神璽ヲ得テ吾国ニ来下シ。神道ノ本源ト成玉フ。…故神明ノ血脈ヲ受テ吾国ノ衆生生存スル也。（『渓嵐拾葉集』巻四九[31]）

【史料十】

大日本は神国なり。天祖（クニノトコタチ…井上）はじめて基をひらき。日神（アマテラス…井上）ながく統を伝へ給ふ。我国のみ此事あり。異朝には其たぐひなし。此ゆへに神国といふなり。（中略）ことさらに此国は神国なれば、神道にたがひては一日も日月をいたゞくまじきいはれなり。（中略）我国は神国なれば、天照太神の御はからひにまかせられたるにや。（『神皇正統記[32]』）

【史料十一】

他国之神明と我朝之神道と、化導に同異あり。和光同塵の利生は、神国おほきに勝給へるゆへなり。（『日吉社叡山行幸記[33]』）

【史料十二】

国は是れ神国也。道は是れ神道也。国主は是れ神皇也。太祖は是れ天照太神也。（『唯一神道名法要集[34]』）

ここには、古代と異なって、中世の諸記録や文書の中に現れるおびただしい数の「神道」の用語例の中から、比較的その内容が典型的だと思われるいくつかの事例を選び、ほぼ年代順に掲げてみたが、一見して明らかなように、そこには次のような二つの共通した特徴が存在しているのを指摘することができる。その第一は、「神道」が「神国」との一体的な関係において語られていること（とくに史料三〜六・十〜十二）、第二に、「神道」がアマテラスなど天皇神話上の神々そのもの、あるいはそのありようとして捉えられていること（とくに史料四・七〜十・十二）である。すなわち、中世の「神道」は神国思想や天皇神話と不可分の関係を持つ概念として位置づけられ、機能していると考えられるのである。

以上のことから知られるように、中世にあっては「神道」がただ漠然と仏教や仏法と区別されるだけでなく、また宗教や信仰一般とは明らかに次元を異にする、日本の国家や王権のあり方に関わる概念、すなわち世俗的な体制擁護のための極めてイデオロギッシュな政治的主張を含んだ概念・用語として機能していたといわなければならない。それは、古代のそれとは明確に区別される、それこそ日本において独自に成立してきた日本固有の意味と歴史的な内容を持つ新たな概念というべきものであって、「神道」の概念はここに至って初めて明確、かつ歴史具体的な形で成立したということができる。そしてとりわけ注目されるのは、このことがさきに提示しておいた「天皇神話との表裏一体の関係」という、津田氏の「神道」二類型論批判を通して導き出された論点と見事に符合していることである。以上のことから、日本の「神道」は古代ではなく、中世に至って初めて本格的に成立したと評価できると考えられるのである。

以上、津田・黒田両氏による問題提起の批判的検討を通して明らかとなったところを、「神道」とは何かという観点から改めて整理すると、およそ次のようにまとめることができるであろう。

一、「神道」という語は、もとは中国において道教などを指して用いられていたのが、仏教などの外来の思想・宗教に対する「在来の伝統的な信仰」というニュアンスをもって日本にも導入され、それが『日本書紀』に記されることとなった。

二、しかし、仏教伝来前後の日本では、未だ仏教に対比されるような一個の体系性を持った自立的な宗教が成立していなかったこともあって、在来のアニミズム的なカミ信仰の「カミ」そのものやそのありようを、仏教や仏法（仏そのもの）との対比において、漠然と「神道」と称した。

三、その後、仏教や仏教思想などの影響を受けながら、日本独自の宗教が形を整え、成立していく中で、「神道」の語も日本に固有で独自の明確な意味を持つようになった。それが「（仏教思想に基づいて中世的に変容された）天皇神話上で活躍する神々とそのありよう」ということであって、「神道」の用語それ自体は一方において依然「神の権威・力・はたらきや神そのもの」という、古代以来の意味を担いながら、しかしその内容は古代とは明確に区別される具体的なものとして機能することとなった。

四、その間の経過としては、仏教や仏教思想との対抗の中で、日本独自の「神」が天皇神話の中に見出され、専らこれら天皇神話上で活躍する神々やそのありようを指して「神道」と称するに至ったことが考えられる。

五、中世以後、以上のような「神道」の成立にともない、またその成立過程とも関わって、これに対する多様な「思想的解釈」が加えられることにより、津田氏のいう「神道」の二類型もまた成立、展開していくこととなった。というより、古代の天皇神話に対するさまざまな「思想的解釈」が加えられる（＝「神道」教説の成立）中でこそ、「神道」の概念もより明確となり確立されていったと考えることができよう。

六、以上の経過からも明らかなように、本来「神道」という言葉には仏教などと対比されるような「一個の自立的な宗教」という意味は含まれておらず、「神道」がそうした特別な意味を帯びてくるのはこれ以後のことであったと考えなければならない。

第二節　「神道」の成立をめぐる予備的考察

1　「神道」の成立に関する従来の諸説の検討

前節では、津田・黒田両氏の研究の批判的検討を媒介とする「神道」の語義の分析を通して、日本の「神道」が中世に至って本格的に成立するとの結論に到達した。しかし、いうまでもないことながらこれはいわば論理的に導き出された一つの理論的想定であって、「神道」がいつ、どのようにして成立していったのかについては、別途それ自体を史料に即して具体的に検討しなければならない。しかも、その作業に着手するためには、これに先立って前節での考察と関わるいくつかの問題について予め検討を加えておくことが必要となる。

そうした問題の一つに、「神道」の成立について論じた先行研究の検討がある。前節では、仏教伝来以前における自然発生的な「神道」成立論を専ら批判の対象として検討を進めたが、こうした作業そのものはすでに先学によって一定程度行われてきているからである。それは、具体的には次の二つの方向で進められてきた。

一つは高取正男氏の『神道の成立[35]』である。これは宗教民俗学の立場から提起されたもので、「神道」が一個の体系性を持った独自の宗教として成立するのは、日本にもたらされた仏教との交渉におけるその自覚過程を通してであったとの理解のもとに、奈良末から平安初期にかけて、神仏隔離や触穢思想などを媒介として「神道」は成立していったと指摘している。

これに対し、第二は、黒田氏の「中世における顕密体制の展開[36]」、「日本宗教史における神道の位置[37]」などであって、日本中世の宗教構造をその全体性において明らかにするという観点から顕密主義・顕密体制論[38]を提起し、それとの関係から「神道」は鎌倉後期にその異端として成立したと主張した。

これらの研究は、いずれも前節において筆者が試みた通説的理解に対する批判を踏まえ、それに代わる新たな学説として提起されたものであり、「神道」やその成立過程を歴史的に解明する道を開いたものとして、研究史上も重要な位置を占めている。しかし、残念ながらこれらの研究によっても、なお問題が解決されたとはいいがたく、依然として問題は残されたままになっていると考えざるをえない。ここでは、高取・黒田両氏の研究に立ち入って検討を加える十分な余裕を持たないが、結論的にいって、次の点だけは指摘しておく必要があると考える。

まず高取説については、第一に、黒田氏が「(それは)仏教の全体系のなかでの「神道」の従属的位置と役割の自覚[39]」にほかならなかったと指摘しているように、これをもって仏教と比肩される一個の「自立した宗教」の成立と認めることはできない。それは、あくまで「神道」の成立に向けた一過程ないし一側面に過ぎないと理解すべきであろう。第二に、「神仏隔離」の現象は後述するようにこの前後の時期を通じて一貫して存在しているのであって、奈良末・平安初期がそれなりの重要性を持つのは事実だとしても、これをもって歴史的な画期とまで認めることはできないことを指摘しなければならない。しかし第三に、何より問題なのは、高取氏のいう「日本固有の宗教としての神道」という理解が、先述した古代・中世の史料上に確認できる「神道」の用語例と明らかに矛盾しているということである。

次に黒田説については、すでに本書序章で検討したように、結論的にいって次の点が問題となろう。まず第一に、仏教史・寺院史の観点からの、それも「神道」の語義の分析に重点を置いた、いわば外側からの考察・説明にとどまっていて、神社や「神道」の歴史具体的な内容に踏み込んだ分析・考察となっていない。第二に、黒田氏がこれを分析するための理論装置として提起した三つの論点(「神道」説・「神国思想」・「王法仏法相依」論)に関する理解には、いずれもそれぞれ検討を要する問題が含まれており、著しく説得力に欠ける。第三に、顕密体制論の全体についていえることだが、その前提となる日本古代の国家権力や宗教構造についての分析が不十分で、「神道」を含めその成立過程や成立時期など、多くの問題が未解明なまま残されてしまっている。その点で、鎌倉後期に「神道」が顕密仏教の異端として成立するという理解に関しても、抜本的な再検討が必要だと考えなければならないといえよう。

なお、近年神祇信仰・仏教・陰陽道などのすべてを視野に収め、信仰形態という斬新な視角から平安期における宗教の全体像を具体的に描き出した興味深い研究が発表された。三橋正氏の『平安時代の信仰と宗教儀礼』[40]である。これは、古代・中世における神社史研究の今後の展望を開く意味でも、また「神道」の成立過程について考えるためにも重要な位置を占めるものであるが、本稿との関係からいえば、差し当たり次の三点が問題となろう。

まず第一に、平安貴族の信仰の実態分析としては興味深く、重要な指摘も多く認められるが、これを支える宗教構造（神祇信仰や陰陽道などと仏教との相互関係や論理的な連関構造、理論体系など）についての考察が欠落しており、黒田説に対する部分的で、現象論的な批判とはなりえても、これを克服するところまで至っていない。

第二に、神祇信仰を無前提に「神道」と等置したり、あるいは仏教を「来世」にのみ関わる宗教とするなど、一見明快ではあるが、これまでに蓄積されてきた研究成果や、その解明に苦心してきた諸問題がいずれも簡単に切り捨てられてしまっていて、明らかな研究の後退といわざるをえない、主として理論的な問題点が多く含まれている。

第三に、同じく国家と宗教との関係、あるいは神社の階級的性格や政治的・社会的機能など、神社史・宗教史研究を進めていく際に留意しなければならない、困難だがしかし最も重要な問題がことごとく抜け落ちてしまう論理構成となってしまっていて、この点でも抜本的な理論的再検討が求められているといわなければならない。

2 「神社」の成立とその歴史的性格——日本古代の宗教構造

前節での考察との関係において、いま一つ触れておかなければならない重要な論点は、古代「神道」(本格的な「神道」成立以前の「神道」)のあり方を規定していた古代の宗教構造やその歴史的特質とは何かについて、いま一歩踏み込んで検討を加え、そのことを通して中世における「神道」成立の歴史的前提がいかなるものであったかを明確にすることである。しかし、この問題に全面的な考察を加えることは明らかに本章の守備範囲を超えているため、その詳細については別途機会を改めることとし、ここではその中でも最も中心的な位置を占めると考えられる古代の「神社」と「神祇信仰」、及びそれらと寺院・仏教との関係についてのみ、若干の検討を加えておくこととする。

まず最初に考えなければならないのは神社の問題である。この問題の重要性は、例えば「神道信仰の具体的表現は神社である」[41]などの指摘に端的に示されているように、日本で独自に生まれた民族的宗教＝「神道」という理解が、神社は日本において独自的、かつ自然発生的に成立した宗教施設だとする認識と表裏一体の関係をなしていると考えられるところにある。やや極端な事例ながら、神社の起源を一万年前の縄文時代早期にまで遡らせる考えが提起されているのも[42]、その一つの現れということができる。しかし、こうした自然発生的に神社が成立したとするこれまでの常識が成り立ちえないことについては、つとに近年の古代神社史や建築史研究が明らかにしてきたところで、「神社」という名称や神社建築はともに七世紀後半の天武朝期における律令制支配と官社制の成立にその画期があるとされてきている。

例えば丸山茂氏[43]は、神社建築史の立場から、①「神社」という概念は官社制の形成過程の中で創始されたものであり、その官社制とは天武朝期の国家意識の高まりの中で、従来放置されていた在地の信仰を天皇の支配下にあり、天皇を加護する体系へと組み替えようとしたものである、②官社制や神社は在地の信仰が「自然に」結実したものではなく、在地の宗教伝統を国家が創始した官社制という形式にあうよう誘導したもの、言い換えれば神社は在地の宗教伝統の一部に基礎を置いて構築されたものであって、在地の宗教伝統のすべてが神社に糾合されたのではない、③以上のことから、福山敏男氏によって提起され、戦後の神社建築史が通説としてきた農耕儀礼から神社建築が「自然に」成立したとする見解には再検討の必要がある、などの点を指摘している。

同じく三宅和朗氏[44]も、古代神社史の立場から、①神社が常設の神殿を持つようになったのは天武十年(六八一)正月の律令国家による修造(=建築)命令以後のことで、伊勢神宮や石上神宮・出雲大神宮(杵築大社)など、王権との関わりの深い、神宮号を持つ神社が官社より早く神殿を成立させていた可能性はあるが、いずれにしても常設の神殿の成立は王権や国家の祭りの対象となる神宮、神社(官社)から始まったのであって、在地社会で仮設の神殿から常設の神殿へと自然に移行したわけではない、②そのことは、常設神殿(官社、すなわち神社)の成立後も、「基層信仰」においては常設の神殿を必要としない状況、すなわち自然信仰が根強く存在しており、時代が遡れば遡るほど持ち運びを想定した神社建築(掘立柱や礎石建物ではない井桁土台の神殿)の占める比率が高いと推定されることからも、これをうかがうことができる、などの点を指摘している[45]。

ここに示された見解は、細部において意見の相違があるものの、①国家の手による恒常的な祭祀施設(神殿)の成立をもって「神社」の成立と考え、②その一般的な成立は天武朝期の官社制の成立に重要な画期が認められるとし、かつ③それは従来の在地の信仰との間に明らかな飛躍・断絶と重層性が存すると考える点で、基本的に一致していると評価できる。筆者もまたこれらの見解を基本的に支持すべきものと考える。

そこで、この点と関わって次に考えなければならないのは「神祇信仰」の問題である。この神祇信仰の「神祇」が天神地祇を約めたものであることは周知のところであるが、従来この用語も極めて曖昧な形で理解され、そのことから伝統的なカミ信仰のカミ一般を指して神祇と呼び、古代日本には仏教の伝来以前からこれとは別に、あるいはこれと並んで神祇信仰が存在した、などと考えられてきた(47)。「神祇信仰＝神道」とする、先述した三橋正氏を初めとする通説的な理解は、こうした理解のうえに成り立っているのである。

しかし、これまた周知のように、「神祇」という語は天皇神話や「神祇官」の名称を初めとして天武・持統朝期に至って初めて登場するものであり、同じく中国から導入され、日本において独自の意味を付与されたものであった(48)。日本の「神祇」概念は、高嶋弘志氏も指摘するように(49)、中国のそれとは違って、天皇を首長とする政治支配権の正当化の主張によって貫かれているところに大きな特徴が認められるが、『令集解』職員令神祇官条古記には「神祇」の内容が次のように定められている。

[史料一三]

天神者。伊勢。山代鴨。住吉。出雲国造斎神等是也。地祇者。大神。大倭。葛木鴨。出雲大沙神等是也。

この規定で注目されるのは、さきの高嶋氏の指摘に加えて、「神祇」の概念がいずれも神社の祭神として定められていることである。このことは、熊谷保孝氏が『神祇令』の義解を引いて、狭義の「神祇」概念は官社を意味したと指摘していることとも符合する。このように、日本における「神祇」概念が神社の祭神として表示、規定され、官社を意味し、かつそれが天武・持統朝期から使用され始めたということは、それがさきに述べた「神社」概念の成立と表裏一体の関係にあったことを示すものといわなければならない。

では、こうした「神社」や「神祇」などの新しい概念の成立とはいったい何を意味しているのか。それが、直接的には『古事記』や『日本書紀』などの編纂を通しての神々の体系化（＝古代天皇神話の成立）と天皇を中心とした律令制的祭礼構造、祭祀体制の形成にあったことはいうまでもないが、しかし律令官制における太政官と神祇官との並列構造などの問題を合わせ考えると、それが単に律令国家の宗教政策という政策次元にとどまらず、天皇を中心とする律令国家の権力編成原理そのものの根幹に関わる、極めて本質的な問題であったと考えなければならないということになろう。

ここで、若干視点を変え、律令国家と仏教・寺院との関係について見ておくこととしよう。これについては、六世紀に日本に伝来した仏教が、当初一般にはその教義内容が十分理解されないまま、専ら「他神」・「蕃神」などと呼ばれる新しいタイプのカミ、整備された新しい儀礼の体系と受け止められ、従来の伝統的で素朴なカミ信仰と合わせ信仰の対象とされた(51)ほか、律令体制の成立を契機として、全国的な規模で神社が成立する一方、仏教が本格的に日本社会に定着するのにともなって、仏教の儀礼体系を受け容れ、あるいはこれに対抗する形で神祇信仰独自の儀礼体系の整備が進められ(52)、また宮廷祭祀や神社祭祀の中に読経や悔過・講説などの仏教儀礼（仏事）が取り入れられることを通じて、神事と仏事とが合わせ行われる体制の成立していったことが考えられる。

このうちとくに神事と仏事との併修体制については、先述した三橋正氏が史料に基づいて具体的に論証しているところで、例えば天武五年（六七六）の夏には大干魃の対策として、奉幣による神祇への祈願と読経による仏への祈願が並行して行われており(53)、同十四年（六八五）には天武天皇の病気平癒のため九月に大官大寺・川原寺・飛鳥寺で三日間の読経、十月に宮中で金剛般若経の講説、そして翌十一月に天皇のための招魂がなされている(54)。要するにこれは、神であれ仏であれ、有益なものはすべて積極的に受容し、利用するという原則に基づくものであって、こうした神事と仏事との併修を基本とする神仏関係は、その成立期である天武・持統朝期以来基本的に変わるところのない律令国家の基本政策であった。

しかし、同時に注目しておく必要があるのは、この神事と仏事との併修や神祇の儀礼体系の整備が、他方において「神仏隔離」の成立をも意味していたことである。では、このことはどのように考えればよいのか。従来、この「神仏隔離」に関しては中央神祇官の仏教に対する反発(55)、「神道」の自覚過程(56)、あるいは「神道」の独自性の問題(57)などと理解されてきた。しかし、こうした捉え方にはともに問題が存するといわなければならない。何より問題なのは、「神仏隔離」と呼ばれる現象の中に、実際にはそれぞれ異なる二つの側面が存在しているにもかかわらず、必ずしもそれが十分に捉え切れていないと思われることである(58)。「異なる二つの側面」とは、①文字通り互いに反発し合う側面と、②機能の分離・分担という側面であり、①もまたそれ自体が②としての特徴を備えているともいえるが、しかし歴史的にはやはり区別して捉えておく必要があると考えられる。

具体的に述べよう。①に関して留意すべきは、「神仏隔離」がとりわけ強調されたのが本来は宮廷祭祀や伊勢神宮など、天皇と密接に関わる分野・部分に限られていて(59)、これを直ちに一般化することはできないということである。筆者は、結論的にいって、これは古代国家(天皇)と仏教・神祇信仰とのそれぞれの関わり方の違いに起因すると考えなければならないと思う。仏教が中国からもたらされた先進文明の代表である鎮護国家の宗教(60)として、同じく中国から導入された律令法や律令制支配と一体的な関係にあったのに対し、「神祇」信仰が本来それとは性格を異にする原始首長制的な構造の上に立つ天皇(61)や、それをイデオロギー的に支える天皇神話と表裏一体の関係にあるという、律令国家としての成立期の日本古代国家が抱えていた律令法と天皇との構造的な矛盾と特質、そのこととの関わり方や次元の違いこそが、「神仏隔離」現象をその根底で支え規定する、最も本質的で基本的な要因の一つであったと考えられるのである(62)。

これに対し②は、神社や神祇信仰独自の儀礼体系の整備にともなって寺院や仏教との間に機能の分離・分担関係が生じたことをいい、それはこれ以後、古代・中世を通じて本格的に展開していくことになったと考えられる。

さて、以上に述べたところから、天武・持統朝期に成立した「神社」や「神祇」など、の新しい概念が、寺院や仏教との緊密な対応関係の上に立ち、かつ古代天皇やこれをイデオロギー的に支える天皇神話と密接不可分の関係にあったことが指摘できるが、ここからはさらに二つの新たな問題が提起されてくることとなる。その第一は、一般にいわゆる「神仏習合」と呼ばれている現象をどのように理解するかという問題である(63)。

「神仏習合」という場合、一般には八世紀中頃以後における「日本に固有な宗教としての神祇信仰」と外来宗教としての仏教との融合過程、あるいは「仏教による神祇信仰の包括現象[64]」などとして理解されており、またさきの丸山・三宅両氏の場合においても、専ら神社建築次元の問題として捉えられている。しかし、こうした捉え方にはともに再検討の必要があると思われる。天武朝期における神社や官社制の成立と整備が、丸山氏らの指摘するように在地首長層の掌握する祭祀権の国家（天皇）への吸収・再編成という狙いや側面を持っていたのは事実であるが、しかし天皇を中心とする律令祭祀体制の成立という点から見れば、ことはそれだけにとどまらず、いやむしろそのことを通して仏教と一体となった律令国家体制の中にいかに天皇を位置づけ、律令法を超越する存在としていかに天皇を機能させるか、そのための宗教構造をどのように整えるのかという課題に応えようとしたことに正しく目を向けておくことが必要となる。すなわち、神社は寺院との対応関係において、これとは異なる独自の機能と役割を果たす宗教施設として位置づけられ、新しく創始されたのであって、そうした点からいって、日本の「神社」や「神祇」信仰それ自体が寺院や仏教を歴史的前提とすることなしに成立することはありえなかったと考えなければならない。それは、広い意味での、あるいは別の形での「神仏習合」の一つ（第一段階）と考えなければならないといえるであろう。

また神社建築との関係からいえば、稲垣栄三氏が指摘するように[65]、掘立柱形式の建築が寺院建築との対抗関係を意識して考案されたというのもそうであるが、そのことよりむしろ重要なのは、恒常的な神殿を設け、そこに祭神を祀って信仰の対象にするという信仰形態自身に、仏教や寺院からの強い影響を考えなければならないということである。中国と異なって日本には元来宗廟、すなわち特定の宗教施設を設けて祖先を祀る思想がなかったとされること[66]、あるいは直木孝次郎氏が指摘しているように[67]、『万葉集』などから検出される神観念が、白鳳時代にあっては神を「かしこきもの」・「恐るべきもの」とするのが一般的であって、これを「尊きもの」として信仰の対象とするのはそれ以後であったとされることなどからも、これが推定できよう。神社は、単に恒常的な神殿というだけでなく、そこに祭神を祀ってこれを信仰の対象にするという新しい信仰形態の問題としても考えなければならず、そこには信仰形態における明らかな飛躍と段差が認められ、そこに仏教や寺院からの強い影響を読み取る必要があると考えられるのである。

以上のように考えてくると、これまで「神仏習合」という形で検討が進められてきた歴史過程は、正しくは、①「神社」やそれと一体となった律令制的な「神祇」信仰そのものの成立期にまで遡って考えなければならず、②それはアニミズム的な素朴なカミ信仰が仏教との交渉を通じて独自の日本的な宗教へと成長、ないし再編成されていく過程として理解すべきものであり、③同時にそれは中国仏教の日本化と密接に関わりあう問題であったと考えなければならない、ということになろう。日本における国家形成が内在的な歴史発展に支えられながらも、主要には中国を中心とした東アジア世界の規定性のもとで展開し、そこに日本歴史と国家形成の大きな飛躍と段差とが認められたように、日本の宗教に関しても同様のことが考えられなければならないのである。「神仏習合」という表記の方法や問題の捉え方そのものの抜本的な見直しが必要だということになろう[68]。

このことがとりわけ問題となるのは、「神仏習合」が専ら「神仏分離」との対応関係において捉えられ、そしてそれが寺院と神社との分離という短絡的な形で理解されてしまう大きな原因になっていると考えられるからである。「神仏分離」が文字通り外来の宗教・思想（＝仏教）と日本の在来の信仰との分離を意味するというのであれば、ことは寺院と神社との分離にとどまらず、恒常的な神殿である「神社」そのものの廃棄にまで及ばなければならないのではないか。しかし、そうすることにどれほどの意味があるのか。果たして、ここまでを視野に入れて「神仏習合」が検討されてきたのか。いささか疑問を抱かざるをえない。

さて、いま一つの問題は、以上のようにして成立した「神社」が、果たしてその国家的な要請や期待に応えられる十分な機能を発揮できたのかということにある。しかし、その答は極めて否定的とならざるをえない。このことを最もよく示しているのが、神社の祭神のあり方である。

『延喜式』神名帳について分析を加えた阿部武彦氏(69)は、「延喜式神名帳には大きく分けて地名を神社の名とするものと、人格神を神社の名とするものがあり、同一時代について云えば中央の先進社会に人格神を神社の名とするものが多く、同一の地域について云えば時代が下がった方が人格化が進んでいる」とし、さらに同じく人格神を祭神とする場合でも、天皇神話と直接的な関わりを持つ「古典神」はその中のごく一部に過ぎなかった、と指摘している。すなわち、古代にあっては非官社はもちろんのこと、律令国家(神祇官)の保護と管理・統制の下にある官社(=「神社」)にあっても、それらはそれぞれ各氏族や地域の共同体と直接結びつく形で祀られていて、その祭神は畿内近国を中心とするごく一部の地域の有力神社や国家的な神社を除いて、天皇神話と有機的に結び合っていないというのがむしろ一般的であった。天皇神話は全国各地の圧倒的多数の神社や共同体成員とはまったく無関係な、律令国家(天皇)による地方支配と民衆統治のための単なる政治的支配イデオロギーというにとどまり、その構造は古代を通じて基本的に変わるところがなかったと考えられるのである。

この問題は、天武朝期に成立した「神社」や官社制が実際にはどういう形で存在し、機能していたのかということと密接に関わっている。これまたすでに丸山氏や三宅氏などが指摘しているところであるが、律令国家の掲げた方針が貫徹せず、実際には伝統的な祭祀や信仰形態が根強く存続し、それが「神社」という新しい名称のもとに、重層的な形で展開していくこととなったのである。官社に指定されながら常設の神殿を持たない神社が多数存在したことが推定され、また三宅氏の指摘する井桁土台の神殿が多く存在したというのも、その一端を示していよう。要するに、これは律令国家の目指す方向や政策と実際の社会のありようとが大きなズレをはらんでいたことを意味するものであり、それは言葉を換えていえば、「神祇」信仰の段階に至っても、なお仏教に対比されるような一個の体系性を持った独自の宗教が成立していなかったということを意味するものにほかならない。古代の全時期を通じて「神道」が仏教・仏法と対置されながらも、積極的な概念規定をともなわない、極めて漠然とした形でしか示されなかったのは、こうした事情に基づくものであったと考えられるのである。

第三節　「神道」成立の歴史過程

1　日本的宗教としての顕密主義・顕密体制の成立

前節で述べたような状況や歴史的条件を前提としながら、中国とは異なる日本独自の意味と機能とを担う「神道」はいかにして、またいかなる過程を経て成立していったのか。本節では、この点について考える。

これまでの考察を通じて、この問題について考えるためには、結論的にいって次の二つの視角から検討を加える必要のあることが指摘できるであろう。一つは、日本社会に固有な宗教構造がどのような形で整えられていったのか、二つには、その中で「神道」がどういうものとして整備され、成立していったのか、日本的宗教の成立と日本「神道」の成立とはどのように関わり合っていたのかということである。本項ではまず第一の点について考える。

八世紀中頃以後、律令制支配や律令国家体制の変質と動揺（それは、律令制支配と同じく、神社や神祇信仰の物質的基盤でもあったアジア的共同体の変質・解体と表裏一体の関係にあった）にともなって、仏教や仏教思想が本格的に日本社会に浸透していくこととなるが、この時期の歴史過程は、さきにも指摘したように、これまで一般に「神仏習合」の過程として理解されてきたもので、「神仏習合」というのであれば、正しくはその第二段階と考えなければならないものであろう。

その歴史的評価について、筆者は結論的にいって日本的仏教としての顕密仏教の成立と顕密主義の展開という黒田氏の提起した理解を基本的に支持すべきものと考える。すなわち、天台・真言両宗を中心とする顕密仏教の成立を踏まえ、自立性・独自性を強めた神祇信仰や、あるいは陰陽道などを含め、顕密仏教の仏教思想に基づく全宗教の統合が進められて顕密主義が成立、さらに十一世紀前後から本地垂迹説も本格的に登場、発展し、ここに日本的宗教システムとしての顕密体制が本格的に成立していったと考えられる。この歴史過程に関しては、一般に日本仏教史の問題としてのみ理解されることが多いが、黒田氏が正しく指摘したように、「(日本的仏教としての顕密仏教の仏教思想に基づく)全宗教の統合」[70]という点にこそ最も重要な特徴が存するのであって、それは日本社会の中で独自の歴史過程を通じて生み出された、寺院と神社などが一体となって機能する独自の構造と特徴を持った「日本的宗教」の成立と考えなければならないであろう。神と仏とをとくに区別することなく、時と処によって適宜使い分けながらともに信仰の対象にするという信仰形態は、その後における「神仏分離」や「廃仏毀釈」などを経た今日にあっても変わることのない日本の宗教の最も本質的な特徴として、ここに成立したと考えられるのである。

　では、こうした宗教構造の変化、日本的宗教の成立にともなって、神社や神祇信仰はどのように変化していったのか。この宗教構造が体制的に整った十二世紀以後について見ると、差し当たり次の三点に留意しておくことが必要であろう。その第一は、神社や神祇信仰がいずれも仏教思想によって理論武装を進めるとともに、各神社のすべての祭神にそれぞれ本地仏が設定され、またこれらを祀る社僧とその活動の場（神宮寺・別当寺を初めとする種々の仏教施設）が神社境内やその周辺部に設けられ、神官と社僧が協力して神社の祭礼や管理・運営に当たる体制が整えられていったことである。それは神社の「寺院」化ともいうべきものであり、他方寺院の中に鎮守神や仏法擁護の神々を祀る神社施設が設けられるなど、寺院の「神社」化も進められたが、全体としては「仏教思想を基軸に据えた寺社の統合」というのがその基本的特徴であった（これが顕密主義・顕密体制と呼ばれるものの具象形態にほかならない）。

しかし第二に、そうした中にあっても、景観的にはもちろんのこと、祭礼やそれが担う宗教的機能など、寺院と神社がそれぞれ異なる独自の社会的・宗教的機能や役割を担っていたことも事実であって、仏教思想を共通の基盤としながら、両者がそれぞれ機能を分担しあうことによって日本独自の宗教構造を構築していたことに注目しておく必要がある（陰陽道・修験道などについても同様）。では、中世の神社が担った、寺院とは異なる独自の機能・役割とは何なのか。これを一言にしていうならば、現世を平穏・無事、安穏に過ごしたいという、人々の最も素朴で本質的な現世の世俗的な要求に直接的に応えること、そしてそのために現在ある世俗の社会秩序の維持・安泰を最優先課題として、その実現に努めることにあったといえるであろう。しかし、現世の安穏はともかく、世俗の社会秩序の維持・安泰ということになれば、現実の社会関係の中にあって、それは厳しい階級関係をともなう形で現れてこざるをえない。そしてここから第三の問題、留意点が生まれることとなる。

第三の留意点とは、神社の場合、それがいかなる階級的性格を持つものであるのかが、寺院の場合とは比較にならない明確さをもって現れることになったということである。一般的にいって、中世の神社はおよそ次の三つタイプに分類することができる[71]。

(a)国家権力（地域支配権力を含む）の一翼を担い、あるいはそのイデオロギー支配機関としての機能を果たした二十二社・一宮などの、公的・国家的な性格を持つ有力神社。

(b)個々の領主権力と結んで民衆支配の一翼を担った荘郷鎮守などの中小神社。

(c)村落や地域民衆などの素朴な信仰の対象となっていたその他の零細な神社や祠など。

こうした区分は、神社の持つ社会的・宗教的勢力の大きさということより、何よりも各神社が担った政治的・社会的・宗教的機能の違い、すなわちそれがいかなるレベルの世俗的秩序の鎮守神であったかに基づくものであり、こうした区分が目に見える極めてストレートな形で現れてくるところに、神社と寺院との最も大きな違いの一つがあったということができると考えられるのである。

そして、この第三の論点と関わって改めて問題となるのが、政治的支配イデオロギーとしての天皇神話と神社との関係が古代から中世への移行にともなってどのように変化していったのかということである。

以下、項を改めて考えてみることとしよう。

2 中世的神統譜の成立

上記の問題について考えるためには、まずもって予め次のことに留意しておかなければならない。それは、前節でも指摘したように、現人神として律令法を超越しつつこれを統括する位置を占めた律令制下の天皇は、天皇神話と宮廷祭祀及び伊勢神宮の祭祀に直接的な基盤を持っており、またそれが「神仏隔離」を支える一つの重要な理論的根拠、論理的基点として機能したのであるが、しかし古代においては天皇神話と全国各地の神社とは十分有機的に結び合っておらず、天皇神話は政治的支配イデオロギーのいわば国家・権力側からの一方的な自己主張にとどまったと考えなければならない、ということである。

ところが、こうした状況は律令制が変質と動揺を深め、中世社会へと移行していく中で大きく変化していく。その転機をなす重要な出来事の一つとして注目されるのは、九世紀における国土の閉鎖性を前提とした王土王民思想と「神国」観念の登場である。

この点について検討を加えた村井章介氏(72)は、これを中世神国思想の成立と評価している。

しかしこうした理解には疑問があり、それはあくまで端緒というべきであって、中世的な神国思想（＝本格的な神国思想）の成立は、こののちの十一世紀末・十二世紀以後のことと考えなければならない。佐々木馨氏も指摘しているように[73]、神国思想とは「神が擁護する国であるとともに、神＝天皇が支配する国であり、それゆえ神聖な国でもあると信じたり、または信じさせたりする時代思潮」のことである。佐々木氏の表現を借りるならば、①「神明擁護」、②「神孫降臨」、③「国土の宗教的神聖視」という三つの機能を宗教思想として三位一体的に信じたり、あるいは支配イデオロギーとして信じさせたりする、優れて現世利益的な価値観というべきものである、これらはいずれも部分的に九・十世紀頃成立したが、しかしとくに③や①が本格的に機能するのは本地垂迹説の成立を踏まえてのこと、また②についても十一・十二世紀以前とそれ以後とではその内容が大きく異なっていて、宗教的イデオロギーとしての神国思想の本格的な成立はやはり十一世紀末・十二世紀以後のことと考えなければならないと思われる。

では、この十一世紀末・十二世紀初頭に認められる変化や転換とはいったい何であったのか。ここでは、とくに重要と考えられる中世的神統譜と中世日本紀、及び二十二社・一宮制の三つについてその概要をながめることとし、本項ではまず天竺・震旦・本朝の三国からなる仏教的三国世界観に対応する新しい神統譜の成立について考える。

仏教的な三国世界観については、周知のように最澄の『内証仏法相承脈譜』[74]が天竺・震旦・本朝の三つの地域を三国として捉えた最初であり、[75]以後五大院安然の『教時諍』[76]や『三宝絵詞』[77]、あるいは『保元物語』・『今昔物語集』などにおいて三国世界が描かれることとなるが、重要なのはこうした新たな仏教的三国世界観の成立と定着にともなって、日本の王権についての認識に大きな変化が生まれたことである。それを具体的な形で示すのは十一世紀後半に成立した『扶桑略記』で、そこでは「神武天皇」を天竺・震旦の歴史との対比において捉え、かつ神武を「神世第七帝王（ウガヤフキアエズ…井上）之第三子」と説明していて、天地開闢・国土創世以来日本には帝王が存在し、天皇はその子孫であり、神であるとする理解が示されている。[78]こうした問題の捉え方の一つの完成された姿を示す『帝王編年記』では、目次部分に次のように記されている。

［史料一四］

天竺（仏在世已来）

震旦（自三皇至文元）

日本（自神武至今上）

神世十二代

天神

地神
釈迦牟尼仏出世（割注略）
人王

この記載で注目されるのは、天皇の系譜が神世十二代（天神七代・地神五代）と結び合わされて「人王」と捉えられていること、そしてその地神の時代に釈迦が生まれたとして、日本の歴史が仏教との統一において捉えられていることである。それまで天神とされてきたアマテラスは地神初代とされ、歴代の天皇はいずれもその子孫として新しく人王（人皇）と位置づけ直されることとなったのである。『源平盛衰記』にも、「伊勢大神宮と申は、天神第七代、伊奘諾、伊奘冊尊の御子、地神最初の御神也」（巻三〇）[79]、「我朝には神武天皇は、地神第五代の御譲を稟御座しより以来、故高倉院に至らせ給まで、八十代」（巻三二）[80]などと見える。

中世に定式化され一般化するこの天神七代・地神五代・人王（人皇）という新しい神統譜の捉え方が、史料的に確認できる最初は仁安二年（一一六七）頃に成立したとされる勝命の『古今序注』[81]においてであり、そこには次のように記されている。

【史料一五】

已上、謂二之神世七代一、　天神七代也

此外地神五代也、

しかし、天神七代・地神五代・人王（人皇）という捉え方はもちろんこれが最初ではなく、すでに指摘されているように[82]、これ以前に成立していた「年代記」や「皇代記」などの記載を勝命が引用したと考えるべきであって、この神統譜、ないしそうした考え方の基本的枠組みそのものはすでに十一世紀末・十二世紀初頭頃には成立していたものと推定される。

では、この新たな神統譜が成立したのはどのような背景によるものだったのであろうか。このことについて考えるためには、いま一度その成立過程に立ち返って考えてみる必要がある。まず神世（天神）七代について見ると、周知のようにかつてはクニノトコタチからイザナギ・イザナミまでを指して呼んだ。それは『古事記』・『日本書紀』ともに同じであって、それぞれ「国の常立の神より下、伊耶那美の神より前を、幷はせて神世七代と称す」（『古事記』上巻一）、「国常立尊より、伊奘諾尊・伊奘冉尊に至るまで、是を神世七代と謂ふ」（『日本書紀』巻一神代上第三段本文）と記されている[83]。

ところが、平安期になるとその内容に明らかな変化が認められる。そのことが史料的に確認できる比較的早い例は『参天台五台山記』[84]の延久四年（一〇七二）十月十五日条で、「本国世系神代七代。第一国常立尊。第二伊奘諾伊奘册尊。第三大日霎貴・亦名㆓天照大神㆒。

日天子始生為二帝王一。後登二高天一照二天下一。故名二大日本国一。第四正勝尊。第五彦尊。治三十一万八千五百四十二年前王太子也。第六彦火々出見尊。治六十三万七千八百九十二年。前王第二子也。第七彦瀲尊。治八十三万六千四十二年。次人代第一神武天皇。治八十七年。前王第四子也。第七十一代今上国主。皆承二神氏一。」と記されており、さきに触れた『扶桑略記』が神武を「神世第七帝王之第三子」としているのも、これと同じである。すなわち、同じく「神世七代」といっても、その内容はかつての『古事記』・『日本書紀』とは明らかに異なり、アマテラス以下を含めて七代と称しているのである。承暦四年（一〇八〇）頃成立したとされる『大鏡』[85]が、「まづ神の世七代を、ゝきたてまつりて、神武天皇をはじめたてまつりて、当代まで六十八代にぞならせ給にける」と述べているのも同様である。

いったいこうした変化はいつ、どのようにして生まれたのであろうか。この点について考えるうえで参考となるのは、十世紀初頭になった『古今和歌集』の仮名序と真名序である。そこには次のように記されている[86]。

[史料一六]

〈仮名序〉ちはやぶる神世には、歌の文字も定まらず、素直にして、事の心分き難かりけらし。人の世と成りて、素盞烏尊よりぞ、三十一文字あまり一文字は、詠みける。

〈真名序〉神世七代、時質に人淳くして、情欲分ること無く、和歌未だ作らず。素盞烏尊の出雲の国に到るに逮びて、始めて三十一字の詠有り。今の反歌の作なり。其の後、天神の孫、海童の女と雖も、和歌を以ちて情を通はさずといふことなし。爰に人代に及び、此の風大きに興る。

この問題（とくに仮名序）について検討を加えた奥村恒哉氏(87)は、仮名序にいう「ひとのよ」とは神世七代に対するアマテラス以下をいい、具体的には「皇代」と理解すべきだと指摘している。しかし、この理解はほぼ同時になったとされる真名序の内容と明らかに矛盾していて従うことができない。同じ内容を記したと考えられる真名序では、「人代」が従来通り「神世七代」との対比において神武以下の治世を指していると考えられ、またアマテラスの孫神ヒコホホデミが「天神の孫」と呼ばれていて、アマテラスがクニノトコタチ以下と同じ「天神」と捉えられているからである。これらのことから、仮名序にいう「人の世」は真名序にいう「人代」、すなわち「神世七代」に対する「人代」とは異なり、かつアマテラス以下とも異なる、文字通りスサノヲ以下を指すと考えるのが妥当ということになろう。

では、なぜスサノヲ以下を指して「人の世」といったのか。ここで注目されるのは、九世紀後半に成立した『先代旧事本紀』において、新たにスサノヲを初代、オオナムチを第二代とする新たな神々の系譜が作られ、これをイザナギ・イザナミやアマテラスなどの系譜と区別して「地祇」と捉えていることである。『先代旧事本紀』の構成の概要を示せば、およそ次の通りである。

巻一　神代本紀（神代系紀……「以上、七代天神」）
　　　陰陽本紀（イザナギとイザナミを中心に）
巻二　神祇本紀（スサノヲとアマテラスが中心）
巻三　天神本紀（アメノオシホミミ・アマテラスが中心）
巻四　地祇本紀（スサノヲ・オオナムチが中心。末尾に、スサノヲ―児オオナムチ―孫ヤエコトシロヌシ―三世孫以下の系譜を記す）
巻五　天孫本紀（ニギハヤヒ以下の系譜を記す）
巻六　皇孫本紀（ニニギ以下の系譜を記す）
巻七　天皇本紀（神武から神功に至る歴代の「天皇」について記す）
巻八　神皇本紀（応神から武烈に至る歴代の「天皇」について記す）
巻九　帝皇本紀（継体から推古に至る歴代の「天皇」について記す）
巻十　国造本紀（大倭以下の各地の国造について記す）

イザナギ・イザナミの子として、紛れもなく天神であるはずのスサノヲを「地祇」の初代だとするこの理解は、天神・地祇の概念がともに大きく転換しつつあったことを意味するものと考えなければならない。地祇初代と位置づけられたスサノヲは、「人代」とされた神武以下の歴代「天皇」とはもちろん異なるが、しかし日本の国土に住み、そこで活動したとされる点で、クニノトコタチからイザナギ・イザナミに至る神々とも明らかに性格を異にする存在であるところから、『古今和歌集』仮名序ではこの違いを「神世」とも「人代」とも異なるものとして「人の世」と称したと考えられるのである。

ところで、スサノヲ以下を「地祇」とする『先代旧事本紀』に見えるこの新しい系譜の成立は、当然のことながらこれに対応する新たな「天神」の系譜を生み出すことになったと推察され、こうした背景の中で、さきに述べたアマテラス以下を含む新しい「神世（天神）七代」像も成立していったのであろう。しかし同時に、地祇初代スサノヲ以下を「人の世」とする考えの成立は、同じく天神といってもイザナギ・イザナミ以前とその子アマテラス（スサノヲの姉）以下の神々との違いを浮き立たせることとなり、それが最終的に天神七代・地神五代・人王（人皇）という形でまとめ直されることになったものと考えられる。

天神七代・地神五代・人王（人皇）という、古代とまったく性格を異にする中世的な神統譜は、およそ以上のような過程を経て成立したことが推察されるが、しかしスサノヲ以下を「人の世」とする考えがすでに十世紀初頭には成立していたことを考えると、中世的神統譜が成立する十一世紀末・十二世紀初頭まで、その間約二世紀が経過したこととなり、この両者を直接的に結び合わせるのは困難だといわざるをえない。歴史的背景は以上の通りだとしても、中世的神統譜の成立には、これとは別のもっと直接的な要因が考えられなければならない。ではそれは何なのか。またアマテラス以下を「地神」とする、こうした表記は中世的神統譜に至って初めて登場するものであるが、それはいったい何を意味すると考えればよいのか。

「地神」初代という表記と関わって注目されるのは、『神皇正統記』[88]が「大日本は神国なり。天祖（クニノトコタチ…井上）はじめて基をひらき。日神（アマテラス…井上）ながく統を伝へ給ふ」といい、あるいは『玉伝神秘巻』[89]がアマテラスを「国土のあるじ」と呼んでいることからもうかがわれるように、アマテラスが「神国」日本の最初の「統治権」者、その基点として位置づけられていることである。そして、『神皇正統記』がさきの記述に続けて、「我国のみ此事あり。異朝には其たぐひなし。此ゆへに神国といふなり」と指摘しているのを考えると、こうした主張が外国を意識した日本の国家や王権の独自性の強調を意図したものであることは明らかであろう。本項の最初に指摘した、仏教的三国世界観の成立を前提とする、日本国家の独自性の主張の理論的整備（本地垂迹説の定着を踏まえた中世的「神国思想」の成立)、これがアマテラス以下を含む神世(天神)七代の再編成による「地神」概念及び中世的神統譜成立の直接的な契機をなしており、この両者(中世的「神国思想」と中世的神統譜)は相互に支え合う表裏一体の関係にあったと考えられるのである。[90]

このことは、別の観点から見れば、神国思想が中世的神統譜の成立をもって一つの理論的達成を見たということもできるのであって、皇統の連綿性(のちに「万世一系の天皇」といわれる認識)や、『神皇正統記』などが強調したその連綿性を象徴するものとしての「三種神器」継受の重要性という認識[91]も、ともにその基点は天神七代・地神五代・人王(人皇)というこの中世的な神統譜の成立にあったと考えることができるのではないかと思われる。

ところで、この中世的な神統譜の成立は古代天皇制の中世への転換と一体のものであったと考えられるが、これについてはどう考えればよいであろうか。これまでに指摘されてきた院政期における天皇の「人間化」[92]、あるいは天皇作法の成立にともなう天皇の「機関化」[93]というのは、以上に見てきた中世的な神統譜の成立と一見したところ矛盾しているようにも見える。しかしそうではない。大隅和雄氏[94]は、慈円の歴史観が人間の目に見える顕の世界と、目に見えない冥の世界との交錯の中で成り立っていたと指摘しているが、この冥顕の思想構造は慈円にのみ特有の考えだったのではなく、本地垂迹思想に基盤を置く中世社会の仏教的世界観に通底するものであったと考えなければならない。すなわち、現実の政治上の天皇は国家権力の頂点に位置する機関化された存在に過ぎないが、しかし他方ではクニノトコタチやアマテラス以下の天神・地神によって支えられ、その庇護のもとにこれと一体となって機能する存在（これが「人王」・「人皇」の具体的な内容にほかならないと考えることができる）でもあって、中世の天皇はこの両者の統一において機能していた、ということであろう。古代とは異なり、中世の天皇が「聖王」・「帝王」などとも称されてその神聖性がとりわけ強調されたのは、黒田氏が指摘した(95)仏教思想による粉飾もさることながら、直接的にはこうした認識（中世的神統譜と冥顕の思想）に支えられてのことであったと考えるべきなのではないだろうか。

3　中世日本紀の成立

さて、第二の点として注目されるのは、古代天皇神話の中世的変容としての中世日本紀の成立である。

この問題、すなわち「日本紀云」という形をとりながら、その実『日本書紀』や『古事記』などの本文にはおよそ還元することのできない多様な言説が奔放に展開されていく中世社会の様相を、「中世日本紀」という視角から捉え返すことが伊藤正義氏[96]によって提起されて以来、国文学界を中心として中世日本紀に関する研究は大きく前進し、今日では、その正確な理解を欠いては中世文学はもちろんのこと、日本中世史そのものの解明も困難とされるところにまで至っている。しかし、こうした研究の発展の一方で、これまで「中世日本紀なる言葉…の指し示す対象の範囲については、明確に論じられてこなかったきらいがある」として、「どこまでが中世日本紀であり、どこからがそうでないのか」を明確にする必要があるとも指摘[97]されている。これは、中世日本紀を「日本紀の中世的理解と解釈運動[98]」ないし「〝日本紀〟という運動[99]」とする捉え方、あるいは「そもそも〈中世日本紀〉とは実体として議論すべきものでなく、あくまで一つの研究方法としての操作概念にすぎない[100]」とする理解に対し、これをあくまで古代天皇神話の中世的変容（＝中世の天皇神話）として理解しようとする立場からの批判と考えることができる。筆者は、伊藤氏の問題提起の中にはもともとこれらの問題が二つながら含まれていたと考えるが、しかし天皇神話というこの問題の抱える深刻で微妙な性格に鑑みるとき、不必要な混乱を避け、問題を明確にするためにも、金沢英之氏が指摘した論点に十分留意しておくことが重要だと考える。ここで取り上げようとするのも、この金沢氏の指摘に関わる論点についてである。

金沢氏の指摘にも示されているように、「日本紀の中世的理解」としての中世日本紀の基本的性格やその歴史的な構造・特質とは何か、それはいつ、どのようにして成立したのかなどについては、これまでの研究によって未だ必ずしも明確になっているとはいいがたい。これらの問に答えることは容易でなく、筆者もそれについて十分な回答を用意しているわけではないが、①なぜこうした「運動」が起こったのか、②その際の基点がなぜ「日本紀」だったのかなどの点を念頭に置きながら、中世日本紀の成立過程について若干考えてみることとしたい。

この問題について考える上で、まず第一に注意する必要があるのは、それが古代以来の連続した過程として展開されたということである。その一つが「神話の一元化」といわれるもので、もともとそれぞれ異なる構想と方法に基づき別個のテキストとして作成された『古事記』や『日本書紀』などが一つに結び合わされ、統合されることによって、「三種神器」の成立などに示されるように、天皇祭祀などとの理論的統一、整合性が図られていった。[101] 九世紀に成った『古語拾遺』や『先代旧事本紀』はいずれもこのような経過を経て作成された新たなテキストであり、それは平安初期における天皇権の伸張（古代天皇制の整備[102]）と不可分の関係にあったと考えられるが、とくに『先代旧事本紀』は撰者が聖徳太子に仮託されることによって、『日本書紀』や『古事記』と並ぶ、中でも最も重要な文献として重視され、中世には「神書」の第一としての地位を獲得していった。[103]

この『古語拾遺』と『先代旧事本紀』に共通する特徴として注目されるのは、それらがともに『日本書紀』の本文や一書、あるいは『古事記』などの記載を自由に切り刻み、要約・解釈し、また繋ぎ合わせるなどして、『日本書紀』・『古事記』のいずれにも還元できない、それとは大きく異なる新たなテキストになってしまっているということである。そして、このような特徴を持つ『先代旧事本紀』が中世では「神書」の第一とされることによって、こうした手法そのものが定着、一般化し、『日本書紀』や『古事記』の本文から解放された奔放なテキストの作成や神話の展開が促進されていくことになったと考えられるのである。

古代以来の連続した過程として、いま一つ重要なのは『日本書紀』に対する講書と注釈である。宮廷において催された古代の講書は、『日本書紀』の披露のための養老五年（七二一）を除いて、いずれも平安期の弘仁三年（八一二）、承和十年（八四三）、元慶二年（八七八）、延喜四年（九〇四）、承平六年（九三六）、康保二年（九六五）の合計六回を数え、高官や博士などの漢学の専門家などが参加して、主に漢字表記の言葉を訓釈する作業が行われた[104]。しかし、その実態は単なる倭訓にとどまらず、漢字表記の言葉を古語に読み直すことを通じて、「じつは『日本書紀』とは違う、「日本紀言説」と呼ばれるような新たなテキストを産み出[105]」すものとなった。それは、さきの『古語拾遺』や『先代旧事本紀』などと形態は異なるが、新しいテキストの生成という点で共通しており、しかもそれが宮廷主催という公的な場と形で行われたところから、正史である『日本書紀』に対する注釈こそが新しいテキスト生成の最も基本的な形態とされることにもなったと考えられるのである。

これらのことから考えて、「日本紀云」という形式（そこでは、『日本書紀』の注釈書などもまた「日本紀」と理解された）のもとに『日本書紀』や『古事記』の本文を離れて多様な言説が奔放に展開していく中世日本紀の基本骨格は、以上に述べた二つを歴史的前提とし、それらを受け継ぐ形で展開していったものであったと推測することができよう。従って、そうした点からいえば、康保二年を最後としていったん断絶した『日本書紀』などの注釈が新たに復活、展開する段階をもって、中世日本紀成立の一つの画期と考えることもできるであろう。但し、以上に述べたことはいずれもいわば中世日本紀の形式的な側面に関わる事柄であって、これだけで中世日本紀について論じたことにはならない。重要なのはその内容にこそあるからである。

その点で第二に注目されるのは、古代律令制支配・律令国家の変質と解体が『日本書紀』や『古事記』に代わる新たな神典の誕生、あるいは『日本書紀』などのそうした方向への内容転換を強く求めていったと考えられることである。

古代天皇神話との関わりを念頭に置いて律令制支配と律令国家の変質・解体過程につい

て考えるとき、まずもって注目されるのは、すでに金沢氏[106]や神野志隆光氏[107]などによって指摘されているように、それを成り立たしめている世界観や国家観に大きな変動が生まれたことである。日本における律令制支配の衰退と、この体制を根底で支えていた唐世界帝国の崩壊にともなって、朝鮮を蕃国とする観念的な「小帝国主義的世界」観[108]がいよいよ現実的な根拠を失い、これに代わる新たな世界観の獲得が強く求められるに至った。これは、律令支配体制の変質と解体が日本国内の問題にとどまらず、中国を中心とした東アジア世界全体の構造転換と密接に結び合っていたことによるものである。

中国先進文明の圧倒的な影響のもので国家形成を進めた日本における律令制支配の展開過程について、筆者は大雑把にいって中国から導入された律令法に基づいて日本社会を再編成し、掌握・統治しようとした八・九世紀段階（前期律令制、九世紀はその転換期）から、そうした方向が行き詰まる中で、逆に日本社会の現実や実態に合わせて律令法を大胆に修正し、天皇を頂点とする新たな国家統治システムを構築することを通じて、なお中央集権的な律令制支配を維持・貫徹しようとする十・十一世紀段階（後期律令制、同じく十一世紀は中世への転換期）へと大きく展開していったと考える。[109]そして、こうした政策転換が可能であった背景に、唐世界帝国の解体と周辺諸国の中国からの自立化による東アジア世界構造の転換があり、また日本におけるそうした政策転換が東アジア世界の構造転換をいっそう推進するという関係にあったと考える。さきに指摘した九世紀における「神国」観念の成立というのも、こうした日本における前期律令制から後期律令制への移行（律令制支配体制の変質・再編）と中国を中心とした東アジア世界構造の転換の中にあって、いかにして日本独自の国際的地位を確認、確立していくかの一つの模索の現れであったと評価することができるであろう。

ところで、『日本書紀』の講書に示されているように、律令制支配という枠組みがそれなりに機能している状況のもとにおいては、『日本書紀』に対する注釈という形で時代の変化に対応することも一定程度可能ではあった。しかし、律令制支配が明らかに展望を失い、それに代わる新しい支配体制の構築とそれを支える新たな世界観の獲得が求められる段階になると、こうした手法がもはや意味を持ちえないのは当然のことであった。『日本書紀』の講書が十世紀後半の康保二年をもって断絶したのはこうした背景によるものであったと考えられる[110]。同時に、それは官僚貴族層が世界観の主たる担い手だという時代の終焉をも意味していたといえる。

古代の官僚貴族層に代わる新たな世界観の主たる担い手、それは新たに登場してきた寺社勢力、とりわけ顕密僧たちであり、仏教思想に支えられた仏教的世界観（天竺・震旦・本朝の三国世界観）がその具体的な内容であった。彼らは、律令制の衰退にともなう鎮護国家の仏教体制の解体の中で、これに代わる新たな国家と宗教（仏教）との関係の理論構築を求められ、他方、律令制支配の矛盾の激化と社会変動にともなう仏教への期待や要請の高まりに応えつつ、しかし経済的には国家の保護を失い、政治的・社会的・宗教的機能の拡大を通じて独自の財政基盤を確保していかなければならない状況（それは寺社の封建領主化の過程でもあった）の中にあって、主体的・積極的に国家と宗教（仏教）との関係の理論（王法仏法相依論）構築を通じて、公家・武家と並ぶ寺社勢力としての独自の地位を獲得していったのであった。[11] 中世日本紀が古代と違って仏教的世界観としての基本的特徴を持ち、またその主たる担い手が同じく古代と違って寺社勢力、とりわけ顕密僧たちであったというのは、こうした事情によるものであったと考えられる。

では、その場合、日本中世の仏教的世界観・国家観とは具体的にいかなる内容の、いかなる歴史的な特徴を持つものだったのか。この点でまず第一に注目されるのは、顕密主義の持つ宗教的性格、すなわち神祇信仰との融合によって広く深く日本社会に浸透するための理論として本地垂迹説が案出・宣伝され、「和光同塵」の言葉に示される神と仏との一体的で不即不離の関係が構築されていったこと、そしてその場合の神々が古代の天皇神話上の神々をその中心としていたことである。第二に、こうした特徴を持つ顕密仏教が王法仏法相依論に基づく新しい世界観・国家観を構築していくに際し、その歴史的前提としてすでに「神国」観念が提示され、さきの神々もその神国と一体のものとして捉えられていたことである。第三に、最も重要なことは、日本における古代から中世への移行がなし崩し的な過程として展開し、権門体制という形で成立を見た新しい中世国家では、依然として天皇が国王としての地位を保ち（＝封建的象徴天皇制）、太政官や摂関家を初めとする官僚機構も存続するなど、国家権力構造の古代からの根本的な転換を見なかったことである。

こうした状況のもとで形成される新しい世界観・国家観が、仏教思想を踏まえつつも、具体的には古代律令制的な神国観念の中世的改変、すなわち仏教的「神国思想」（三国世界観）として立ち現れてくることとなるのは当然といえるであろう。そして、新たに成立した中世的な世界観・国家観が以上のようなものであれば、新たな神典の創出はとりたてて必要でなく、国家・王権や神国観念をその根底で支える『日本書紀』などの「神書」の新しい視点からの読み替えと内容転換こそが主たる課題とされたのも、これまた当然のことであった。「日本紀の中世的理解」としての中世日本紀はこのようにして成立したと考えられる。また、このようにして成立した中世日本紀が、古代の天皇神話と同じく国家・王権（中世的神統譜によって再構築された天皇権力）による地域と民衆統治のための正統性の主張という、国家的政治イデオロギーとしての基本的性格を維持しながら、しかしそれの拠って立つ世界観や基本的な担い手の性格とも関わって、古代とは異なる顕著な宗教

（仏教）的性格を帯びていたことにも注意しておく必要がある。それは宗教的国家イデオロギーというべきものであって、中世日本紀（中世天皇神話）の持つ基本的な歴史的特徴はこうした点に求めることができるであろう。

その成立時期を具体的な形で確認するのは困難であるが、前項で取り上げた三国世界観に対応する中世的神統譜の成立は中世日本紀の中でも最も中心的な位置を占める問題であったから、それ自身が中世日本紀の成立を示すと考えることもできる。また形式的な側面からいえば、いったん断絶した『日本書紀』の注釈が新たな形で再開され、活況を呈していく事例の最初として藤原信西（一一〇四～五八）の『日本紀鈔』[112]が知られており、あるいは歌学書に「日本紀」受容の確認できる最初の事例として知られる『俊頼髄脳』[113]の成立が十二世紀初頭の永久三年（一一一五）頃とされるのも、中世日本紀の成立時期について考える際の一つの参考となろう。[114]但し、時代の変化に対応する新しい世界観・国家観の形成という点からいえば、さきにも指摘したように寺社勢力がその中心的な位置を占めていたと考えられ、官僚貴族たる藤原信西などはこうした時代の流れや変化の中で、むしろこれに受動的に対応していったと考えるべきものであろう。同じく信西が古来の律令や法制に関する明法家の解釈・勘文などを集めて『法曹類林』を編纂したのも、中世荘園制（荘園公領制）社会への移行にともなう律令法の新しい解釈の必要に迫られてのことであり、それは『日本紀鈔』の編纂と基本的に共通する性格のものであったと考えられる。史料的には未だ必ずしも明確でないが、後述する中世的な寺社縁起（とくに神社縁起）の成立などを、中世日本紀の成立という観点からもっと積極的に評価し直していく必要があるのではないだろうか。

4　二十二社・一宮制の成立

右の点とも関わって、十一世紀末・十二世紀初頭に認められる変化や転換として、いま一つとりわけ重要な位置を占めているのは、中世的な国家的神社制度としての二十二社・一宮制の成立である。二十二社・一宮制とは、伊勢神宮をはじめとして、畿内近国に設けられた天皇（国王）とその居所（王権の所在地としての王城）を鎮護する二十二の有力神社と、各国ごとに設けられた各国の鎮守神である諸国一宮とが相寄って中世の日本国を支え、擁護するとされた神社制度（＝体制）のことをいい、時間的にはまず中央の二十二社が整い、これと連動あるいは並行しながら諸国の一宮とその祭祀体制が定まる形で、十一世紀末・十二世紀初頭に全国的な神社制度として成立していった。

この神社制度についても未だ解明されていない部分が多く、検討を要する問題も少なくないが、ここでは諸国一宮制の問題[115]を中心としながら、本章のテーマと直接関わるいくつかの点について若干検討を加えることとしたい。

まず第一に、予め注目しておきたいのはこの制度の基本的性格、すなわちこれらの神社の祭祀がいずれも天皇との直接的な関係、ないし結びつきを持っているということである。二十二社制は、十世紀初頭の十六社制の成立を踏まえ、さらにこれに六社が加わることによって成立したもので、最後の日吉社が加列されて二十二社体制が整うのは永保元年（一〇八一）のことであった[116]。しかし、この制度の基本的な骨格はすでに十六社制の成立をもってできあがっていたといわれ、その特徴を一言にしていえば、かつての神祇官を中心とする本来の律令制祭祀とは区別される、天皇の直轄祭祀という点にあった。すなわち、すでに九世紀の後半から成立しつつあった祈雨や祈年穀などの国家的大事を名目とする十六社への奉幣が、天皇の国制上の権限の拡大にともない、十世紀にはのちに公卿・殿上人・諸大夫制として整備される天皇の側近集団（内廷官僚）によって担われるようになっていった、というのである[117]。これは触穢思想の成立や拡大にともなう、京都を中心とした同心円的な国家・国土観念の成立、及びその中心に位置する天皇の神聖性の強調[118]と表裏一体をなす関係にあった。

これに対し、諸国一宮制[119]は各国ごとにそれぞれ当該国を代表する最有力神社をもってその国の鎮守神（＝国鎮守）と定め、国司（国衙）など地域支配権力の責任においてその維持・管理と祭礼の執行に努めることを通して、それらの神々の加護を得るというもので、①一宮の選定は基本的に在地側に任されていた（権力的に上から一方的に指定する形で定まったわけではなく、当該国内において歴史的・社会的に最も有力と認められる神社がその地位に就いた）、②この制度が登場してくるのは十一世紀中頃、そして全国的な規模で整うのは十一世紀末・十二世紀初頭であるなどの点で、中央の二十二社制とは明らかに性格を異にしていた。しかしながら、成立した諸国の一宮においては、他の一般の神社と異なってその造営が天皇の命に基づく宣旨によるとされ、またその造営費用も同じく天皇の命に基づく一国平均役によるのを通例とし、あるいはその祭礼が勅祭に準じて国祭とされるなど、天皇との直接的で緊密な結びつきを持っていた。そして何より注目されるのは、十六社制と同じ十世紀に天皇直轄祭祀の典型とされる大神宝使制が成立し[120]、それが一宮制の成立と深く関わっていたと考えられることである。

この儀式は、新天皇の即位にともなって、全国の有力な神社五十社を対象として天皇の側近集団（内廷官僚）が遣わされ、天皇即位の報告のため各社に神宝を奉献するというもので、この五十社の中にはのちの二十二社が十三社、同じくのちに一宮となる神社が二十九社（うち三社は二十二社と重複）含まれており、とくに畿外地域では東山道や山陽道の諸国をはじめ、のちの一宮のうちの主要なものがほぼすべて含まれていた（畿外地域における一宮以外の神社は、伊勢神宮を除いて尾張国三宮熱田及び出雲国熊野・筑前国宗像・同香椎の四社に過ぎず、またその中で二十二社・一宮が含まれていないのは尾張国のみである)。また、この制度の成立を踏まえて、こののち各国においても国司の就任時に初任神拝が行われるようになり[121]、一宮制の成立とともにその対象神社も一宮へと収斂されていった。そして中世には、例えば信濃国一宮諏訪社において「帝王御即位之時、諸国一宮被レ行二大奉幣一[122]」といわれたように、天皇即位時の大神宝使発遣が国司の初任神拝と並んで諸国一宮に特徴的な儀式とされることとなったのである。

こうして中世においては、中央の二十二社と諸国の一宮とはそれぞれ王城鎮守・国鎮守として、二十二社が天皇及び同心円的に広がる国家領域の中核＝心臓部を支えるのに対し、一宮が日本列島の各地にあって、それぞれの地域(＝国)の安泰を通じて日本国の全体を支えるというように、それぞれ異なる任務と役割を担いながらも、ともに天皇(王権)と直接結び合う神社として他の一般の神社(前節で述べた(b)・(c)タイプの神社)とは明確に区別され、またそういう公的・国家的な位置を占める神社として、中世神社制度(体制)の中核を担うこととなった。中世の国家的な神社制度(体制)を「二十二社・一宮制(王城鎮守・国鎮守制)」と呼ぶのは、こうした事情による。

しかし、第二に注目しておく必要があるのは、一口に二十二社・一宮制といっても、実際のところ全国的な規模での中世神社制度の根幹、及びその歴史的特徴の基本を担っていたのは諸国一宮制だということにある。それは単に時期的な問題、すなわち二十二社制の基本骨格が先述のようにすでに十世紀初頭の十六社制によって整い、あるいは二十二社制と基本的に変わるところのない二十一社制がすでに十世紀末の一条朝・道長期に成立していて、[123]中世になって新しく成立した神社制度ではない、ということによるのではない。一つには諸国一宮制が中世社会の実態を踏まえ、これに即した文字通り全国的な規模での制度であり、二つには同じくそれが日本の中世社会に特有な国家権力構造に対応する神社制度であった、ということによるのである。

「中世社会の実態に即した制度」とは、例えば『耀天記』[124]に「夫日本国本ヨリ神国ト成テ。国々里々ニ。鎮守明神イカキヲナラベ鳥居ヲ顕メヲハシマス事。延喜式ニ定メ被レ載数三千一百廿二所トゾ承ル。一万三千七百余座トモ申ス」と記されているように、日本列島の各地に多数の霊神・霊社が存在し、それら多数の神々の集合的な力によって日本は擁護されているとするのが中世における一つの共通認識であり、それが神国思想にいう「神明擁護」・「国土の宗教的神聖視」にほかならなかった。こうした中にあって、例えば『類聚既験抄』[125]に「諸国一宮事。国々擁護霊神也。日本者神国□」と記されているように、諸国一宮は各国内の神社を統括し、あるいはこれを代表する神社として各国の鎮守神、ひいては日本全体を擁護する総鎮守とも考えられたのであった。尾張国一宮真清田社が「和朝一宮勝社」・「日本中一宮」[126]、同じく伊予国一宮大山祇神社が「日本第一鎮守」[127]などと称しているのは、もちろん自らの権威を飾らんがための誇大宣伝であったことに違いはないが、しかし尾張や伊予国内の人々の目から見れば各一宮がそうした位置を占めていたこともまた事実なのであって、これを単純に観念的な虚構として否定し去ることはできないと考えられる。

これに対し、二十二社は王城鎮守神という独自の性格を持ち、またその多くが神社としては最大規模の荘園領主であるなど、大きな政治的・社会的勢力を誇っていた。しかし「二十二社」という捉え方そのもの、あるいは伊勢神宮を含む十六社ないし二十一社・二十二社が一括して諸社奉幣の対象とされたことからも知られるように、皇祖神伊勢神宮が別格として他の一般の神社と隔絶され、明確に区別、分離された古代、とりわけ九世紀以前の前期律令制の時代とはすでに大きく異なっていた。もちろん、中世においても伊勢神宮が神階を持たない、あるいは仏法の忌避を看板とするなど、古代以来の伝統の上に立った他と異なる独自の特徴を持ち、何よりも地神初代アマテラスを祀る神社として独自の位置と重要性を担っていたのは事実であるが、しかし本質的には二十二社のうちの一つ、王権の安泰と王城の鎮護に当たる有力神社のうちの一つというにとどまったと考えなければならない。そして、山城国賀茂上下・大和国大神・摂津国住吉の三国四社が各国の一宮を兼ねていたことにも示されているように、二十二社制の中にも一宮制の神社編成原理が食い込み、その上に立って諸国一宮制は文字通り全国的な神社制度として機能したのであった。

いま一つの「中世社会に固有な国家の構造とこれに対応する制度」とは、次のようなことをいう。前項で述べた後期律令制の国家権力構造上の最も重要な特徴の一つは、地方政治の国司への委任と国司・国衙支配権力の裁量権と権限の強化・拡大、すなわち中間支配機関としての「国」支配＝国司・国衙支配権力の中央国家権力からの相対的な自立化にあったが、こうした歴史的前提を踏まえて成立した中世の権門体制国家では、留守所・在庁官人制の整備・発展や諸国一宮制の成立などにともなって、この中間支配機関が地域支配権力としていっそうの自立化を強め、中央の権門体制はこれら地域支配権力との相互補完関係において作動する仕組みとなっていた。鎌倉期に至って完成する各国レベルの国衙・守護・一宮の相互補完関係に基づく地域支配権力の構造[128]は、中央の公家・武家・寺社の相互補完関係に対応・連動するものであり（但し、中央と地方とでは権力の編成原理がそれぞれ異なっている）、こうした「国」レベルの地域支配権力の相対的な自立性を踏まえて、なおかつ中央集権的に国家権力が編成されている（そこでは、機関としての天皇が諸権門を統括すると同時に、地域支配権力、中でも諸国一宮と直接結び合うことによって、王権としての独自の機能を果たすこととなった）ところに、日本中世の国家権力構造上の最も重要な特質の一つがあったと考えられる。中世の諸国一宮は、地域支配権力の一翼として機能すると同時に、その宗教的・政治的機能によって、直接中世王権を下から支える役割をも担うこととなったのである。

注目すべき第三の点は、右の問題、すなわち地域支配権力の一翼を担う諸国一宮が果たす宗教的・政治的機能の歴史具体的な内容とその歴史的性格についてである。

日本中世の国家（王権）と宗教（仏教）との関係については、すでに黒田氏が王法仏法相依論を提起して検討を進めており[129]、その基本的な枠組みや構造はほぼ明らかになってきたといってよい。しかし、黒田氏が先述のように専ら寺院史・仏教史の観点から検討を進めたこともあって、その歴史具体的な内容という点に関してはなおいくつかの問題が残されたままとなっている。その一つが王法・仏法と「神道」との関係であって、黒田氏は中世顕密体制のもとでは本来「神道」がその世俗的な性格のゆえに王法と仏法との接点に位置していたが、顕密体制が動揺を深める中で顕密仏教を補強する新しい形態として重視されるに至ったといい[130]、小峯和明氏はこれを「仏法・王法相依をさらに神明が支える論理構造」、あるいは「王・仏二法を神明が擁護する三極構造」と規定している[131]。

黒田・小峯両氏のこうした理解は、中世神国思想の本格的な成立を鎌倉後期とする点で共通しており、それ自体別途慎重に検討されなければならないが、それ以上に問題なのは、小峯氏のいう「三極構造」という捉え方、及びこれと区別して、そこに至る、それ以前の状況を「神道（神明）」が「王法と仏法との接点に位置」する関係や構造とする捉え方である。とくに黒田氏の場合問題なのは、「王法と仏法との接点」とは具体的に何を意味するのか、それを繋ぐ「神道」とは何なのかがともに明確でないことにある。

結論を先取りしていえば、筆者は黒田氏のいう「神道」を宗教的国家イデオロギーとしての天皇神話（中世日本紀）の中で活躍する神々とそれについての思想的な解釈（教説）、その具体的な担い手を諸国一宮、そしてこうした体制が平安末・鎌倉期以後を含めた中世全体を通じての基本骨格であったと捉え返すことによって、この問題は解決されるであろうと考える。以下、この点を中世諸国一宮制の成立過程の検討を通して考えてみることとしたい。

さきに大神宝使発遣の問題に触れて指摘したように、中世の諸国一宮の中には古代以来の伝統を誇る有力神社が多く含まれていた。しかし、例えば大神宝使発遣の対象とされた熱田社が中世では尾張国三宮だったのに対し、その対象でなかった真清田社が同国一宮とされたように、古代的な伝統がすべてだったのではない。では何をもって一宮は一宮たりえたのか。それは、いうまでもなく当該神社がその国の鎮守神（＝国鎮守）たるにふさわしいと認められる現実的な社会的・宗教的勢力と霊威とを備えていることにあったと考えられる。

尾張国の事例でいえば、長保三年（一〇〇一）国守に任じられ赴任した大江匡衡の妻赤染衛門が、翌四年春「国人」らが田起こし・種まきを拒否していると聞き、真清田社に参詣、祈願して和歌を詠んだところ、国人の怒りも収まり、問題は解決したという(132)。これと同様の事例に伊予国一宮大山祇神社の場合がある。天治元年（一一二四）に初度本が奏上された『金葉和歌集(133)』によると、国守平範国(134)にともなわれて伊予に赴いた能因法師は、正月から三・四月まで雨が降らないとして、範国から「一宮に参らせて祈れ」との要請を受け、神社に参詣して「天の川苗代水にせきくだせあま下ります神ならば神」と詠んだところ、神がこれに応えて三日三夜大雨が降り続いたという。両社とも未だ一宮となる以前の状況を示すものであるが、現実にこうした条件を備えていることが一宮の地位を獲得していく、あるいは一宮として機能するための重要な前提であり、それはすべての一宮に共通するところであったと考えられるのである(135)。

では、諸国一宮はどのようにしてこうした条件を獲得、確保していったのか。さきにも述べたように、諸国一宮の多くが古代において国内最高位の神階を持つなど、歴史的な伝統やそれに裏打ちされた由緒を誇っており、そうした各神社の持つ歴史的な伝統や由緒が一つの大きな条件をなしていたことは疑いない。しかし、尾張真清田社の事例からも明らかなように（尾張国では古代を通じて熱田社が常に国内最高の神階を誇っていた）、決してそれがすべてだったわけではない。そして何より重要なことは、それが単に一般的な意味での霊威や社会的・宗教的勢力ではなく、非人格的組織としての「国」（日本国の有機的な一部分を構成する）の鎮守神たるにふさわしい霊威や政治的・社会的・宗教的勢力でなければならなかったということである。

古来、日本の神社は伊勢神宮などの一部の国家的な神社を除き、一般的には各種の共同体に基礎を置く、その守護神として成立し発展してきたものであり、共同体を離れては存立しえない性格のものであった。それが、古代を通じて官社制から名神制、そして神階社制へと神社制度が転換する中で、個々の共同体を超えた社会的・宗教的勢力へと変質を遂げていった[136]。古代アジア的共同体の変質・解体と仏教の影響によるものであったことはいうまでもない。しかし、そうした変化にもかかわらず、神社が一般的には地域的ないし人格的結合組織としての何らかの社会集団（共同体）を基盤とする宗教施設だという点に本質的な変化はなかった。ところが、諸国一宮は明らかにこれらと性格を異にしていた。中世諸国一宮の歴史的性格を一言にしていうならば、①他の一般の有力神社と同様、地域社会の中に確固とした宗教的基盤を持ち、地域の各層からの崇敬を集めて大きな宗教的勢力を保持していること、②個々の神社や各種の社会集団（共同体）を超越することによって、非人格的組織としての「国」そのものの鎮守神たるにふさわしい独自の政治的・社会的・宗教的機能や勢力を保持していること、この二つの相異なる条件を合わせ持っているところにあったといえよう。それは、古代の国家的な神社とも、また中世に一般的であった荘郷鎮守以下の神社（先述した(b)・(c)タイプの神社）とも明確に区別される独自の存在であったと考えなければならない。

そして、この①と②の二つ、とくに②の条件を獲得するため、各国の一宮はそれぞれに、またそれぞれの地域や各神社の持つ歴史的伝統や条件に応じた形で、国鎮守となるための独自で必死の努力を積み重ねていったのであった（尾張熱田社の場合はそうした努力を怠った、ないしそれに失敗した特異な事例と考えることができよう）。ここでは、その間の変化がある程度具体的にわかり、かつ比較的典型的な事例と考えられる出雲と若狭両国の場合について、ごく簡単に眺めておくこととしよう。

まず出雲国一宮杵築大社[137]について。古代にはオオナムチ（オオクニヌシ）を祭神とし、「国譲り神話」に基づいて創建された杵築大社は同国の西部出雲郡（中世は神門郡）にあり、同じく東部の国府地域（意宇郡）に拠点を置く国造出雲（意宇）氏が自らの奉斎する熊野大社と合わせ祀っていて、神階はともに国内最高位ながら勲位において熊野社が上位にあった。しかし、律令制の変質にともなう意宇郡司職の兼帯禁止や神賀詞奏上儀礼の解体、あるいは神郡（意宇郡が熊野・杵築両社の神郡とされた）の形骸化など、その特権的な地位が低下・形骸化し展望を失う中、国造出雲氏は十世紀頃意を決して意宇から杵築に拠点を移し、また祭神をオオナムチからスサノヲ（地神初代アマテラスに対応する地祇初代）に転換することによって再生を図っていくこととなった。その努力は、十一世紀中頃に杵築大社が出雲の国鎮守の地位を獲得する（出雲国における一宮制の成立）という形で結実し、またこの間山一つを隔てて隣接する出雲における蔵王信仰の拠点＝鰐淵山（後の浮浪山鰐淵寺）との結合を強めることを通じて、古代とはまったく内容を異にする新しい中世神話（＝大社縁起）を形成していった。それは、杵築大社の祭神スサノヲが天竺の霊峰霊鷲山の一部が砕け海に漂っていたのを引き寄せて出雲の国づくりを行い（このようにして出来上がったのが浮浪山＝島根半島）、自らそこに社殿を築いて鎮まったというもので、『出雲国風土記』に見える国引き神話をスサノヲを主人公とする仏教的説話に組み替えることによって成立したものであった。

次に若狭国一宮若狭彦・姫神社（上下大明神）について。『延喜式』神名帳に「若狭比古神社二座」として見える当社の沿革と一宮化の過程については、河音能平氏の優れた分析「若狭国鎮守一二宮縁起の成立」(138)が提示されており、河音氏はそこでおよそ次のような点を指摘している。①遠敷川のかつての水源地域に祀られ、のち社地を現在地（小浜市滝前）に移して官社とされた若狭比古神社（祭神は若狭彦・若狭姫の二座）は、八世紀以後富豪層の登場による原始的共同体の解体にともなって荒神化し、神願寺（神宮寺）の成立を通じて神格の第一次変革を遂げた。②十一世紀以後、国衙権力機構を自分たちの領主的農民支配のための共同の政治権力機構に変質・転換させた国衙在庁官人＝在地領主層は、十二世紀初頭に「綸旨」によるという形で若狭彦・姫神社を彼ら共同の政治的守護神（＝一・二宮）[139]へと転化させた（神格の第二次的変革）。③一宮制の成立及びそれを支える縁起書の成立と時期を同じくして、神職もそれまでの神主私氏から禰宜笠氏へと転換していった。

以上の河音氏の指摘のうち、①と③はほぼ首肯できるが②、とくにその後半部分に関しては大いに疑問としなければならない。河音氏の指摘で最も問題となるのは、一宮制の成立と時期を同じくして神社の構造が「若狭比古（彦）神社」から「若狭彦・姫神社（上下大明神）」へと転換すること、及びこれと時期を同じくして若狭彦・姫の両祭神が新しく地神第四代ヒコホホデミとその妻トヨタマヒメの顕現・応化と捉え返されること、この二点についての考察や位置づけが欠落してしまっていることにある。しかしこの二つの問題（両者は表裏一体の関係にある）こそは、河音氏のいう「神格の第二次変革」＝一宮制の成立について考える際の最も重要な論点なのであって、その歴史的評価も自ずから変わってこざるをえない。

一宮制成立以前の神社形態が『延喜式』に見えるそれと同じであったことは、例えば寛仁元年（一〇一七）の大神宝使発遣の対象が「越前気比」・「能登気多」・「加賀白山」などと並んで「若狭若狭彦」とされたことからもうかがうことができ、それが十一世紀末・十二世紀初頭頃の一宮制成立と時期を同じくして「若狭彦・姫神社」・「上下大明神」へと転換していったのであって、その背景に若狭彦を若狭姫との相互関係において捉える考え方、すなわち古代天皇神話にいう海幸・山幸神話の導入があったことは疑いない。古代天皇神話の中にまったく姿を現さず、従って天皇神話と直接的な関係を持たない、地域的な信仰の対象に過ぎなかった若狭彦神社は、積極的に天皇神話を導入し、自らをそれに連なる有機的な一構成部分と位置づけ直すこと（これこそが「神格の第二次変革」であり、それは若狭彦神社〈上宮〉とは別の社地＝小浜市遠敷に、新しく若狭姫神社〈下宮〉を創建する事業と一体のものであった）を通じて、初めて若狭一州三郡の「国鎮守」（＝地域的国家神）となることができたのである。そして私氏に代わって新しく神職に就いた笠氏が同じくヒコホホデミの孫神の垂迹とされていることからしても、祭神の転換や新たな縁起づくりを推進した主体が、河音氏のいう国衙在庁官人などではなくそれと結んだ社家（禰宜笠氏）の側にあったことは明らかであろう。

以上、出雲と若狭両国における一宮制の成立過程についてその概略を眺めたが、古代以来の神社のタイプや性格、あるいはその歴史的経過がまったく異なるにもかかわらず、そこにはいくつかの重要な共通点が認められるのであって、一宮としての基本的特徴をそこに見出すことができる。両国に共通する特徴の第一として注目されるのは、その歴史的前提や古代以来の各神社の持つ由緒が何であれ、国造出雲氏や禰宜笠氏など社家側の必死の努力と対応なしに一宮への転化はありえなかった（自然史的過程として、あるいは国衙権力との結合などの政治的な要因によってのみ一宮が成立したわけでは決してない）[142]ことである。

第二に、その際とくに若狭国において顕著に認められるように、天皇神話や中世的神統譜との結合に基づく祭神の転換、ないし新たな意味づけが極めて重要な位置を占めていたと考えられることである。これは、さきにも述べたように、日本国の有機的な一部を構成する非人格的組織としての「国」の鎮守神へと転化するための不可欠の条件であったことを意味するものであり、やや一般化していうならば、そこでは中世的神統譜を中核とする天皇神話と結びつつ地域の伝統を新たな形で総括し直す、すなわち国家的普遍性と地域的独自性との統一が地域の側からの視点に立って推進された[143]と考えることができよう。

第三に、以上のような一宮としての新たな意味づけや神威の大きさなどがいずれも新しい縁起の作成という形を通じて進められたことである。そしてこのことは、例えば出雲の場合とくに顕著に認められるように、このようにして作られる新しい縁起＝中世神話（スサノヲ〈蔵王権現の化身〉＝出雲大社祭神説など）が地域や神社の側からの天皇神話改変への参画を意味し、かつそれが中世的な政治的・社会的秩序をイデオロギー的に担う国家的神社制度形成の一環として進められたから、それ自身が中世日本紀形成の極めて重要な一角を担うこととともなったのであった(144)。

第二節2項でも指摘したように、これまで「伊勢神道」・「山王神道」などという形で捉えられてきた各種の「神道」教説は、例えば「伊勢神道」が伊勢神宮、「山王神道」が日吉社というように、基本的にはいずれも本来各神社の縁起書として作成され流布していったものであって、各神社の荘園領主化や封建領主化の過程と合わせて、二十二社・一宮制という中世社会に固有な国家的神社制度そのものが、こうした多数の「神道」教説を生み出し、増幅させる基盤となっていたことに留意しておく必要がある。前項で指摘した中世日本紀（古代天皇神話の中世的変容としての中世的天皇神話）とその形成運動の主要な担い手が寺社勢力であったというのも、基本的にはこうした脈絡の中でこそ理解されるべきものといえるであろう。また、「両部神道」や「真言神道」などと呼ばれる、仏教思想（宗派）に基づく「神道」教説に関していうならば、それはいずれも「伊勢神道」や「山王神道」などの展開形態、ないし別の観点からの捉え返しに基づくと考えるべきものであって、さきに指摘した王法仏法相依論の評価に関わる問題といえよう。

周知のように、王法仏法相依論は顕密寺院や顕密僧の側から提起・展開された理論であって、黒田氏がその媒介として「神道」を措定したように、王法と仏法とはあくまで間接的で理論的な関係、枠組みにとどまった。これに対し、例えば寛元四年（一二四六）五月二十五日の後嵯峨上皇願文[145]に「神道者因㆓王道之尊崇㆒而添㆑力、王道者憑㆓神道之照覧㆒増㆑明者歟」と記されているように、王道（王法）と神道との関係は直接的で具体的なものであった。すなわち、「神道」は仏法によって理論的に支えられ、また仏法は「神道」を具体的な媒介として王法と結び合っていた。王法仏法相依は、具体的にはこういう構造によって成り立っていたのであって、「神道」は顕密寺院・仏教にとっても欠くことのできない極めて重要で不可欠な一部分を構成しており、だからこそ顕密僧たちはさまざまな解釈を通じてその理論的整備・発展に努め、あるいはその主要な理論的担い手ともなったのであった[146]。「両部神道」や「真言神道」などの「神道」教説が、基本的には「伊勢神道」や「山王神道」などの展開形態にほかならないというのは、このように考えることができるのである。また、小峯氏のいう「三極構造」という捉え方に問題が含まれていることも、以上によって明らかであろう。

さて、中世諸国一宮制を中心とする以上の考察を通じて、ようやく本章が目標とする結論を導き出すことができるところまで到達した。その結論とは、二十二社・一宮制、とりわけ諸国一宮制という形での中世的な国家的神社制度の成立によって、天皇神話の国家的イデオロギー化が体制的に整ったということである。それは、一つには中世の天皇神話が古代に見られるような単なる政治的イデオロギーとしてではなく、宗教的な装いを持った、あるいは宗教的な基盤に支えられた本格的な宗教的国家（王権）イデオロギーとして立ち現れることになったということであり、二つにはこれを支える宗教構造が二十二社・一宮制（王城鎮守・国鎮守制）、とりわけ諸国一宮制という中世的な国家的神社制度として整えられたということである。

これを「神道」の成立という観点から整理するならば、次のようにいうこともできるであろう。仏教との交渉を通じて日本に固有な宗教施設、信仰形態として成立し、発展を遂げた神社と神祇信仰は、顕密主義・顕密体制という中世的な宗教構造に対応するその世俗的な宗教システムとしての国家的神社制度の成立にともなって、天皇神話の直接的な担い手として立ち現れることとなり、ここに天皇神話が宗教的国家（王権）イデオロギーとして現実的に作動する体制が整った。「神道」とは、もともと直接的にはこうした宗教構造に支えられて機能する天皇神話（中世日本紀）上の神々やそのありよう、及びそれについての思想的解釈を意味する言葉であるが、この天皇神話の直接的な担い手が以上に見てきたような国家的に編成された日本に固有な宗教施設としての神社であり、かつそれらの神々が実際には神社の祭神として信仰の対象とされたところから、やがて「神道」それ自体が仏教や儒教などと対比される日本に固有な「宗教」と主張されることにもなった。史料十二に掲げた『唯一神道名法要集』の「道は神道」などというのがそれである。しかし、これは日本の中世国家の持つ独自性（天皇神話に支えられた「神国」日本）を、天皇神話やその直接的な担い手である神社に引き付け、天竺（仏教）や中国（儒教）といわば形式的に対比し、強調したまでのことであって、「神道」が仏教や儒教それ自体と肩を並べる「宗教」としての実態を持っていたというわけでは決してない。

実態としての日本中世の宗教は、寺院と神社との機能分離・分担の上に立つ、顕密仏教を中心とした顕密主義・顕密体制と捉えるべきものであって、国家・王権との関係を中心とするその世俗的で政治的な部分を担ったのが「神道」であった。

別言すれば、「神道」を有機的な一環としてその中に組み込むことによって初めて、顕密体制は日本中世における体制的な宗教システムとして成立し、機能することができたのであって[147]、このことから「神道」の成立は顕密体制の成立と軌を一にしており、その時期は十一世紀末・十二世紀初頭であったと結論づけることができよう。

第四節 「神道」成立の歴史的意味――むすびにかえて

中世における「神道」の成立が以上のようなものだとした場合、それは何を意味しているのか、また私たちはそこから何を読みとらなければならないのか。本章の総括を兼ねてとくに重要と思われるいくつかの点について、簡単に整理しておくこととしたい。

成立した「神道」の歴史的性格と関わって、まず第一に注目しておく必要があると考えられるのは、本来それが宗教一般とは大きく性格を異にしているということである。一つには、それが宗教的な装いを持った民衆統治と体制擁護のための国家的イデオロギー、顕密体制の世俗的・政治的な一部にほかならなかったこと、そして二つには、それが庶民レベルにおける神や仏に対する素朴な信仰とはまったく異質であったこと、などからこれを指摘することができる。近代における「国家神道」の成立に際し、「神道は宗教ではない」とする考えが提起されたことはよく知られているところであるが、それは「神国」観念と一体となった「神道」の持つこうした最も本質的な側面が天皇主権の立場から改めて表示、主張されたものであったと考えることができよう。

注目すべき第二の点は、このような「神道」がなぜ、どのようにして成立してしまったのか、またそのことの持つ意味は何かということである。この点は第二・三節の最も中心的なテーマとなったところであるが、これを改めて整理すれば次のようにいうことができるであろう。日本への仏教の受容とその定着は、大きく分ければ次の二つの対応をもたらしたと考えられる。一つは庶民を中心とする民間の宗教レベルの問題で、そこではカミとホトケをとくに区別することなく現世利益の呪術的な信仰として受容されていった。これは「民間レベルの素朴なカミ信仰」といえるであろう。これに対し、天皇を中心とする支配層・支配権力はこれを国家形成と民衆統治・政治支配の問題、すなわち政治レベルの問題としてこれへの対応を行い、仏教や寺院との対抗関係（具体的には機能分担）の中で政治と宗教とが未分離な原始首長制的原理に基づく天皇とこれを支える政治的イデオロギーとしての天皇神話を成立させ、これを新しく創始した「神社」や「神祇」信仰を通じて機能させようとした。『日本書紀』などに現れる古代の「神道」は、こうした性格を異にする二つのものを一括して「在来の信仰」と表示したものといえよう。しかし、古代を通じて天皇神話の宗教化＝宗教的国家イデオロギー化には成功しなかったのであって、それが曲がりなりにも実現されるのは中世的な国家的神社制度としての二十二社・一宮制（王城鎮守・国鎮守制）、とりわけ諸国一宮制の成立を通じてであって、ここにおいて「神道」の概念もまたこの宗教的国家イデオロギーのみを指すものとして整備、確定された。これが本章にいう日本における「神道」の成立である。

従って、本来、それは民衆や民間レベルにおける信仰とは次元を異にする、あるいはこれを超越し排除した上に成り立つ概念であったといわなければならない。卜部兼倶が『唯一神道名法要集』で指摘した日本に固有な「神道」というのも、決して宗教一般としての仏教や儒教に対立する概念としてのそれではなく、「神国日本」という特殊な国柄を支える宗教思想＝国家的イデオロギーのあり方についてのものにほかならなかった。庶民レベルにおける信仰の実態と「神道」とは依然として分離されたままだったのである。それが世俗的な封建権力による社会統合が進み、「神国思想」が社会的に深く浸透する中で、またとくに近世への移行にともなう中世的な仏教的三国世界観の解体と「日本型華夷秩序」と呼ばれる偏狭な国土・世界観の成立[148]、あるいはその後における欧米先進諸列強との緊張激化や封建制支配の危機の進行と、それにともなう近代ナショナリズムの高揚などの中で、天皇権力の浮上とともに「神道」観念の権力的な肥大化が進められ、庶民レベルの信仰も「神道」の一部だとする考えが広まっていった。しかし、その本質は依然として堅持され続けたのであって、だからこそ最終的には「神仏分離」による神社の改変と、その「国家の宗祀」化による「国家神道」の形成という極めて権力的な形で、無理矢理統一されなければならないことにもなったと考えられるのである。

以上、本章で述べてきた「神道」について、改めてその要点を整理すると、次のようにまとめることができるであろう。

一、歴史的実態としての日本の「神道」は、縄文・弥生などの原始社会以来の日本古来の信仰や宗教などというものでは決してなく、中世社会の成立とともに、十一世紀末・十二世紀初頭になって新しく成立したと考えなければならない。

二、同じく「神道」は、日本古来の民族的宗教などというものではなく、仏教との交渉および「神国思想」の形成と発展にともなって、仏教思想を基盤として新しく歴史的に形成され、成立したものと考えなければならない。

三、さらに、「神道」は素朴なカミ信仰や神社信仰一般とは明確に区別された、民衆統治とその思想的・宗教的呪縛のための国家的な政治支配イデオロギーとしての本質を持つ、封建的な宗教的国家（王権）イデオロギーと考えなければならない。

四、従って、「神道」は仏教などと比肩される、独立した一個の自立的な宗教と考えることはできず、そうした認識が定着していったのは近代における「国家神道」の成立及びその解体以後という、日本史上のごく限られた一時期のことと考えなければならない。

五、これに対し、民衆生活や信仰の場においては、これとは異なるもっと素朴な形での、仏教思想と一体化した即物的で現世利益的な信仰が存在した。しかし、それが中国の道教などと違って、それ自体に即した独自の理論体系化が図られることなく、極めて権力的な形で「神道」を成立させてしまったこと、そしてその後における神国思想の発展にともなって、それが「日本に固有な民族的宗教」と捉えられ、さらにそうした立場から権力的な「神仏分離」が断行されたことによって、神社や神祇信仰そのものが持っていた、信仰や宗教としての本来の生命力を失い、「習俗」などと呼ばれる、極めて曖昧で成熟度の低いものにとどまることとなってしまった。

以上、たいへん大雑把で要領をえない考察に終始してしまったが、もし「神道」が以上のようなものだとするならば、私たちの研究のあり方も抜本的な再検討が求められることとならざるをえない。とくに重要なのは、①「神道」史研究をもって神社史研究や神祇信仰一般の歴史的研究に置き換え、あるいはこれと同一視するという、宮地直一氏や西田長男氏[149]以来の伝統的な考え方や研究方法を抜本的に再検討し、改める必要がある、②同じく、「神道」に関する研究を神社史研究と切り離し、これとは別の次元の問題として取り扱うこともまた改められなければならない、ということであろう。

しかしそれにしても、日本の「神道」が中世における国家的な神社制度や天皇神話と表裏一体の関係を持って成立したことの意味は極めて深刻であって、私たちは改めてそのことの持つ重大な意味やその後の歴史に与えた極めて多方面にわたるさまざまな深刻な影響について、いま一度検証し直し、あるいはさらに踏み込んで考えてみなければならないであろう。そして、何よりもそうした厳しい緊張感を持って神社史研究を本格的に再構築していくこと、また同じくそうした観点から日本の仏教史・寺院史についても神社史・神祇信仰史を正確に視野に入れた批判的な再構築を試みることが、緊急を要するとりわけ重要な研究課題の一つだということができるであろう。

注

（1） 前者を踏まえながらも、しかし主要には後者に力点を置いた見解を代表するものとして、工藤伊豆氏は同氏著『神々と生きる道』（東京新聞出版局、二〇〇〇年）を踏まえつつ、「全国神社事典―日本人の心の原風景―」を特集した『大法輪』二〇〇一年三月号の巻頭論文において、次のように述べている。「神道は日本の自然の中で人々が生活する中に生まれ育まれた信仰で、神社はある意味でその結晶である。古代以来、日本の為政者は、神社を大切にあつかっていて、神社の修理を欠かさず行うべしと法令でも定めている。神をまつり天下太平・五穀豊穣を祈ることが、世の中を平安に治めることにつながると考えたのだ。ところが、占領政策の影響が暗い影のごとく、この伝統をおおってしまった。そのために物にあふれる豊かな社会とはなったが、神に感謝する謙虚な心を戦後の私たちは忘れてしまった。これこそ危険である」（二二六頁）。

（2） 筆者の管見に及んだ範囲では、井上順孝編『神道―日本生まれの宗教システム―』（新曜社、一九九八年）はこの区分や評価から除外されなければならない。本書は、宗教学などでいう「神道＝民族宗教」という捉え方に疑問を呈し、歴史の変化・発展の中で多様な展開を遂げていく「神道」の多面的な実態を捉えるためには、宗教システムという生態系モデルによって把握することが必要だとの独自の分析視角と方法に基づき、歴史学研究の成果の総括の上に立ちつつ、古代・中世・近世・近現代の各時代において「神道」がどのように変化・展開していったのかを綿密、かつ平易に叙述している。とくに、「従来、ともすれば神道は日本固有の宗教という側面が強調され、他の東アジア諸国の宗教、とくに民族宗教的性格を持つ宗教習俗との比較は十分なされてこなかった」（二〇頁）として、東アジア宗教の特徴からこれを捉え返すことに努めている。この分析視角には学ぶべきところが多く、本稿と重なるところも少なくない。しかし、「神道の本質論から出発するような研究方法では、この難関は容易に乗り越えられ」（一四頁）ないとして、「宗教システム」論を導入する分析方法（これに一定の有効性が存することは認められるが）や、その分析内容（例えば、『日本書紀』の「神道」の語は「明らかに民族宗教を意図し意味している」〈二九頁〉との評価や、「神仏習合」、あるいは中世「神道」の捉え方、「神道」と「神道」教説との関わり方やその捉え方など）には多くの疑問もあり、再検討の必要があると考える。以下の考察では、本書を除く、主に宗教学・宗教思想史の立場から展開されている通説的な理解を念頭に置いて検討を進めることとし、その中で本書の提起する問題にも関説することとしたい。

（3）ペリカン社、一九九四年。

（4）これは、これらの著作がいずれも一般の読者向けに書かれた、いわゆる「啓蒙書」であるところからくる「制約」によると考えることはできない。例えば、さきに例として挙げた安蘇谷正彦氏は同氏の優れた専門研究書『神道思想の形成』（ぺりかん社、一九八五年）の研究成果を踏まえてこの新著を発表しているのであり、その分析内容や方法はさきの専門研究書（とくに「序論」、及び「余論」として収められた「神道の内実」）と基本的に変わるところがない。

（5）『シリーズ・東アジア仏教』I（春秋社、一九九五年）。

（6）「仏教と道教の交流」。

（7）「総論・東アジア仏教」。

（8）福井文雅『漢字文化圏の思想と宗教—儒教、仏教、道教—』（五曜書房、一九九八年）。

（9）『津田左右吉全集』第九巻『日本の神道』（岩波書店、一九六四年）。本書は、「日本の神道に於ける支那思想の要素」として『東洋学報』（二五ノ一〜二六ノ三、一九三七〜九年）に掲載された論文を補訂し、まとめたものである。

（10）「紀記と神道という語」（古事記学会編『古事記の世界』上所収、高科書店、一九九六年）。

（11）三橋氏に見られるこうした議論の組み立て方が本居宣長のそれと同一で、これを踏襲したものであることについては、本書第二章第二節を参照されたい。

(12) 福永光司「日本の古代史と中国の道教」(『道教と日本文化』所収、人文書院、一九八二年)など参照。梅田義彦氏はこれらのことを考慮して、中国古代の文献及び日本古代の六国史に現れる「神道」の用例を逐一検討し、中国と日本とでその用い方に違いがあり、また中国・日本ともに、時代や事項によって用法に差違があるとした上で、『日本書紀』に見える「神道」の用語例に関しては「仏教に対するわが国固有の神祇祭祀の道=惟神の道」を意味すると指摘している(「「神道」について」『神道の思想』一所収、雄山閣出版、一九七四年)。しかし、七世紀頃の日本に「惟神の道」と呼べるような体系的な儀礼や教義が整っていたとは考えがたく、これを一個の体系性を持った自立的な宗教と考えることはできない。なお、古代の日本においても「神道」が中国の道教そのものを指して呼ぶ場合のあったことは、『釈日本紀』に引用された『日本書紀』の注釈(私記)によって確認することができる。その例は多いが、例えば巻五(述義一)の「八尋之殿」に付された注釈(「私記曰。…八数者。神道之所」尚也。但殊尚」八者。艮八世之卦也」)などがその一例といえよう。

(13) 注(9)前掲書。

(14) 津田氏は、十一世紀末に至る合計十一の事例を挙げ、それらがいずれも②の類型に属すると指摘している。古代の「神道」関係史料は、梅田義彦氏(前掲注(12)論文)や西田長男氏(「神道の概念規定の試み」『日本神道史研究』一所収、講談社、一九七八年)などによる追加を含め、筆者自身約三十例の存在を確認しているが、十二・十三世紀以後の史料上に「神道」が頻出するのとは明らかに段階を異にする、質的な違いがそこに存在することを指摘しなければならない。なお、古代・中世の「神道」の用語例に関しては、牟礼仁氏が網羅的な形で収集を行っている（『中世神道説形成論考』皇學館大學出版部、二〇〇〇年）。但し、記録類が中心で、『平安遺文』や『鎌倉遺文』などに収められた古文書類などの収集はなお十分でない。

(15) 「日本宗教史における神道の位置」（黒田俊雄著作集四『神国思想と専修念仏』所収、法藏館、一九九五年。一九七九年初出）など。

(16) 一九九五年一二月号。

(17) 『神祇史大系』（明治書院、一九四一年）など。

(18) 日本思想大系『中世神道論』所収（岩波書店、一九七七年）。

(19) 岩波新書、一九九八年。

(20) 柳田国男「神道私見」（『柳田国男全集』一三所収、筑摩書房、一九九〇年。一九一八年初出）はこの点を鋭く指摘したものとして興味深い。柳田氏は、①固有信仰＝民間信仰こそ日本の神道である、との立場から、②山王神道以下の神道諸説は国民の信仰実態を反映しておらず、本当の神道とはいえない、また、③神霊降臨こそが本来の形態であり、鎮座観念は後代のものであって、神社が盛んとなるのは奈良時代前後からのことである、などの点を指摘している。柳田氏のいう①は何らの証明もなされておらず承伏しかねるが、①と②が大きくズレていることを指摘したのは重要で、また③もそれなりに問題の本質を捉えていて、今日の時点から見ても注目すべきものがある。これに対し、河野省三氏が直ちに批判を展開し

（「柳田法学士の「神道私見」を読む」『國學院雜誌』二四—五、一九一八年）、①と②に関しては、「史上に現れた、神道といふ語の古い用法は、学士の挙げられたやうな神社信仰（民間信仰の一部）の性質を含んでをると同時に、所謂神道で用ゐてをるやうな意義も十分含んでをつた…否、寧ろ古典や後生（平安期以後…井上）の神道信仰の内容に近い意義の用法の方が普通であつて、民間信仰を指して神道と称した例は却て稀有のことに属する」として、柳田説には「断じて同意し得ない」と反論している。河野氏のこの批判は、柳田氏のいう①の問題点を突いたものであり、後述する「神道」の語義から考えて、それなりに的を射たものと評価することもできるが、しかし柳田氏が提起した①と②との本質的なズレについては、「民間信仰の価値は、到底吾が古典そのものの精神的価値に比ぶべくも（なく、むしろ…井上）民間信仰の生命は古典の中に存在し、或は更に発達して伝へられてをる」というにとどまって、明確な反論とはなりえていない。柳田氏が河野氏への反批判（「河野省三氏に答ふ」『國學院雜誌』二四—七、一九一八年）の中で、「此（柳田説の…井上）結論には反対なきが如く、少くとも国民生活と交渉が深いと云ふ証拠は無かつたやうに思ふ」と述べているのは、このことを示すものといえよう。

（21）　津田氏自身もこの矛盾に気づいていたのであろう。「神道」概念の③の規定に当たって、「第一の意義での神道に、或はむしろ第二に附言したやうな意義に解せられた神代説話（古代天皇神話…井上）に、何等かの思想的解釈を加へた其の思想をさす」（五頁）との微妙で曖昧な表現を用いている。しかし、津田氏自ら「神代の物語は…皇室の政治的権力の由来を説いたもの」（一九頁）だと明快に指摘しているように、「神道」概念の①（日本固有の民族的宗教）と古代の天皇神話とは決して同一といえないのであって、③をもって①についての「思想的解釈」と考えるのは、津田氏自身の説明に即しても明らかな矛盾だといわなければならない。

(22)「「神道」の語義」（『歴史学の再生』所収、校倉書房、一九八三年。一九七七年初出）、前掲注(15)論文。

(23) 前掲注(15)論文、一四三頁。

(24) すでに津田氏が指摘しているように（前掲注(9)三頁）、古代の「神道」の用語例の中にも天皇神話上の神を指して「神道」と呼んだ例が認められる。『釈日本紀』巻六（述義二）の「構㆓幽宮於淡路之洲㆒」に付された注釈「私記曰。…凡人終始可㆑同。神道亦然。此淡路之洲者。是最初出生者也」と、同じく巻七（述義三）の「作㆓日矛㆒」に付された注釈「私記曰。…凡矛者。是正神道之所㆓執持㆒也。日神亦有㆑所㆑持㆓其矛㆒」の二例である。津田氏がこの事例を直接の根拠として③の類型を定立したことについては注(21)で指摘したところであるが、このこと、すなわち古代においてすでに天皇神話上の神々を指して「神道」と呼ぶ事例が存在したということは、一見したところ本稿の論旨と矛盾するようにも見える。しかし、そうではない。注意すべきことは、それが講書、すなわち『日本書紀』に対する注釈の中で提起されているということであって、むしろそこに「神道」の歴史具体的な内容がいかなる「場」と「契機」を媒介として定立されていったのかを示す、重要なヒントが隠されていると考えることができる。律令制の動揺と変質に対応する『日本書紀』への注釈の改変の中で、「神道」やそこでいう「神」の歴史具体的な内容を天皇神話上の神々として理解する動きが生まれ、それが古代から中世への移行の中で固定化されていったと考えられるのである。

(25) 石清水八幡宮文書(『平安遺文』一七九三)。
(26) 前掲注(18)に同じ。
(27) 停止一向専修記(『鎌倉遺文』三二三四)。
(28) 佐藤謙三校注・角川文庫。伊豆院宣の事。
(29) 石清水八幡宮文書(『鎌倉遺文』一五七八七)。
(30) 『続群書類従』巻三〇。
(31) 『大正新修大蔵経』巻七六。山門東寺血脈同異事。
(32) 『群書類従』巻二九。
(33) 岡見正雄博士還暦記念刊行会編『室町ごころ—中世文学資料集—』(角川書店、一九七八年、三六六頁)。
(34) 前掲注(18)に同じ。
(35) 平凡社、一九七九年。
(36) 同氏著作集二『顕密体制論』所収(法藏館、一九九四年。一九七五年初出)。
(37) 前掲注(15)参照。
(38) 平雅行氏も指摘しているように(「黒田俊雄氏と顕密体制論」『歴史科学』一三八、一九九四年)、黒田氏の顕密体制論には「体制」概念の用い方に不安定性があり、顕密主義と顕密体制とは区別して捉える必要があると考える。なお、神社や神祇信仰の問題をも組み込んだ顕密体制論の再検討という点では、近年の上島享氏の研究が注目されるところであるが、その点に関しては本書附論を参照されたい。

(39) 同氏著作集四、一六九頁。

(40) 続群書類従完成会、二〇〇〇年。

(41) 岩本徳一『神道祭祀の研究』(角川書店、一九七〇年)一頁。

(42) 西田長男「神社の起源の古さ―式内比比多神社および阿夫利神社を一例に―」(『日本神道史研究』八所収、講談社、一九七八年。一九七六年初出)。

(43) 「神社建築の形成過程における官社制の意義について」(『建築史学』三三、一九九九年。『神社建築史論―古代王権と祭祀―』中央公論美術出版、二〇〇一年再録)。

(44) 『古代の神社と祭り』(吉川弘文館、二〇〇一年)。

(45) 『日本書紀』天武天皇十年正月己丑条「詔二畿内及諸国一。修二理天社・地社・神宮一。」

(46) 同様の見解は、林一馬氏(「神社神殿の成立とその契機」『建築雑誌』一一七五、一九八一年)や川原秀夫氏(「律令官社制の成立過程と特質」、林睦朗先生還暦記念会編『日本古代の政治と制度』所収、続群書類従完成会、一九八五年)などからも提起されており、岡田荘司「古代出雲大社神殿の創建」(『神道文化』一二、二〇〇〇年)も同様の理解の上に立っている。また、かつては、古墳時代の終わり頃(六・七世紀)に神社の成立期を求めていた岡田精司氏（『神社の古代史』朝日カルチャーブックス、一九八五年）も、近年ではこれをさらに引き下げるとともに、考古学界の一部などに見られる弥生時代や古墳時代に神社の成立を求める見解を鋭く批判している（「神社建築の源流―古代日本に神殿建築はあったか―」『考古学研究』四六―二、一九九九年）。以上の点を含めて、考古学や建築史及び文献史学の各分野における神社の成立期をめぐる議論の状況は錦田剛志氏によって的確な総括がなされている（「「古代神殿論」をめぐる研究動向と課題」『皇學館大學神道研究所所報』六三・六四、二〇〇二・三年。『古代出雲大社の祭儀と神殿』学生社、二〇〇五年再録）。

(47) 例えば、熊谷保孝氏は『律令国家と神祇』（第一書房、一九八二年）の序論において、神祇の語にはいわゆる「官社」を指す狭義と、「わが民族が悠久の昔からもっていた信仰の対象としての霊的存在のすべて、いいかえれば八百万神というような」広義の二つがあり、ともに神祇信仰として捉えるべきだと指摘しており、ここにいう広義のそれが、これまで一般に「神祇信仰」と考えられてきた。

(48) それまでの「神官」に代わって「神祇官」の官職名が初めて登場するのは飛鳥浄御原令においてであり（西宮秀紀「律令制神祇官制の成立について―その構造・機能を中心として―」『ヒストリア』九三、一九八一年。『律令国家と神祇祭祀制度の研究』塙書房、二〇〇四年再録）、また「天神地祇」の語はともに天武天皇の命によってなった『古事記』・『日本書紀』に初見するが、『日本書紀』の一書の中には確認することができない。従って、「神祇信仰」という表記も正しくは天武・持統朝期、すなわち律令制成立以後に限定して用いられるべきであって、そこでは律令制の成立にともなって従来のカミ信仰が神社を媒介、ないし前提とするものへと大きく改変され、変容していったと考えなければならない。以下、本稿では「神祇」及び「神祇信仰」の語を、こうした本来の意味に即して限定的に用いることとする。

(49) 「古代人と神祇」(『古代史研究の最前線』三所収、雄山閣出版、一九八七年)。

(50) 前掲注(47)。

(51) 中井真孝「神仏習合」(上田正昭編『講座日本の古代信仰1　神々の思想』所収、学生社、一九八〇年)。

(52) 常設神殿の成立にともなって祭殿の飾りや祝詞、年中行事の整備などが進められていったと考えられるが、それらの実態解明はいずれも今後の検討課題として残されている。なお、仏教の伝来にともなって、伝統的な在来の信仰がむしろ独自の発展を遂げていったとの指摘は、すでに早く家永三郎氏によってなされている(「飛鳥寧楽時代の神仏関係」『上代仏教思想史研究』所収、法藏館、一九六六年。一九四二年初出)。

(53) 『日本書紀』天武五年是夏条。

(54) 『日本書紀』天武天皇十四年九月丁卯、十月己丑、十一月丙寅の各条。

(55) 前掲注(51)中井氏論文。

(56) 前掲注(35)高取氏著書。

(57) 前掲注(40)三橋正氏著書。

(58) 三橋正氏を除いて、いずれも八世紀中頃以後のみを専ら検討の対象としていることも問題点の一つといえる。「神仏隔離」の現象がそれ以前の早い段階から認められることについては、三橋正氏注(40)前掲書を参照のこと。

(59) 佐藤真人「平安時代宮廷の神仏隔離」(二十二社研究会編『平安時代の神社と祭祀』所収、国書刊行会、一九八六年)参照。但し、ここで指摘されている大化前代から「神祇優先」の原則が成立し、存在していたとの評価に関しては再検討の必要があると考える。

(60) 速水侑『日本仏教史・古代』(吉川弘文館、一九八六年)一五頁。

(61) 吉村武彦「古代の社会構成と奴隷制」(『講座日本歴史』二所収、東京大学出版会、一九八四年。「古代の社会編成」として『日本古代の社会と国家』岩波書店、一九九六年再録)。

(62) この問題は、佐藤氏や高取氏・三橋正氏などが強調し、注目する平安期における「神仏隔離」の制度的な整備をも貫いていたこと、そしてそれが平安期における天皇や天皇権力の整備・拡大の動きと連動する問題であったこと、これらの点に留意しておくことが必要だと考える。

(63) 「神仏習合」の研究史の概要については、差し当たり曾根正人編『神々と奈良仏教』(『論集奈良仏教』四、雄山閣、一九九五年)に収められた「解説」(曾根氏執筆)を参照されたい。

(64) 『佛教大事典』(小学館、一九八八年)。

(65) 『古代の神社建築』(『日本の美術』八一、至文堂、一九七三年)など。

(66) この点については、早くに久米邦武が著名な論考「神道は祭典の古俗」(『史学会雑誌』二三、一八九一年)の中で指摘していたところである。

(67)「森と社と宮—神観念の変遷と社殿の形成—」(『古代史の窓』所収、学生社、一九八二年。一九五七年初出)。

(68)「神仏習合」という概念そのものが中国からもたらされたものだという吉田一彦氏の指摘(「多度神宮寺と神仏習合」『古代王権と交流4　伊勢湾と古代の東海』所収、名著出版、一九九六年)にも注意しておく必要があろう。

(69)「延喜式神名帳の人格神」(『北海道大学文学部紀要』四、一九五五年)。

(70)前掲注(36)七八頁。同氏「顕密体制論の立場」(著作集二)参照。

(71)この区分は、岡田精司氏が指摘した仏教伝来前後における在来の信仰形態(古代祭祀)の三類型(阿部猛他編『日本古代史研究事典』東京堂出版、一九九五年、「古代祭祀」)、すなわち①大王の挙行する国家的祭祀、②地方首長層のもの、③一般的な村落レベルの祭祀、これらに対応する、その歴史的展開形態として理解することもできよう。

(72)「王土王民思想と九世紀の転換」(『思想』八四七、一九九五年)。

(73)『中世仏教と鎌倉幕府』(吉川弘文館、一九九七年)第一部第一章「中世仏教と神祇」。

(74)『伝教大師全集』一。

(75)佐々木令信「三国仏教史観と粟散辺土」(黒田俊雄編『国家と天皇』所収、春秋社、一九八七年)、応地利明『絵地図の世界像』(岩波新書、一九九六年)など参照。

(76)『大正新修大蔵経』巻七五。

(77)『今昔物語集』の国家観については、前田雅之『今昔物語集の世界構想』(笠間書院、一九九九年）に詳しい。このほか、三国世界観に詳細な検討を加えたものとして、市川浩史『日本中世の光と影』（ぺりかん社、一九九九年）、同氏『日本中世の歴史意識』（法藏館、二〇〇五年）などがある。

（78）この点に早く注目したのは黒田俊雄氏である。同氏「国家観―そのうつりかわり―」（前掲著作集四所収。一九五七年初出）参照。

（79）国民文庫刊行会、「大神宮行幸願」。

（80）同右、「還俗人即位例」。

（81）新日本古典文学大系『古今和歌集』付録。なお、「天神七代地神五代」などの新たな神代構成の史料初見が勝命（藤原親重）の『古今序注』や藤原資隆（寂恵）の『簾中抄』であることについては、阪口光太郎氏が早く指摘しているが（「中世神代記管見―中世日本紀の一側面―」『伝承文学研究』四〇、一九九一年）、これを中世的神統譜の成立という観点から捉えるには至っていない。

（82）神野志隆光「平安期における「日本紀」―勝命『古今序注』をめぐって―」（『日本文学』四七―五、一九九八年）。

（83）但し、その具体的な内容は『古事記』と『日本書紀』とでは異なっている（『国史大辞典』「神世七代」上田正昭氏執筆の項参照）。

（84）『大日本仏教全書』遊方伝叢書三。

（85）日本古典文学大系二一。

(86) 新日本古典文学大系五。

(87) 「古今集序における「かみよ」と「ひとのよ」」(『神道史研究』七—四、一九五九年)。

(88) 『群書類従』巻二九。

(89) 片桐洋一「「玉伝神秘巻」とその世界」(『中世古今集注釈解題』五所収)による。

(90) アマテラスを地神初代(=「神国」日本の最初の統治権者)とするこの考えの成立は、古代の「国譲り神話」の最終的な解体(アマテラス以下を含む神世七代観念の成立によって実質的にはすでに崩壊していたのだが)による天皇支配権の神話上の安定をもたらすと同時に、第六天魔王などの新しい神話を生み出すことにもなったと考えられる。史料的には『中臣祓訓解』に初出の後、多様な展開を遂げていく第六天魔王説(その概要については、差し当たり伊藤聡「第六天魔王説の成立—特に「中臣祓訓解」の所説を中心として—」『日本文学』四四—七、一九九五年、を参照)について、アマテラスを地神初代とする中世的神統譜の成立を踏まえた研究を寡聞にして知らないが、今後はこうした観点からも検討を試みる必要があるのではないだろうか。

(91) 阿部泰郎氏は、「〝三種神器説話〟というべき言説が、〝中世日本紀〟の重要な主題をなしていた」(「日本紀と説話」『説話の講座3　説話の場—唱導・注釈—』所収、勉誠社、一九九三年)として、中世日本紀の成立との関係で三種神器説話をとりわけ重視しているが、中世的神統譜との関係については触れるところがない(「中世王権と中世日本紀—即位法と三種神器説をめぐりて—」『中世文学』三四—五、一九八五年、においても同様)。平家滅亡の際の宝剣喪失が中世王権にとってとりわけ深刻な問題であったことはいうまでもないところであるが、しかしそれは中世神統譜の成立にともなう、古代とは異なる「三種神器」継受のさらなる重要性の認識を前提とするものであったと考えるべきなのではないだろうか。

(92) 石井進「院政時代」(『講座日本史2　封建社会の成立』所収、東京大学出版会、一九七〇年)。

(93) 井原今朝雄「摂関・院政と天皇」(『講座・前近代の天皇』一所収、青木書店、一九九二年。『日本中世の国政と家政』校倉書房、一九九五年再録)。

(94) 「歴史的世界の成立」(『日本の社会史七　社会観と世界観』所収。岩波書店、一九八七年)。

(95) 「中世天皇制の基本的性格」(前掲著作集第一巻『権門体制論』所収。一九七七年初出)。

(96) 「中世日本紀の輪郭」(『文学』四〇―一〇、一九七二年)。

(97) 金沢英之「中世におけるアマテラス」(『国語国文』六七―五、一九九八年)。

(98) 前掲注(91)阿部氏論文「中世王権と中世日本紀」。

(99) 阿部泰郎「〝日本紀〟という運動」(『国文学　解釈と鑑賞』六四―三、一九九九年)。阿部氏は、「一九九六年度の歴史学界―回顧と展望―」(『史学雑誌』一〇六―五、一九九七年)でも、「それはあくまで一箇の作業仮説であり操作概念に過ぎず、この用語を実体化して論の前提にするわけにはいくまい」と述べている。これらの指摘が、中世の文学論や新たな史料論構築の観点から見て極めて重要な提言であることはいうまでもないが、しかし歴史分析の立場からすればやはりそれが一面的であることもまた否定できないところであって、こうした多元的な言説が奔放に展開される、あるいはそれを促し、支えた日本中世社会の歴史的な実態分析が、それ自体として進められなければならず、またそうした観点からの中世日本紀分析も欠かすことはできないであろう、と筆者は考える。

(100) 原克昭「〈中世日本紀〉研究史」（『国文学　解釈と鑑賞』六四―三、一九九九年）。

(101) 神野志隆光「古代天皇神話の完成」（『国語と国文学』八七五、一九九六年）、同氏『古代天皇神話論』（若草書房、一九九九年）第四章「日本紀言説の展開」など参照。なお、歴史分析の観点から古代天皇神話の持つ二元的な構造について重要な問題を提起した溝口睦子氏（『王権神話の二元構造』吉川弘文館、二〇〇〇年）は、この神野志氏の分析方法を「宣長的古事記観への…逆戻り」（三〇一頁）として批判している。『古事記』や『日本書紀』を一個の完成された「作品」として捉え返そうとする分析方法を評したものであるが、この評価は一面的であるばかりか、溝口氏自身の分析方法や分析内容の持つ理論的な弱点・限界を表出することにもなっているのではないか。溝口氏が試みた王権神話の歴史分析方法はいうまでもなく重要であり、またこの方法に基づいて七世紀末の中国文明による本格的な文明化以前の五世紀に、もう一つの文明化の段階を踏んでいたこと、これを王権神話の持つ二重構造の分析を通して解明したことは重要な成果だと考えるが、しかしその結果七世紀末における神話構造の転換が持った歴史的な意味や内容が却って不明確となってしまっていることも否定できない。「倭国」大王の登場が、日本の歴史や王権論の観点から見て注目すべきことはいうまでもないが、国家論・王権論の立場からすれば、「日本」という形での本格的な国家形成と、これにともなう「天皇」の登場（大王から現人神「天皇」への転換）や王権神話の再編（古代天皇神話の成立）に基軸を据えて、まずは考察が進められなければならないのではないか。天皇神話の分析方法という点からいえば、神野志氏の提起した分析視角や方法を一方的に拒否するのではなく、これによって得られた成果を踏まえ、これを改めて歴史的な分析視角や方法によって総括する方向こそが追究されなければならないのではないか、と考える。

(102) 岡田荘司「王朝国家祭祀と公卿・殿上人・諸大夫制」（『平安時代の国家と祭祀』所収、続群書類従完成会、一九九四年。一九九〇年初出）など参照。

(103) 例えば、良遍は『日本書紀巻第一聞書』において、「三部書之事、一旧事本紀十巻…二古事記三巻…三ニハ日本紀三十巻」と記している（神道大系・論説編『天台神道』上、五二〇頁）。宮井義雄『日本の中世思想』（成甲書房、一九八一年）第二章「神書としての神代記」参照。

(104) 講書ののちに催される和歌（日本紀竟宴和歌）もまた、新たなテキスト生成の場として機能したことはよく知られているところである。

(105) 斎藤英喜「摂関期の日本紀享受」（『国文学　解釈と鑑賞』六四―三、一九九九年）。

(106) 前掲注(97)。

(107) 「「日本紀」と『源氏物語』」（前掲注(101)『古代天皇神話論』所収。一九九八年初出）に付された注(7)。

(108) 石上英一「律令国家と天皇」（『講座・前近代の天皇』一所収、青木書店、一九九二年。『律令国家と社会構造』名著刊行会、一九九六年再録）。

(109) こうした捉え方は、吉田孝氏の所説（『律令国家と古代の社会』岩波書店、一九八三年、『日本の誕生』岩波新書、一九八七年など）の筆者なりの理解によるもので、「後期律令制」の概念そのものはすでに大津透氏（『律令国家支配構造の研究』岩波書店、一九九三年）によって提起されている。しかし、大津氏がその理論的前提とする「畿内政権」論には疑問があり（前掲注(108)石上氏論文参照）、何よりも佐々木宗雄氏が指摘しているように（『平安時代国制史研究』校倉書房、二〇〇一年）、当該期の国家支配の仕組みや国家体制の内容が明確でなく、これに従うことはできない。筆者の実態認識は、むしろ佐々木氏のいう「王朝国家」に近いものがあるが、しかし佐々木氏の理解にも次の二つの点で従いがたい。その一つは、十・十一世紀の国家を、律令制国家とは別の国家類型（＝王朝国家）として捉えていることである。ここで詳しく論じる余裕はないが、当該期の国家は律令制支配を維持するための、いわば「受動的な対応」に基づくものであって、律令制の枠内での「日本的な律令制国家」と捉えるべき性格のものだったのではないか。いま一つは、十二世紀以後の国衙支配を個別の諸権門の支配と同一視し、これを国家権力機構の有機的な一部として捉える視角を放棄していることである。この点については、のちほど改めて第四項で触れることとするが、日本中世国家の構造を具体的に解明していくためには欠かすことのできない、極めて重要な論点と考えなければならないのではないだろうか。

(110) 木越隆氏は、「日本紀講筵」の消滅の理由を、当時の政府や知識人たちが「正史」を重視しなくなったという「意識の推移」に求めているが（「日本紀講筵と『日本紀竟宴和歌』」『国文

学　解釈と鑑賞』六四―三、一九九九年)、それを促したより本質的で規定的な歴史的要因こそが問題とされなければならないであろう。

(111) 前掲注(36)黒田氏著書、平雅行『日本中世の社会と仏教』(塙書房、一九九二年)など参照。

(112) これについては、中村啓信『信西日本紀鈔とその研究』(高科書店、一九九〇年)に本文の翻刻と合わせ、詳細な分析がなされている。

(113) 『日本歌学大系』一。

(114) 小川豊生氏は、『日本紀鈔』の著者藤原信西を中心として、藤原清輔・藤原範兼・藤原教長・藤原親重、あるいは藤原資隆・祝部成仲などの同じ「世代」の者が「歌林苑」という和歌グループに属するなどして、「互いに緊密に啓発しあう具体的な運動体(場)」を形成していたことに注目し、ここに中世日本紀成立の一つの画期を求めている(「院政期の本説と日本紀」『仏教文学』一六、一九九二年、「変成する日本紀―〈始まり〉の言説を追って―」『説話文学研究』三〇、一九九五年、など)。

(115) これには二十二社・一宮制(王城鎮寺・国鎮寺制)と諸国一宮・惣社制の両側面(前者が基本)があるが、ここでは前者について考える。拙稿「中世諸国一宮制と二十二社・一宮制」(『日本史研究』四七五、二〇〇二年)・「中・近世における諸国一宮制の展開」(『悠久』八四、二〇〇一年)参照。

(116) 岡田荘司「二十二社の成立と公祭制」(前掲注(102)著書所収)。

(117) 前掲注(102)岡田荘司氏論文。

(118) 大山喬平「中世の身分制と国家」(『日本中世村落史の研究』所収、岩波書店、一九七八年。一九七六年初出)。

(119) 諸国一宮制に関しては、差し当たり拙稿「中世諸国一宮制と地域支配権力」(『日本史研究』三〇八、一九八八)と前掲注(115)、及び中世諸国一宮制研究会編『中世諸国一宮制の基礎的研究』(岩田書院、一九九九年)を参照されたい。

(120) この点に関しては、岡田荘司「即位奉幣と大神宝使」(前掲注(102)著書所収。一九九〇年初出)に詳しい。以下の叙述も岡田氏の同論文に拠る。

(121) 水谷類「国司神拝の歴史的意義」(『日本歴史』四二七、一九八三年)。

(122) 宝治三年三月日諏訪信重解状(信濃諏訪大祝家文書、『鎌倉遺文』七〇六一)。

(123) 前掲注(102)岡田荘司氏論文。

(124) 『続群書類従』巻四八。

(125) 『続群書類従』巻五八、八五頁。

(126) 「真清田宮御縁起」(『真清田神社史―資料編―』所収、真清田神社、一九九五年)。

(127) 『伊予三島縁起』(『続群書類従』巻三六)。このほか、例えばさきに紹介した信濃諏訪社でも、「信州諏訪明神者、日本第一之軍神、辺域無二之霊社也」(前掲注(122)文書)と称するなど、同様の事例は多数に上る。

(128) 諸国一宮を国衙や守護所と肩を並べる地域支配権力の一翼とする捉え方には批判もあろう。この問題は、日本中世国家論の問題として別途慎重に検討されなければならず、軽々な発言は慎むべきであるが、黒田氏が指摘している寺社勢力の自立性とそれらが担った独自の政治的・社会的機能に鑑みるとき、こうした評価は十分成り立ちうると考える。文永十一年（一二七四）頃と推定される年未詳二月九日出雲国司庁宣（出雲大社文書、『大社町史』史料編上、二九六）に、「杵築大社造営事、任二先例一国衙社家相共、可レ致二其沙汰一之由、被レ下二院宣一了」、同じく弘安元年（一二七八）と推定される杵築国造宛年未詳九月二十日出雲国宣（同上、三〇六）に、「国衙相共可レ致二其沙汰一」、あるいは元徳四年（一三三二）正月日肥前河上社雑掌家邦陳状写（河上宮古文書写、『鎌倉遺文』三一六六九）に、「社家国衙相共及二上訴一」と見えるなど（正応五年八月二十日の肥前国目代沙汰人宛沙弥某連署施行状〈河上神社文書、『鎌倉遺文』一七九八六〉にも、「河上宮造営事、…社家相共致二其沙汰一、可レ被レ終二不日之功一候」と見える）、出雲・肥前両国などで確認できる「国衙社家相共に」の文言は、その一端を示すものと考えることができるであろう。

(129) 前掲注(36)論文、「王法と仏法」・「王法仏法相依論の軌跡」（ともに前掲注(36)著書所収）、「中世文学における王法と仏法」（著作集三所収、法藏館、一九九五年）など。

(130) 前掲注(36)論文。

(131) 「中世説話集の仏法・王法論」（『日本文学』三五―四、一九八六年）。同様の指摘は「神祇信仰と中世文学」（岩波講座・日本文学史五『一三・一四世紀の文学』所収、岩波書店、一九九五年）にも見え、そこでは「中世の権門体制の確執による混迷は、顕密を中核とする寺社勢力の王法仏法相依の理念のみでは克服できず、必然的に王仏二法に対する第三極としての神観念をもたらす」とされている。

(132)『赤染衛門集』(『群書類従』巻二七七)。

(133)新日本古典文学大系『金葉和歌集』。

(134)この範囲は、正しくは前任国司の藤原資業(長暦三年〈一〇三九〉補任)のこととされるが(前掲注(133)、一八四頁頭注参照)、全国的に見てもこの時期には未だ「一宮」の呼称は成立しておらず、大山祇神社が「一宮」と呼ばれるようになるのは、『金葉和歌集』が成立するところでは、「一宮」が史料上に確認される最も早い例は康和五年(一一〇三)十月三日倭文神社経筒銘(『平安遺文』金石文一六三)で、「伯耆国河村東郷御坐一宮大明神」と見える。もちろん、改めていうまでもないことながら、一宮制の成立そのものは後述する出雲国を初めとして十一世紀中頃に遡るものも認められ、しかもその多くは中世を通じて「一宮」を称することがなく、従って「一宮」の呼称はこうした全国的な一宮制の成立を前提として、その後に成立したものであった。なお、伊予国の場合「一宮」と称されることはあっても、それは「伊予国第一宮」(貞治三年〈一三六四〉十一月日伊予国一宮三嶋社大祝職幷八節供祭礼等記録、『神道大系』阿波・讃岐・伊予・土佐所収)の意味であって、少なくともこれまでのところ二宮・三宮以下の存在は確認されていない(前掲注(119)『中世諸国一宮制の基礎的研究』「伊予国」参照)。

(135)同様の事例は、美作国二宮高野社においても認められる。熊谷保孝「式内社高野神社と二

宮高野神社」（前掲注(47)所収）参照。

(136) 川原秀夫「国司と神社行政」（『日本古代の国家と祭儀』所収、雄山閣出版、一九九六年）など参照。

(137) この点に関しては『大社町史』上（大社町、一九九一年）、『出雲国浮浪山鰐淵寺』（「出雲国浮浪山鰐淵寺」刊行事務局、一九九七年）、拙稿「「出雲神話」における古代と中世—スサノヲ論を中心に—」（『出雲古代史研究』一〇、二〇〇〇年）などにおいて、その概要を述べた。

(138) 『中世封建制成立史論』（東京大学出版会、一九七一年）。

(139) 文永二年（一二六五）十一月日の若狭国惣田数帳写（東寺百合文書ユ、『鎌倉遺文』九四二二）にも、惣社や国分寺などと並んで「上下宮」が記されており、「上下宮」の全体が若狭国一宮であったことは明白であり、「一・二宮」というのはその内部の区分であったと考えなければならない。山城国賀茂社や信濃国諏訪社の場合も、距離的に離れた上下宮が一体となって一宮の機能を果たしているなど、同様の事例は多い。

(140) 『左経記』寛仁元年十月二日条。

(141) 「上下宮」の神社名は、十二世紀初頭に作成されたと推定される「若狭国鎮守一二宮縁起」（『若州管内社寺由緒書』所収、若狭地方文化財保護委員会、一九五八年）に「一ノ宮（号上宮）」・「二ノ宮（号下宮）」として初見し、一宮制の成立と時期を同じくして成立したことが推察される。

(142) 国府との距離的な近さや、国衙権力との結合などの主として政治的な条件、それも専ら国衙権力との関係のみから一宮の成立を考えようとする伊藤邦彦氏（「諸国一宮・惣社の成立」『日本歴史』三五五、一九七七年、「諸国一宮制の展開」『歴史学研究』五〇〇、一九八二年）などの理解は、中世諸国一宮制の最も本質的な側面を見落としてしまっているといわなければならないのではないだろうか。

(143) 「地域的国家神」の歴史具体的な内容はこういうものとして理解することができよう。

(144) この点については、不十分ながら拙稿「中世の出雲神話と中世日本紀」（『古代中世の社会と国家』所収、清文堂出版、一九九八年）において若干の考察を試みた。

(145) 『葉黄記』同日条（『鎌倉遺文』六七〇三）。

(146) 黒田氏が「顕密仏教における歴史意識―中世比叡山の記家について―」（著作集三所収）で分析した「記家」などもその一例ということができよう。

(147) 上川通夫氏「中世仏教と「日本国」」（『日本史研究』四六三、二〇〇一年）が指摘している「中世仏教の構造的特質の一つは、実のところ、神祇をこそ核心部に据える点にある」（四三頁）というのは、このように理解すべきものであろうと考える。

(148) 荒野泰典「天竺の行方―三国世界観の解体と天竺―」（『中世史講座』一一所収、学生社、一九九六年）、同「日本型華夷秩序の形成」（『日本の社会史』一所収、岩波書店、一九八七年）など参照。

(149) 『神道史の研究』（理想社、一九五七年）など。

第二章　中世末・近世における「神道」概念の転換

はじめに――問題の所在と課題の設定

前章では、中国から導入された「神道」の語が日本社会において独自、かつ固有の具体的な意味を持ってくる（＝日本における「神道」の成立）のは、十一世紀末・十二世紀初頭以後における中世顕密体制の一環としてであり、その実態は宗教一般とは性格や次元を異にする、天皇神話（中世日本紀）に基軸を置く宗教的な装いを持った封建的な国家的イデオロギー（＝国家による民衆統治のための政治支配思想）にほかならないことを指摘した。もしこの指摘が認められるとするならば、改めて問題となるのは、こうした「神道」がその後の歴史過程を通じて、いつ、どのようにして、今日一般に理解されている「自然発生的な日本固有の民族的宗教」という「通説的理解」へと転換していくこととなったのか、そしてそこにどのような問題がはらまれ、またそのことが今日の日本人の持つ宗教意識や宗教観にどのような影響と特徴とを刻印することとなったのか、などの点を明らかにすることでなければならない。

現在のところ、基本的にそれはおよそ次のような三つの歴史的な段階を経て進行していったのではないかと考えている。

第一段階…中世末から近世

第二段階…幕末・維新期から戦前の天皇制ファシズム期

第三段階…インペリアルデモクラシー期から戦後

本章では、こうした理論的想定のもとに、まずはこのうちの第一段階について、若干の検討を試みることとしたい（第二・第三段階については次章で検討を行う）。

ところで、こうした問題について考えるためには、中世から近世への移行にともなって、神社を含めた日本の宗教構造や体制がどのように転換していったのか、同じく国家権力やそのイデオロギー構造がどのように変化していったのか、そしてその中で「神道」の語がどのような意味を持つに至ったのか、などの点が合わせ明らかにされなければならない。本章においてこれらすべての課題に答えることはできないが、「神道」の語の多様なあり方とその変化に視点を据えながら、その基本的な特徴と歴史的性格について考えてみることとしたい。

以下、本章ではまず中世末期における吉田兼倶の登場と彼の提起した「唯一神道」説がいかなる歴史的な意味を持ったのかについて検討し、それを踏まえてその後に展開した近世幕藩制国家の宗教構造や国家イデオロギーのありようとその歴史的展開過程、及びその中で「神道」の概念がどのように変化していったかなどについて、検討を加えていくこととする。

第一節　吉田兼倶と「唯一神道」の歴史的位置

1　先行研究の批判的検討

中世末期の室町・戦国期に活躍した吉田兼倶と彼の提唱した「唯一神道」説が、日本の歴史上においてとりわけ重要な位置を占め、その後の宗教・思想や神社のあり方に極めて大きな影響を与えたことは周知のところである。それゆえ、これに関説した研究は膨大な数に上り、さまざまな側面からの検討が加えられてきた(1)。しかし、それらが主として「神道」史や思想史を中心とする限られた分野や視角からのものであったことなどとも関わって、部分的にはそれぞれ重要な事実が指摘されながら、歴史の実態に即したトータルな歴史像の提示とその歴史的な評価・位置づけという点に関しては、未だ必ずしも十分明確になっているとはいい難いのが現状だと思われる。[2]

そうした中にあって、独自の分析視角から重要な問題を提起したと考えられるのが大桑斉氏の「吉田兼倶の論理と宗教—十五世紀宗教論への視座—」である。[3] 大桑氏は同じく思想史ながら「神道」史の枠組みを取っ払ったより視野の広い宗教思想史の立場から、津田左右吉氏以下のこれまでの研究をいずれも「系譜論」・「影響論」ないし「意図論」だと批判し、兼倶の思想の論理構造とその歴史的性格の解明を通して「神道」の宗教化（＝「形而上学から信仰への転換」）の問題を考えようとした。[4] 大桑氏のこの問題提起は黒田俊雄氏の「神道」論をさらに発展させようと意図したもので、黒田氏は顕密仏教の形成にともなって、元来その一部を構成する儀礼—化儀として成立した「神道」が、顕密体制の解体の中で顕密仏教をもしのぐ唯一最高神を提示することを通して独自の宗教たらんと志向したところに、「唯一神道」の歴史的意義と特徴があるとの見解を示していた。大桑氏は黒田氏のこの問題提起を受け止め、『唯一神道名法要集』（以下、『名法要集』と略す）の論理構造の解明を通して改めてその宗教化の歴史具体的な内容を明らかにしようとしたのである。

大桑氏はまず『名法要集』の論理構造の分析を通して、それが「宗教として自立するために、教相判釈を行ってその正当性を証し、独自の儀礼を教理的に説明しようとしたことにおいて、唯一神道なる宗教の根本聖典たることを意図的に追求した書」だと指摘する。そしてその上に立って、本書を貫く兼倶の神観念とそこに示される「神道」の意味や兼倶の意図する宗教化の具体的な内容を検討し、およそ次のような点を指摘した。①顕密体制が実質的に解体した宗教体制の空白期に当たる十五世紀後半からの一向一揆の時代には、汎神論を前提とし、それらを融合しうる究極原理を見出し、それに世界の秩序の原理を求めるという共通の思惟が登場する。兼倶の理論は、この点で横川景三や蓮如などと共通する時代思潮の一環をなすものであったと評価できる。②兼倶は、宇宙の最究極原理としての超越性と、自然と人倫に秩序を賦与する原理という二つの性格を合わせ持つ新たな神観念を提示し、その両面において普遍性の確立を目指したが、強力な人格神・創造主宰神を持つ宗教の成立には成功せず、逆に「神道」を国家の統治原理に仕立てあげることで、神観念の宗教化の不十分さを補おうとした。国家統治原理＝「神道」＝現世利益、これが兼倶の考える「神道」の宗教化にほかならなかった。③兼倶の致命的な欠陥は救済論の欠如にあり、これを欠いた兼倶の宗教化は、むしろ最初から国家統治原理を発見することに目標が置かれ、それは宗教化というよりイデオロギー化というべき性格のものであった。④このように兼倶の「神道」論は多神観的呪縛の論理であり、従ってまたその神観念はいかに一神教を志向しようとも一向専修としての顕密仏教の異端＝改革運動ではありえず、ましてやそれを越える独自の宗教としての自立を達成しえないものであった。⑤近世儒家神道が支配のイデオロギーそのものとして形成されてくるのも、ここにその原点があった。

以上のように大桑氏は、十五世紀という時代の大きな転換点に立って兼倶が「唯一神道なる宗教」の自立を目指し、その根本聖典として『名法要集』を著したが、結局のところ「神道」の宗教化には成功せず、イデオロギーとしての国家統治原理を発見するにとどまった、としたのである。大桑氏のこの指摘は、『名法要集』の論理構造の解明と合わせて、それまで根本枝葉花実説などに基づいて漠然と考えられてきた、「神道」が仏教・儒教と肩を並べる独自の「宗教」だとする通説的理解の根本的な問題点を明確にしたものとして、極めて重要な位置を占めると評価することができる。

しかし、翻ってこの大桑氏の研究によって吉田兼倶と彼の行った事績の歴史分析がどこまで進んだのかを考えると、いささか心許ないものがあるといわざるをえない。それは、大桑氏が宗教思想史という限定された視角から考察を加えていて、兼倶が行った事績全体の中に『名法要集』を十分位置づけ切れていないこととも無関係ではないが、⑤何より問題なのは黒田氏の不安定な問題提起を真正面から受け止めてしまったところにこそあると考えられる。

大桑氏との関係に即して黒田説の問題点を整理すると、次のようになろう（本書序章参照）。①黒田氏は中世の「神道」を仏の化儀、顕密仏教の異端と捉えていて、中世「神道」の捉え方に不安定性が認められる。②これは、顕密体制と顕密主義、顕密体制と顕密仏教との区別と連関の不安定性（その前提に神社史研究の欠落がある）に起因するものであり、中世「神道」が顕密体制の一環をなすものではあっても、顕密仏教とは性格や次元の異なる問題として区別して捉えるべきものであることが明確でないことによると考えられる。③その結果、「唯一神道」説の登場を直ちに「神道」の宗教化の問題と捉え、「顕密仏教をもしのぐ唯一最高神を提示することを通して独自の宗教たらんと志向した」との評価を与えることとなってしまっている。

こうした黒田氏の捉え方の問題点は、「唯一神道なる宗教」の自立を目指した兼倶が、結局のところ「神道」の宗教化には成功しなかったとする、それ自体は妥当だが、しかしまことに奇妙な大桑氏の結論となって現れているのであって、要するにこれは「唯一神道」における「神道」の宗教化という課題設定そのものにそもそも問題が含まれていたことを示すものといわなければならない。すなわち、兼倶が『名法要集』を著すことによって「唯一神道」を創出しようとした意図やその歴史的意義は、黒田氏や大桑氏が想定した「神道の宗教化」（＝「形而上学から信仰への転換」）などということにはなく、もっと別のところにあったと考えられるのである。

それが何であるかについてはのちほど改めて考えることとし、その前に「唯一神道」説に関するこれ以外の諸研究についていま少し眺めておくこととしよう。さきにも述べたように、これには極めて多数の研究があるが、このうちの思想史的な研究に関しては、大桑氏が系譜論・影響論だと批判したように、専ら「両部神道」・「伊勢神道」→「唯一神道」→「吉川神道」・「垂加神道」→「復古神道」、あるいは「古神道」(6)→「仏家神道」→「唯一神道」→「儒家神道」→「復古神道」などという「神道」論の系譜の中に「唯一神道」を位置づけ、その思想的な特徴を読み解くという、ほぼ共通した理解と方法論の上に立っている。

しかし、こうした問題の捉え方には、それなりの有効性とともに、いくつかの重大な問題点が含まれていると考えなければならない。それは、こうした系譜論的な理解によっては「唯一神道」説の最も本質的で重要な特徴が捉え切れず、従ってまたそれが担った歴史的な意義や重要性もまた十分捉えることができないと考えられることである。一つには、大桑氏が明快に指摘したように、「唯一神道」説の最も重要な特徴の一つが一個の自律的な教義・儀礼体系としての理論的体系性を持つ「神道」論だという点にあり、それは神社縁起の延長線上に位置づけられる、ないし顕密仏教の立場からの理論構築である「伊勢神道」や「日吉神道」・「両部神道」などの、天皇神話に関する思想的解釈(＝中世日本紀としての特徴を持つ中世的な「神道」教説とは明らかに性格が異なる[7]にもかかわらず、その質的な違いについての歴史的評価が欠落することとならざるをえない[8]、ということである。兼倶の提起した「唯一神道」説は、仏教・儒教・道教など種々の思想を取り込むことによって従来とは異なる新たな形で天皇神話を組み替え、また密教儀礼を取り込むことによって独自の儀礼体系を構築することを通して、仏教や仏教思想からの「自立」化はもちろん、その根源的な位置を占めるものとして「神道」を位置づけるべく、その理論体系化に努め、それなりの成功を収めたものであった[9]。のちに荻生徂徠や太宰春台などが日本の「神道」は兼倶によって創出されたものだと指摘したのはよく知られているが、上記の質的転換という問題を踏まえなければ、その意味するところも十分には理解することができないであろう。

いま一つの問題は、そうした系譜論的な観点からの兼倶の思想内容についての歴史的評価を、そのまま兼倶や「唯一神道」説そのものの評価に置き換えてしまっていると考えられることである。これは言葉を換えていえば、兼倶が「唯一神道」説を創出、提唱したことの歴史的な意味をどのように理解するかに関わる問題であって、それはまた「唯一神道」説の具体的な内容をいかなるものとして理解するかとも密接に関わっている。この点についても、のちほど改めて考えてみることとしたい。

「唯一神道」に関する諸先学の研究でいま一つ問題となるのは、以上に見てきたような兼倶による理論構築の動きと、大元宮斎場所の建設や吉田家による全国の神社・神官の組織・掌握などとがどのように関わりあっているのかという、相互の連関構造がほとんど検討されてこなかったことである。出村勝明氏の詳細な研究[10]などによって知られるように、兼倶は文明年間の初めまでに邸内の東方に大元尊神（国常立神）を祀る大元宮を中心に全国三千余社の官社（式内社）の祭神を祀る斎場所を建立。そして文明十六年（一四八四）には、応仁二年（一四六八）に兵火に罹って焼失した吉田神社の再建と合わせて、同境内に大元宮斎場所を建立した。[11]これに対し、「唯一神道」説の理論は文明初年頃にはすでに成立しており、『名法要集』の成立とその理論体系の確立も吉田社再建、大元宮斎場所の移築期頃のことであったとされていて、大元宮斎場所の建設と「唯一神道」説の理論体系の構築が表裏一体の関係にあったことは明白である。

問題はこの両者の関係をどのように理解するかにあるが、これについて従来は、大元宮斎場所が「唯一神道」の理念を具体化したものだとして、この両者が一体となって「吉田神道」が成立したと理解されてきた。[12]すなわち、兼倶による大元宮斎場所の建設問題は専ら「神道」思想史の観点からのみ検討が進められ、吉田家による全国の神社や神官の組織・掌握はこれらと切り離し、別の問題として処理されてきたのである。その結果、近世の「吉田神道」で最も重要な問題とされる吉田家による「神道長上」・「神道管領長上」の僭称や、その名による「宗源宣旨」・「神道裁許状」の発行などは「唯一神道」説の理論内容やその理論構築の努力とは直接関わりのない問題として脇に置かれることとなってしまった。少なくとも、「唯一神道」説を「宗源宣旨」や「神道裁許状」の発行などと繋げ、その歴史的な意味を解明する作業は十分なされてこなかったのである。

同様に、中世末から近世初頭にかけての郷村制の成立と展開にともなう神社構造の変化や、これらと連動する伊勢信仰の全国的拡大などの動向に視点を据えて、「吉田神道」成立の歴史的背景やその歴史的意義を解明しようとした神社史・宗教史の観点からの研究においても、例えば京都吉田社に全国三千余社の祭神を祀ることの意味が何であったかなどについてはとくに踏み込んだ検討がなされていない。要するに、「唯一神道」説の成立を神社制度・体制や宗教構造の歴史的変化と結び合わせて捉える視角は十分でなかったといわざるをえないのである。しかし、果たしてこうした分析方法によって「唯一神道」の全体像やその歴史的本質が捉えうるのであろうか。大いに疑問としなければならない。

以上、吉田兼倶と「唯一神道」の歴史的位置や評価をめぐる諸先学の研究について、その全体的な特徴と問題状況を主に三つないし四つの側面から検討した。もちろん、これでもって吉田兼倶や「唯一神道」説に関する研究のすべてにわたる検討が尽くされているわけではないが、しかし以上の考察によって少なくとも問題の本質的、ないし全面的な解明が未だ必ずしも十分なしえていないこと、及びその解明を進めていく上において、ここに指摘した三つないし四つの問題がとりわけ重要な論点となるであろうことは明らかになったと考える。

以下、これらの点を踏まえて検討を進めていくこととしたい。

2 「唯一神道」の歴史的性格

考察を進めるに当たって、まず最初に確認しておく必要があるのは、歴史的な事実の問題として、兼倶がいったい新しく何を始め、何を行ったのか、その事績の全体像を明確にしておくことである。これについては、すでに伊藤聡氏がこれまでの研究成果を総括する形で整理を行っていて、そこでは、①大元宮斎場所の建設とその由緒の偽作、②「唯一神道」という新しい神道理論（教理体系）の構築、③この理論を支える偽教類などの新たな聖典群の創造、④その理論に対応する新たな祭祀修法・祭祀組織の創出、の四点を指摘している[13]。これに、伊藤氏の総括では欠落している[14]⑤「神道長上」・「神道管領長上」の僭称、その名による「宗源宣旨」・「神道裁許状」[15]の発給と全国の神社・神官の組織化、及び⑥神葬祭という新たな葬送儀礼の創出の二点を加えれば、ほぼその主要な全体を網羅しているということができるであろう。このうち、⑥は④と一連のもの、ないしその延長線上に捉えられるから、結局のところ兼倶が創始した事績の中核をなすものは①と②・③・④・⑥、及び⑤の三つ、すなわち(a)京都吉田神社における全国三千余社の式内社の祭神を祀る斎場所の建設とそこでの祭事、(b)「唯一神道」という名の新たな祭祀・儀礼と教義体系の創出、(c)その代表者たる「神道長上」・「神道管領長上」の名前での「宗源宣旨」・「神道裁許状」の発給による全国の神社・神官の組織化、ということになろう。

これら(a)・(b)・(c)の三つが相互に不可分の関係にあったのはいうまでもないところであるが、このうち(a)と(c)に関わってまず注目されるのは、それが吉田家が全国の神社や神官を統轄する、ないし京都吉田神社を中心に全国の神社・神祇組織を再構築・再編成するという、中世的な神社制度や体制からの大きな転換を意味していたことである。これは、兼倶がいかなる歴史的状況の中で何を実現しようとしたのかを考える上において極めて重要な位置を占める問題といえる。結論的にいって、これについては、兼倶がどこまで自覚的であったか否かはともかく、客観的にはそれが黒田・大桑両氏などの指摘する中世顕密体制の解体に対する極めて鋭敏な対応であったことに注目しておく必要があると思われる。

「中世顕密体制の解体」とは、一般的にはおよそ次の三つの指標によって捉えることができるであろう。[16]

一、顕密仏教の衰退と一向宗・法華宗などの異端的仏教の発展、及び寺院と神社との一体的な関係の動揺。このうち前者は、仏教の民衆化及び仏教各宗派の自立化と一神教的性格の進行として捉えることができるもので、大桑氏が先述の①として指摘したのがこれに当たる。また後者は、主にいわゆる反本地垂迹説などの神祇信仰の仏教や仏教思想からの自立と独立を求める種々の思想的営みとして展開された。

二、中世的な国家的神社制度・体制（二十二社・一宮制）の解体。それは、応仁・文明の乱を契機とする中央の二十二社制の解体と、戦国大名領国制の成立と展開にともなう諸国一宮制の形骸化・解体となって現れた[17]。

三、王法仏法相依論の崩壊。これが、戦国大名から統一権力の登場に至る、自立的な宗教勢力の世俗権力への屈服として現れたことはよく知られているところである[18]。

これらの諸条件が出揃うことによって、顕密体制が最終的に解体するのは中世末・近世成立期のことであるが、とくにこのうちの第二、あるいは第一点の後者を踏まえて神社・神祇サイドからこれらの問題に先取り的に対応する、それが兼倶の狙いであり、それを具体化したのが大元宮斎場所の建立であったと考えられる。この斎場所が朝廷の許可のもとに公武の協力を得て建設が進められ、神祇伯たる白川家もまたこれを承認（黙認）していたこと[19]、さらには「神道長上」・「神道管領長上」の呼称や「宗源宣旨」・「神道裁許状」の発行、あるいは後述する密奏事件が最終的には朝廷を含む公武の承認するところとなったことなどから考えて、それが単に兼倶や吉田家による私的な利害の追求や勢力拡大などという次元の問題[20]ではなく、時代の変化や要請に応える新たな体制づくりという意味を担っていたことに注目しておくことが重要であろう。

すなわち、中世的な宗教構造としての顕密体制と中世的な神社体制（二十二社・一宮制）の崩壊という危機的な状況の中にあって、国家的な呪術や祭祀を司る家柄、あるいはそうした地位にある者としての自覚・自負心と主体性に基づいて、顕密体制に代わる神社・神祇信仰中心の宗教構造を整えることで新たな展望を開く、そしてそれに必要な新たな理論の構築を通して、具体的な形でこの課題に応えてみせること。兼倶が進んで自らに課し、そしてこれを大元宮斎場所の建設と「唯一神道」説の創出という形で実現しようとしたのは、こうした重大な歴史的意味を持つものであったと考えられるのである[21]。それは、次のようにいうこともできるであろう。

従来、吉田兼倶の歴史的評価という場合、専ら新しい「神道」論＝「唯一神道」説にのみ注目が集まり、それだけを取り出してその思想史的な分析が進められてきた。しかし、兼倶の意図や彼が果たした客観的な役割と歴史的重要性という観点からするならば、それ以上に重要なのは兼倶が全国的な規模での神社組織の再構築・再編成を通じて、「神国」

日本にふさわしい神社・神祇信仰中心の新たな宗教構造・体制を整えようとしたことにこそあったのであって、「唯一神道」説はいわばそれを支えるための理論的武器にほかならなかった。兼倶にとって、新たな理論＝「唯一神道」説の創出が極めて重要な意味を持つものであったのはいうまでもないが、しかしその理論的整合性や体系性の如何それ自体が最重要の問題なのではなく、それがいかに自らの推進しようとする顕密体制に代わる寺院や仏教から「自立」した神社・神祇信仰中心の新たな宗教構造・体制の正当性や普遍妥当性を証明しうるかどうか、このことが最大の課題であったと考えられる。兼倶は思想家であると同時に、しかしまず何よりも呪術・祭祀に関わる家柄の担い手＝宗教者であったといわなければならない。兼倶が平然と偽書や偽経を作り、由緒を偽り、また種々の儀礼や修法を創作したというのも、それが単に中世日本紀の伝統を引く「中世的な手法」(22)ということではなく、上記のような歴史的状況と脈絡の中でこそ理解される必要があるといえるであろう。またそうでなければ、のちほど改めて検討を加えるように、「吉田神道」に対する各方面からの厳しい批判にさらされながら、何故に吉田家が近世幕藩制社会の全時期を通じて、幕藩制国家の支持と承認を得て、神社界の中で圧倒的な影響力を保持し続けることができたのかという理由も、十分には理解することができないであろう。

では、この京都吉田神社や大元宮斎場所を中心に全国の神社や神官を国家的な規模で一元的、かつ直接的に組織・統制する中央集権的な神社組織・体制が成立したこと、あるいはそれを実現しようとしたことに、いかなる歴史的意義があったのか。結論的にいって、それは地域的にも階層的にも著しい分散性と非一元性を特徴とした中世の神社制度・体制と異なるのはもちろん、一元的で中央集権的な神社組織・体制を志向しながら、実際には圧倒的多数の非官社を最初から国家の統轄外として排除した古代のそれとも明確に異なる、文字通り全国の神社や神官を国家的な規模において一元的、かつ直接的に掌握・統制しようとした、歴史上初めての試みとして近代の神社制度の基点をなすものと評価することができるであろう。そしてその歴史的前提に、中世の荘園制的な神社制度・体制の解体と、「いえ」や氏神・鎮守社の成立などがあったことは萩原龍夫氏[23]らの研究によって明らかにされてきたところである。

もちろん、兼倶が意図した方向がそのままの形で実現されたわけではないが（この点については改めて後述する）、寺院と神社とを明確に分けて組織・掌握する方向性を先取り的に切り開いたという点においても、兼倶の果たした役割にはその功罪を含め極めて重大なものがあったといわなければならない[24]。

以上の点を踏まえて、改めて(b)について考えると、「唯一神道」説の内容やその歴史的性格も極めて理解しやすいものであることがわかる。「唯一神道」の理解をめぐっては、前項でも述べたように種々の見解が提示されているにもかかわらず、未だ十分に納得できる論理的整合性を持った理解に至っていないというのが現状であった。その原因には、前項で述べた「唯一神道」分析の方法論上の問題など、種々の要因を挙げることができるが、しかし最も重要かつ直接的な要因として指摘できるのは、兼倶にあってはそれぞれ微妙にニュアンスの異なる二つの「神道」概念が使い分けられているにもかかわらず[25]、これまでそのことが的確に捉えられず、見落とされてしまってきたと考えられることである。

兼倶が用いた二つの「神道」概念とは、①天皇神話に基軸を置く、中世成立期以来の伝統の上に立つ国家的イデオロギーとしての「神道」と、②神社祭祀に基軸を置く「神祇道」という意味での「神道」（神祇道の略称とも考えられる）、この二つである。このうち②は、本来は種々の「芸能」のうちの一つ（神社祭祀＝神祇道）という意味であって、すでに中世においても一部でそうした用法が見られた。例えば、『太平記』巻二五に「凡一陽分レテ後、清濁汚穢ヲ忌慎ム事、故ラ是神道ノ所レ重也[26]」などとあるのがそれである。もっともこの場合、「神道」は「清濁汚穢ヲ忌慎ム」という宗教的行為（＝神社祭祀）を意味するのか、それとも天皇神話上の神そのものを指すのかが必ずしも明確でなく、そこにこそ中世「神道」の歴史的特徴があったと評価することもできる。ところが、兼倶が「神道長上」を称して神社や社家に「宗源宣旨」や「神道裁許状」を発給したことにより、神社祭祀そのもの（＝「神祇道」）が改めて、そして極めて明確な形で「神道」と位置づけられることとなった。一例として、萩原氏が例示した『兼右卿記』所載の神道裁許状[27]を見てみよう。

伊賀山田郡殖木社恒例神事、雖レ為二四月八日一以二当国諸社之傍例一可レ奉レ祭二正月一者、
神道裁許状如レ件、
　永禄十一年三月十八日　　神部（花押）奉
神道長上（花押）

ここで殖木社の神官が吉田兼右から認められたのは、四月八日の祭礼を正月に変更することであり、それが「神道長上」の署名による「神道裁許状」として認められているのである。「神道」が神社祭祀（＝神祇道）そのものを意味していることは明白であろう。寛文五年（一六六五）の神社条目（いわゆる「諸社禰宜神主法度」）第一条に、「諸社之禰宜神主等、専学二神祇道一、所二其崇敬一神体、弥可レ存二知之一。有来神事祭礼可レ勤レ之。向後於レ令二怠慢一者、可レ取二放神職一事」[28]と見える「神祇道」がこれと同じであるのはいうまでもない[29]。こうしてこれ以後、近世を通じて「神道」の語は盛んにこの「神祇道」の意味で用いられることとなったのである。

では、新たに登場したこの「神道」概念は、いま一つの中世成立期以来の伝統的な「神

道」概念とどのような関係にあったのか、またそれは「唯一神道」説の教義・儀礼体系やそこでいう「神道」の意味内容とどのように関わり合っていたのであろうか。このことについて考えるため、ここで改めて兼倶が行った教相判釈について考えてみることとしよう。従来『名法要集』の教相判釈という場合、反本地垂迹説や仏教・仏教思想からの自立という分析視角とも関わって、専ら「両部習合神道」（仏家神道）と「唯一神道」との違いに視点を据えて検討を進められるのが一般的で、「本迹縁起神道」と「唯一神道」との違いやその両者の関係についてはとくに踏み込んで検討を加えられることがなかった。しかし、さきに提起した新たな「神道」概念（＝神祇道）を念頭に置いて考えるとき、兼倶にとって「本迹縁起神道（社家例伝神道）」と「唯一神道（唯一宗源神道）」との区別と連関こそがまずもって最も重要な問題であったと考えなければならない。

兼倶が自らの手で理論体系化した「神道」を「唯一神道」と称する直接的な根拠は次の二点、すなわち①それが、仏教が伝来する遥か以前にクニノトコタチからアマテラスを経てト部（吉田）家の祖先に当たるアマノコヤネに直接伝えられたものであること、②このアマノコヤネ以来、亀卜を司る家柄であるト部家が代々絶えることなくこれを今日まで伝えてきたこと、にあった。このことを証明すべく兼倶は、『名法要集』の中で長々とアマノコヤネから兼倶に至る系譜を掲げて血脈の正統なることを示したのであった。これに対し「本迹縁起神道」とされる各神社の祭祀は、それぞれさまざまな由緒に基づき、あるいは仏教思想などの影響を受けながら独自（＝私的）に伝えられてきたものであって、本来のあるべき神祇道＝「（純粋の）神道」（「唯一神道」）からすれば明らかに「俗神道」と呼ぶべきものにほかならなかった。そのために、各神社では改めて卜部（吉田）家から「宗源宣旨」・「神道裁許状」の給付や「唯一神道」の伝授、あるいは「唯一神道」たることの保障となる制戒の象徴としての木綿・烏帽子の使用許可などを得て、本来のあるべき姿に転換していかなければならないものとされた。これが兼倶やその跡を受けた吉田家の強調した一貫した主張であり、論理であった。そして、以上のように考えてくると、兼倶のいう「神祇道」＝「神道」というのも、当然のことながら神社祭祀一般ではなく、「唯一神道」説の儀礼と教義の体系に基づいて行われる祭祀にのみ限られるべきものであったことは改めて指摘するまでもないところであろう。[30]兼倶は、こうした論理を支えるために、アマノコヤネから卜部氏に伝授されたという架空の聖典＝三部経（『天元神変神妙経』『地元神通神妙経』『人元神力神妙経』）や「唯一神道」に固有の祭祀・儀礼体系を支える独自の道教経典（『太上玄霊北斗本命延生真経』）の偽作・創出、[31]あるいはその拠点的施設・機関として大元宮斎場所の建設などを進めていったのであった。

以上、兼倶によって提起された「唯一神道」の歴史的性格を理解する上で最も重要と考えられるいくつかの論点についてその概要を述べたが、そこにはなお改めて触れておく必要のある問題が残されている。その一つは、さきに指摘した二つの異なる「神道」概念との関わりを含め、要するに兼倶によって提起された「唯一神道」説とはいったい何であったのか、これをどういうものとして理解すればよいのかということである。

この点でまず第一に注目すべきは、さきにも述べたように、兼倶が『名法要集』において展開した「神道」論が中世「神道」論の総括の域を大きく越えて、それ自体が一個の自律的な体系性を持つ独自の理論として機能するという、高い到達点を示していることである。しかし第二に、兼倶が最も強調しようとしたのは、そうした「神道」がほかでもない卜部（吉田）家に伝えられてきたということであり、それがすなわち兼倶のいういま一つの「神道」＝「神祇道」にほかならなかったことである。従って第三に、兼倶にとってこの二つの「神道」概念は不可分の関係にあり、二つながら極めて重要な意味を持つものであったが、しかし実際には後者（神祇道としての「神道」）こそが基本であって、前者（観念的な天皇神話理解としての「神道」）はこれを支える副次的な位置にあったと考えられることである。

いま一つの問題は、兼倶によって提起され、定着することとなったこの新たな「神道」＝「神祇道」概念が、さきに指摘した(a)・(c)の問題と表裏一体の関係にあったことである。

とりわけ重要なのは、それが中世以来の「神道」概念に大きな飛躍と転換をもたらす重要な契機となったこと、そして「神道」が神社祭祀＝神祇道と結び合わされて、新たに「宗教」としての意味を持つに至ったこと、その点で大桑氏や黒田氏がいうのとは別の意味において、「神道」の「宗教」化がここに始まったと評価できることである[32]。

もっとも、次節以後において改めて検討を加えるように、歴史の現実は結局のところこうした形での「神道」の「宗教」化がそのままスムーズに進行したわけではなく、大きな転換と紆余曲折を余儀なくされた。近世以後、現在に至るまでの神社史研究や「神道」の理解をめぐる研究が大きな混乱と困難に直面することとなった背景に、こうした複雑な問題があったことに改めて注意しておく必要があるといえるであろう。

第二節　幕藩制国家の宗教・イデオロギー構造と「神道」概念の変容

1　幕藩制国家の宗教・イデオロギー構造の歴史的特質

中世から近世への移行にともなって「神道」の位置づけやあり方、あるいはその概念がどのように変化していったかについて考えるためには、近世幕藩制国家やその宗教・イデオロギー構造などの諸問題について検討を加える必要がある。ここでは国家イデオロギーと「神道」との関わりを中心に検討を行うこととし、必要な限りにおいてその他の問題にも触れることとしたい。本項では、まず近世幕藩制国家の宗教・イデオロギー構造とその歴史的特徴について考える。

十七世紀前半に確立を見た近世幕藩制国家のイデオロギー構造をいかなるものとして捉えるかについては、一部に「（徳川幕府は）その支配の根拠を論証する自覚的な思想など必要とするものではなかった」[33]とする見解もあるが[34]、今日では一般に「（神儒仏）三教一致」・「諸教一致」論が多くの支持を得て、通説的な位置を占めていると考えることができる[35]。但し、その具体的な内容をどう理解するかについては二つに分かれる考え方があって、必ずしも統一されているとはいい難い。その一つは、幕藩制国家のイデオロギーを文字通り「（神儒仏）三教」の相互補完関係[36]、あるいはこれに「天道・神君思想」を加えた諸思想の「イデオロギー連合」[37]として捉えようとするもの、いま一つは幕藩制仏教の基本的思惟（＝唯心弥陀思想）が「諸教一致」の特徴を持っていたことによるとするもので[38]、一般的には前者の理解が通説的な位置を占め、近世思想史研究なども専らこうした立場や視点に立って考察を進めているのが現状だといえる。そしてその前提には兼俱によって提起された根本枝葉花実説があり、神道・儒教・仏教はそれぞれの現れ方こそ違え、その本質は同じだとする考えがこうした理解を支えていると考えられる。

しかし、果たしてこうした捉え方に問題はないのであろうか。まず第一に、最も問題だと考えられるのは、「神道」（ここでは、以下、とくに断らない限り兼倶によって新たに提起された「神祇道」としての「神道」ではなく、中世以来の伝統の上に立ついま一つの「神道」をいう）・儒教・仏教をいずれも「宗教」とする認識の上に立ち、あるいはそうした理解を暗黙の前提として議論が展開されていることである。一例を挙げれば、奈倉哲三氏が「近世人と宗教」[39]において「神道」を無条件に神祇信仰と捉え、儒教・仏教と同じく近世社会の一角を構成する宗教の一つとして考察を進めている、あるいは樋口浩造氏が「いつごろ、どのようにして、神道は「日本固有の信仰」を表示する宗教となったのか」として、あたかも本稿と同じ視角で問題を立てているかのように見えながら、実際には「神道＝日本の道」という考えは垂加派が語り出したものだとして、「神道」自体がその前後を通じて宗教だったことに変わりはないとの理解を示している[40]、などがそれである。そもそも、この「三教一致」という用語自体、もとは中国において儒教・仏教・道教の三者の関係を捉えるものとして用いられていたのを、日本において中世後期以後「神道」・儒教・仏教の関係に置き換え、使用されるようになったもので[41]、当然のこととして「神道」や儒教を仏教と同質の「宗教」とする前提の上に立っていると考えられる。

では実際はどうなのか。儒教に関しては黒住真氏の指摘[42]が重要である。里住氏は中国・朝鮮などと異なる日本儒教の最も重要な特徴の一つとして、祖先崇拝などの「個人・共同体の根本（存在・生存等）に関わる」宗教的機能の欠落（その部分が仏教によって独占されていることによる）を挙げており、神葬祭と同じく儒葬が発展しなかったことを含め、日本近世の儒教は基本的に「非宗教的な意味での「学問」および倫理政治的な「道」を本領[43]」とするにとどまったと考えなければならないと指摘している。[44]「神道」に関してはのちほど改めて検討を加えることとするが、予め結論のみを述べるならば、林羅山以下、近世の思想界において盛んに議論された「神道」論は、「吉田神道」のそれとは違って、基本的に中世以来の伝統の上に立つ民衆統治のための国家的イデオロギーとしての本質を持つもので、現世・来世を含む人々の精神的な救済を目的とする宗教[45]とは明らかに性格や次元を異にするものであった。このように、厳密には「宗教」と見なしえない、あるいは「宗教」一般と区別して論ずべき「神道」と儒学とを仏教と並べ「三教（一致）」と捉えることは、明らかに実態とかけ離れているばかりか、日本の宗教や思想が抱える最も深刻で微妙な問題の科学的な解明への道を封じることにもなりかねない危険性をはらむものといわなければならない。

第二の問題は、右に述べたことからも明らかなように、それぞれ性格と次元を異にする

「神道」と儒学及び仏教を一つに繋げて「三教一致」といっても、その具体的な内容が明らかでないばかりか、かえってこれら三者がどのような相互関係にあったのかという、最も本質的で重要な問題の解明への道を閉ざすことになりかねない、ということである。

これらの問題を考えるとき、「諸教一致」という表記法に問題を含むとはいえ、理論内容としては先述した後者の理解の方がはるかに歴史の実態を踏まえた説得力に富むものであることは明らかだといえよう。近世宗教としての仏教の占める基軸的な位置を的確に押さえた上で、イデオロギー内容の共通性を論じるという組み立てとなっているところに、それは示されている。

さて、以上の点を踏まえた上で、改めて近世幕藩制国家の宗教・イデオロギー構造について考えてみることとしよう。この問題について考えるためには、成立期の幕藩制国家が直面した政治的・思想的課題とは何であったかという、最も本質的な問題に立ち返って考えてみる必要がある。結論的にいって、それは次の二点にまとめられるであろう。

一、世俗的な幕藩制権力の支配権力としての正当性を理論的に解明し、またそれを理論的に支えること。

二、まったく異質な価値観と宗教構造を持つキリシタンと対決しつつ、中国を中心とする東アジア世界の中での日本の安定した国際的地位の確立を図る、そのための理論武装を図ること。

このうち、前者は主として国内支配、また後者は対外的な国際的秩序の形成に関わる問題といえるが、両者が一体的な関係にあったのはいうまでもなく、これらの課題にトータルな形で対応できる国家イデオロギーの構築が求められた。これについては、結論的にいって大桑氏のいう幕藩制仏教の形成、(46)あるいは倉地克直氏のいう仏教思想を基軸に据えた幕藩制イデオロギーの構築(47)こそ、こうした課題に応えるものであったと考えることができるであろう。一部には、排耶論やキリシタン禁令との関係で「神道」の役割を強調する考えもあるが、(48)しかしそこで提起された「神国思想」が、結局のところ「日本＝神国・仏国」論や「因果応報＝神罰・仏罰」論などの仏教思想に基軸を置いたものであったことを見落とすことができない。「神国思想」が幕藩制成立期のイデオロギーとしてとりわけ重要な位置を占め、また重要な機能を果たしたのは主要には強力な武力を背景とする幕藩制権力自身に支えられてのことであって、(49)一神教として完成された独自の教義・価値観と理論体系を持つキリスト教及びキリシタンに対し、それらを持たない「神道」論がそれ自体ではほとんど有効に機能することがなかった。林羅山などの一部の儒者を除いて、幕藩制成立期における排耶論(50)の主要な担い手が基本的にはいずれも鈴木正三などの仏教者によって占められていたことからもこのことが知られよう。また儒学や「神道」思想が武家や支配層の中でそれなりに重要な位置を占め、大きな影響力を持っていたのは事実であるが、民衆統治という国家イデオロギーにとっての最重要の課題との関係からしても、仏教の担った基軸的な位置と役割を見落とすことができない[51]。すなわち、幕藩制国家イデオロギーの最も根幹をなす部分は幕藩制仏教と仏教思想によって担われ、キリシタンを一種の「仮想敵」として成り立つ幕藩制国家において、その宗教・イデオロギー構造の枠組みは幕末期に至るまで基本的に変わるところがなかったと考えられるのである[52]。

このことは、近世幕藩制国家の宗教統制が寺院・仏教を中心としたものであったこと、そしてそれが単に宗教統制にとどまらず、檀家制度や宗門改めとキリシタン禁制など、幕藩制国家による社会編成とイデオロギー統制の基軸をなしていたという、周知の事実によっても裏づけられるところである。幕藩制国家による宗教統制が寺院・仏教を中心としたものであったことに関しては、これを主として技術的な有効性の問題として捉える考え方もあるが[53]、以上に述べたように近世仏教が近世宗教の中にあって最も基軸的な位置を占め、また民衆統治と国家支配という点でも最も重要な位置を占めていたことにこそ問題の本質があったと考えるべきものであろう。近世仏教の持つ組織的・理論的な整備・体系性の優位性というのは、近世宗教や思想の中にあって近世仏教がその基軸的な位置を占めたことの一つの現れにほかならず、そうした本質に支えられているからこそ、技術的にも有効であったと考えられるからである。

以上の点と関わって、前節で検討を加えた吉田兼倶以後の「吉田神道」(以下、本章では、儀礼・教義体系としての「唯一神道」説に対し、それに理論的基礎を置く一個の宗教システムの全体、吉田家による全国の神社・神官を組織・掌握する体制を「吉田神道」と呼んで「唯一神道」説と区別することとしたい)が幕藩制国家の宗教構造や宗教政策の中にあって、いかなる位置と役割を担ったのかを、ここで簡単に整理しておくこととしよう。

さきにも述べたように、兼倶が「唯一神道」説を創出した狙いは中世顕密体制の解体の中にあって、それに代わる神社・神祇信仰中心の新たな宗教構造・体制を構築することにあり、それこそが「神国」日本に最もふさわしいあり方だというのがその主張の基軸をなすものであった。そしてこれを実現すべく、兼倶とそれ以後の吉田家当主は公武に対する働きかけと同時に、全国的な規模での神社・神官の組織化に向けて積極的な活動を展開した(54)のであった。しかしながら、こうした吉田家の主張は、そのままの形では徳川幕府の容れるところとならず、吉田家や「吉田神道」は重大な修正と転換を迫られることとなった。

その最も重要な論点は、①中世顕密体制の最も重要な特徴の一つであった宗教勢力の世俗権力に対する優位ないし対等の原則が否定され、幕藩制権力への屈服と従属を余儀なくされたこと、②さきにも述べたように、幕藩制国家の宗教政策の基軸が寺院・仏教に置かれていて、神社や神祇信仰はそれに対して副次的・従属的な位置に押しやられてしまったこと、この二点にある。そして、このうち第二の点を促した要因としては、差し当たり次の三つを指摘することができるであろう。

一つは、さきにも述べたように、仏教的な三国世界観[55]の上に立って独善的・観念的に「神国」日本の優位性を主張するその理論内容が、対キリシタンというこの時代の要請する最も重要な思想的・宗教的課題にほとんど有効に機能しえなかったこと、二つには、中世以来の歴史的伝統と蓄積の上に、神と仏とを一体的な関係において捉える「顕密主義[56]」が依然として宗教構造の基本をなしており、「唯一神道」の主張がこうした社会の実態とは合致しないものであったこと、そして三つには、宗教勢力による社会編成と組織化という点で仏教勢力が最も先行する位置にあり、世俗権力による宗教統制という面でも寺院・仏教を基軸に据えた宗教政策を展開することが幕藩制権力にとって最も適合的であったこと[57]、などである。

では、こうした幕藩制国家の成立とその宗教政策の展開の中にあって、「吉田神道」は兼倶が目指したところからどのように変化していったのであろうか。この点では、まずもって兼倶が意図した神社・神祇信仰や「吉田神道」を日本の国家・宗教の中核に位置づけるという道が完全に閉ざされたこと、そして仏教・寺院との機能分担を通じて儒学と同じく宗教として自立的に発展していく道を大きく制約されるに至ったこと、さらには寺院や仏教を中心とする宗教統制政策の中に副次的・従属的な形で組み込まれ、その結果、のちに「神祇宗」・「神道宗」などと呼ばれた[58]ように、仏教の一宗派に準ずる地位に甘んじざるをえなかったこと、などを指摘することができよう。兼倶が『名法要集』において示した「唯一神道」の理念や方向性と、幕藩体制下にあって現実に機能した「吉田神道」とは明確に区別して論じる必要があると考えられるのである。

さて、再び本論に戻って考察を進めよう。幕藩制成立期の十七世紀前半にあっては幕藩制国家のイデオロギーとして仏教が基軸的な位置を占めていたのは先述の通りであるが、しかしキリシタン禁制や「鎖国」体制の整備など、幕藩制国家体制が確立する十七世紀中頃以後になると、幕藩制国家のイデオロギー状況に明らかな変化が生まれてくる。それは、先述した成立期の幕藩制国家が直面していた政治的・思想的諸課題のうちの第二が後方に退き、第一の課題が前面に現れてきたことに対応するものであったということができる[59]。そのイデオロギー構造としては、幕藩制国家の基層ないし基底にあって、これを支える支配イデオロギーとして仏教が機能する一方、その仏教との対抗・緊張関係の上に立つ儒学と「神道」が国家イデオロギーの直接的で中心的な担い手として機能するあり方として捉えることができるであろう。

それは主に次の二つの側面から指摘することができる。その一つは、仏教が果たす宗教としての本来の機能に関わる側面であって、葬送儀礼を通じて、仮想敵＝キリシタンを封じ込める攘災機能の担い手、及び唯心弥陀論による民衆の救済や教化に主導的な位置を占めたことなどに、それが示されている。いま一つは、「神道」・儒学のそれぞれとの関わりであって、これについてはとくに次のことが重要であろう。[60]

まず「神道」と仏教との関係については、次の点を指摘することができよう。①それが中世以来の伝統の上に立つもので、仏教・仏教思想からの自立と独立は「神道」側の強い要求であって、その対立関係は排仏思想の展開とともに、いっそう強まっていった。②しかし、「神道」自体がもともと仏教思想に基づいて生まれたという歴史的経緯、及び「神道」の持つ世俗的性格というその限定された本質的特徴とも関わって、仏教・仏教思想からの自立は容易でなかった。③何より分離・独立が困難であった最大の理由は、さきにも述べたように近世における宗教構造が中世以来の寺院と神社とが機能を分担しつつ相互に補完し合う神仏混淆の構造（＝「顕密主義」）を持っており、幕府の宗教政策の基本が仏教に据えられていたこととも関わって、「吉田神道」の成立と発展にもかかわらず、基本的にその構造が克服されることはなかったことにある。[61]

次に儒学と仏教との関係については、次の点が重要であろう。①そもそも儒学、ことに宋以後の新儒学（朱子学）の構築した壮大な価値合理主義的な理論体系が、もとは仏教から摂取、換骨奪胎し、それを他界ではなく、現世（世俗社会）に即してまとめあげたという特徴を持っていて、いわば「同穴の狢」としての競合・対立関係にあった。(62) ②加えて、日本の儒学が中世には仏教（禅宗）の一部として存在し、その自立化を通じて近世儒学が成立したという経過をたどり、それが右の①とも結び合って、近世初頭にはとりわけ激しい排仏論の展開を通じて、儒学が自己の地位の向上と確立を図っていかなければならなかった。③しかし一方では、仏教・仏教思想との対決を通じて、日本的儒学としての自己形成を進めていく、そうした一種の共存関係にもあり、それはとくに儒学の地位が安定化した近世中期以後、経世論的な排仏論を除けば、一種の住み分けという形で定着していった。(63)

このように、「神道」・儒学と仏教とは、それぞれ相互に鋭い対立関係をはらみながら、しかし同時に「神道」・儒学ともに仏教を前提とし、それとの対抗・緊張関係の中でこそ十分に機能するという共存関係にもあったと考えられるのである。幕藩制国家体制の確立期以後における国家イデオロギーの中心は、仏教との対抗・緊張関係の上に立つ儒学と「神道」とであり、それはまさに「鎖国」体制の上に立って世俗権力としての安定性を増した幕藩制権力の歴史的性格に対応するものであったということができるであろう。

ところで、この「神道」と儒学の関係については、これを「神仏習合」に倣って「神儒習合」などと呼ぶ考えもあるが[64]、さきの「三教一致」論の場合と同様、その対立と連携の歴史具体的な内容こそが問題とされなければならないという点で、やはり問題があるとしなければならないであろう。以下の考察の便宜のため、予め両者の関係を整理すれば、およそ次のようにまとめることができよう。

「神道」と儒学との関係は、①ともに現世の世俗社会に視点を据えて理論構築を図るという共通の特徴を持っており、とくに国学が登場する以前の近世前期の両者は、「神道」が「矛盾を感じることなく、儒学の用語や力を借りて自己形成」を進める一方、「儒学の方もまた神道を自己の領分と考え」るという、緊密で一体的な関係にあった[65]、②近世初頭の「神道」と儒学は、ともに仏教・仏教思想からの自立と自己の地位の確立という、緊急を要するそれぞれの利害と思惑の絡まり合いの中で、排仏論を媒介としていっそう強く相互に支え合う一種の同盟・共闘関係を構築していた、③しかし、そうであるからこそ「神道」側における儒学思想を取り込んだ理論的自己形成と、儒学側における地位の安定・確立にともなって、やがて両者は鋭く対立せざるをえず、とくにそれは「神道」側からの、排仏論と併せた激しい儒学非難（外来思想としての）として展開されることとなった、などの点を指摘することができるであろう。

2　儒学・「神道」思想の歴史的展開と「神道」概念の変容

前項での検討を踏まえて、ここでは近世社会を通じて「神道」概念がどのように展開していったのか、そしてその中にあっていつ、どのようにして「神道」の「宗教」化が進められたのか、その内容はいかなるものであったのかなどについて考える。

前項での検討から、この問題は「神道」と儒学との関わり方の変化に視点を据えて考察を進める必要のあることが指摘できる。そのために、まず近世儒学がどのような過程をたどっていったのかを概観することから始める。これまでの研究によって明らかにされてきたところ(66)を図式的に整理すると、それはおよそ次の三つの画期、ないし段階に区分することができるであろう。

Ⅰ．自立的な日本的儒学の成立…藤原惺窩・林羅山

Ⅱ．厳密な考証に基づく、本格的な儒学（朱子学）の成立…山崎闇斎とその学派

Ⅲ．儒学（朱子学）への批判と古学の提唱を通じて、政治（「先王の道」＝「礼楽刑政」）と道徳の分離による、政治と学問・思想の新たな展開への道を開く…荻生徂徠とその学派

問題は、こうした儒学の変化・発展にともなって儒学と「神道」との関係、あるいは

「神道」概念がどのように変化していったのかということにある。まず第Ⅰ期について見ると、次のような特徴を指摘することができよう。その第一は、林羅山自身の言葉「儒道ノ中ニ神道ヲ兼タリ」（『神道伝授』五九「雄元雌元[67]」）に示されているように、日本の近世儒学そのものが「神道」との統一と連携の中で成立し、それが「神儒一致」論に基づく近世「儒家神道」の成立でもあった、ということである。第二に、近世儒者として初めて本格的に「神道」を論じた林羅山[68]によって新たな「神道」概念が提起されたこと。その内容は、周知のように「（神武以来代々）帝王御一人シロシメス神道（＝王道）」としての「理当心地神道」と、「社家禰宜・神主・祝部輩、祭礼神事時ニ社内ヲ掃除シ、或ハ祓・祝詞・宣命ナド読上ル事ノ役人」が務める「卜祝随役神道」（ともに『神道伝授』一八「神道奥儀[69]」）とを明確に分け、前者こそが真実の「神道」だとする点にあった。兼倶には、前節で検討したように二つの異なる「神道」概念の使用が認められ、アマノコヤネから代々受け継いできた「神祇道」としての「神道」こそがその基本をなすものであったが、羅山は兼倶のいうこの「唯一宗源（神道）」を、「是ハ神代ノ神道、日本ノ古風ニテ異国ノ事ヲ不レ交」（『神道伝授』一七「神道三流[70]」）とした上で、しかしこれは「道」としての教えではないとして拒否し、それに代わるものとして新たに「理当心地神道」を提唱したのであった。以上のことから第三に、兼倶によって飛躍と転換を遂げた「神道」概念が再び大きく軌道修正され、この「儒家神道」としての羅山の「神道」論がその後の近世思想界での議論に決定的ともいってよい大きな影響と方向性とを与えるに至った、ということである。

一般に羅山の「神道」論は吉田兼倶から学んで形成されたものであり、兼倶が提起した「唯一神道」説を受け継ぎ発展させたものだと考えられている。[71] 確かに自律的な理論体系としての「神道」論を継承したという点においてはその通りであるが、しかしそれは形式的な側面に過ぎないのであって、内容的には明確にこれを拒否し、あるいはその否定の上に独自の新たな「神道」論を生み出していったと考えなければならない。[72] すなわち、羅山は兼倶の「唯一神道」論を継承したのではなく（むしろこれを拒否し）、兼倶が中世「神道」論の総括を通して到達したいま一つの、しかし兼倶にとっては副次的な位置を占めるに過ぎなかった国家的イデオロギーとしての「神道」論を「道の教」という独自の観点から再構成することを通して、羅山自身のいう本迹縁起・両部・唯一に代わる第四の、新たな「神道」概念を創出したのであった。そしてそこでは、兼倶や吉田家のいう「神祇道」としての「神道」が「俗神道」として切り捨てられる一方、以後の思想界にあっては「神道」論が専らこの儒学思想に基づく世俗的な将軍や天皇の統治権に関わる問題として議論されていくこととなったのである。[73] もちろん現実には、これとは別に、その後も引き続き吉田家が「神道裁許状」や「宗源宣旨」の発給などを通じて、神社祭祀（＝神祇道）を

「神道」と唱え続けたのはいうまでもない。

これを中世「神道」論との関係でいえば、ともに天皇神話に基軸を置きながらも、そこで活躍する神々やそのありようとそれについての思想的解釈という極めて抽象的で観念的なものから、世俗的で現実的な政治や神社祭祀の次元の概念へと大きく転換したところに、中世とは異なる近世「神道」論の特徴を指摘することができ、しかもそれが天皇や将軍の統治権と神社祭祀（神祇道）という、二つの相異なる自律的な概念の対立・競合関係として展開していくこととなったのが近世社会であったということになろう。

ところで、惺窩・羅山を経て、儒学がそれなりに定着してくる十七世紀中頃には、例えば中江藤樹が「国所、世界の差別いろ〳〵様々ありといへ共、本来みな大虚神道のうちに開闢したる国土なれば、神道は十方世界みなひとつなり。しかるによりて国隔りぬればことば風俗はかはるといへども、その心のくらゐは本来同一体の神道なるによりて、唐土も天竺も我朝も、またその外あるとあらゆる国土のうち、毛頭ちがふことなし」（『翁問答』[74]下巻之末）、同じく蕃山が「天地の神道は唐日本共にかはりなし、儒通（道）のをしへ神道のつたへとて別々に思ふは道を知らざるものゝ言也」（『神道大義』[75]）、あるいは度会延佳が「日本の神聖の跡、唐の聖人の書に符を合せたる事は、いかゞと思ふべけれど、天地自然の道のかの国この国ちがひなき、是ぞ神道なるべき」（『陽復記』上[76]）などと述べているように、普遍的な理念としての「神道」概念が登場する。すなわち十七世紀中頃以後の日本では、中国・日本などを含めた普遍的な概念としての「神道」と、その日本での現れとしての天皇神話に基礎を置く日本の「神道」、及び本来の「神道」とはみなされない「俗神道」（吉田家のいう神社祭祀＝神祇道と、さらにその吉田家から「俗神道」とされる一般の神社祭祀）という、三つ（ないし四つ）の「神道」概念が出揃うこととなったのである。

次に第Ⅱ期について見ると、まず第一に、十七世紀中頃以後に活躍した山崎闇斎とその子弟たち（闇斎学派）の特徴は、その内部が崎門派と垂加派とに分かれたように、その「神道」理解も大きく二つに分裂したことにある。「垂加神道」と称される、闇斎が提唱しその門弟たち（垂加派）によって発展させられた学説は、日本の「神道」と普遍的な「神道」とを明確に区別・分離し、日本固有の「神道」を「現人神」天皇への絶対的忠誠とそれに対する死後の救済（この教説を伝授された者だけが、祭神として「八百万の神の下座に列なる」）を説くもので[77]、それは時処位論や水土論などを通じて展開された日本中心主義の一つの到達点を示す「神道」論であったと評価することができる[78]。

こうした学説の登場は、いわゆる「華夷変態」を契機として大きく展開を遂げた日本と中国との国際関係についての認識の変化（「礼・文中華主義」から「日本型華夷思想」、さらに十八世紀前半には「日本中華主義」へ）[79]、及び幕藩体制の安定化にともなう新たな日本的アイデンティティー獲得の要求に対応するものであったと考えられる。但し、その学説の実態は儒学（朱子学）の理論と言葉によって天皇神話を読み解いたものにほかならず、儒学的「神道」論としての基本的特徴を持っていた。これに対し崎門派の人々は、佐藤直方に代表されるように、こうした日本中心主義を厳しく批判し専ら普遍的「神道」概念のみを強調した。

　第Ⅲ期については、とくに次の点が重要であろう。まず第一に、十八世紀前半に活躍した荻生徂徠とその弟子たち（徂徠学）に特徴的なのは、古文辞学的な立場からそれまでの儒学（朱子学）やその上に立つ垂加派の学説を批判し、経世学の構築・発展と「神道」概念再検討への道を開いたことである。こうした動向は、商品流通の発展と幕藩財政の危機など、幕藩制国家が享保改革を通じてその解決に当たらなければならなかった政治・経済・社会構造の変化に対応するものであったといえよう。第二に、「神道」概念の再検討という点で注目されるのは、六国史などの古文献についての実証的な検討を踏まえて、徂徠が「神道ト云コトハ、卜部兼倶ガ作レルコトニテ、上代ニ其沙汰ナキコトナリ」（『太平策』[80]）と指摘し、太宰春台がこれをさらに発展させて、次のように指摘したことである。

　凡今の人神道を我国の道と思ひ、儒仏道とならべて是一つの道と心得候事、大なる謬にて候。神道は本聖人の道の中に有レ之候、周易に観二天之神道一而四時不レ忒、聖人以㆓神道㆒設㆑教而天下服矣と有㆑之、神道といふこと始て此文に見え候。…然れば神道は実は聖人の道の中に籠り居り候。聖人の道の外に神道とて一つの道あるにてなく候。今の世に神道と申候は、仏法に儒者の道を加入して建立したる物にて候。此建立は真言宗の仏法渡りて後の事と見え候。吉田家の先代卜部兼倶より世に弘まり候と見え候。兼倶は神職の家にて仏道に種種の事あるを見て羨しく思ひ、本朝の巫祝の道の浅まなるを媿ぢて、七八分の仏法に二三分の儒道を配剤して一種の道を造り出し候。いはゆる牽強付会と申物にて候。（『弁道書』[81]）

この春台の指摘は、十七世紀中頃に登場し、その後一般化した普遍的な「神道」概念を、佐藤直方[82]（「宇宙之間一理而已。固不㆑容㆑有㆓二道㆒矣。儒道正。則神道邪。神道正。則儒道邪」、『韞蔵録』二）などと同じく、唯一のものとする立場から論じたものであるが[83]、重要なのはこれを一般論として論じるにとどまらず、さらに踏み込んで、垂加派などのいう日本の「神道」が吉田兼倶の牽強付会によって生まれたものにほかならず、実際にあるのは「巫祝の道」（「俗神道」としての神社祭祀、すなわち吉田家のいう「神祇道」としての「神道」）だけだと言い切ったことにある。

　ところで、徂徠についていま一つ注目しておく必要があるのは、「聖人の道」の絶対性とそれへの服従を説くことによって、幕藩体制の立て直しを図る立場から、春台などとは違って神秘的・非合理主義的傾向を強め、日本社会に固有な伝統としての天皇に「聖人＝先王の道」の具現化を見ようとしたことである。(84) こうした動向は、吉見幸和や度会延佳を初めとする日本中心主義・天皇中心主義的思考と軌を一にするものであり、そうした立場から「吉田神道」に対しても厳しい批判が展開されることとなった。この点については、のちほど改めて考えてみることとしたい。

さて、日本「神道」の大成者と評される本居宣長が登場してきたのは、以上に述べたような状況を踏まえてのことであった。これをいま一度整理すると、次のようになろう。

一、幕藩体制の確立と並行しながら定着・発展を遂げた儒学は、闇斎学（崎門派）や徂徠学によって理論的にも整備され、とくに太宰春台の登場により、その儒教的合理主義と普遍的「神道」概念に基づいて、日本「神道」の存在そのものが根底から否定される危機に直面した。

二、一方、国際関係の変化や幕藩体制の定着にともなって、「日本中華主義」などと呼ばれる日本中心主義的思考が強まり、垂加派を中心として儒学思想や理論に基づきながらも、日本固有の道としての天皇中心主義的な「神道」理論が発展した。またこの間、「吉田神道」への批判などを通じて「神道」の仏教思想からの自立化も大きく前進した。

三、徂徠学の登場による儒学（朱子学）への批判と、他方における日本中心主義的思考の高まりの中で、日本の古典への再評価と儒学・仏教などの外来思想そのものへの批判が強まり、これらを「自然」の視点を梃子としつつ統合する形で新しく「国学」が登場し[85]、「神道」概念転換への新たな展望が開かれた。

宣長は、こうした相矛盾する歴史的諸条件のうち、主に二と三に支えられながら一との全面的な対決（同時にそれは二の儒学思想に対する批判をも含む）を通じて自らの理論と学説を構築していったのであった。宣長の主著の一つとされる『直毘霊』が太宰春台の『弁道書』に対する反論書として執筆され[86]、主著『古事記伝』の総括（序文）として出版されたという経緯の中に、宣長の学説の特徴が最も端的な形で表現されていると考えることができる。

この宣長の「神道」論の特徴として、とくに重要なのは次の三点であろう[87]。まず第一に、宣長のいう「神道」は、日本にのみ固有の「神の道」（＝「皇祖神の始め賜ひたもち賜ふ道」）として位置づけられていること。そしてこの「道」は、現実には「大御国の古の大御てぶり」（ともに『直毘霊』[88]）、すなわち日本の社会に固有の習俗としての生活規範という形で存在しているとされ、それには本来「道」という名称がなかったが、外国の書籍が渡来して以後、外国のそれと区別するために「神の道」と名づけたものだとされる。こうした「神道」や「道」の捉え方は徂徠学、とりわけ春台のいう日本には古来「道」＝「神道」の概念は存在しなかったとする主張を、同じく徂徠学のいう「道」（普遍的な「神道」）は乱れた国を治めるために聖人が人為的に作り出したものだとする見解に引き付け、それを逆手にとった詭弁というべきものであった。第二に、宣長は、こうした主張を支える方法として、「人事を以て神代を議る」こと（「漢意〈からごころ〉」＝理論的で合理的な神代の解釈）を否定、転倒させ、「神代を以て人事を知」る（ともに『古事記伝』七）[89]ことの必要性を強調したこと。それを具体化したのが、「漢意」に基づく神代の解釈を支えてきたとされる『日本書紀』に代わって、神々の事跡を伝承として直接伝えるとされる『古事記』に対する文献学的注釈作業で、その集大成が『古事記伝』であった。第三に、上述のように、宣長は日本の習俗や民俗への関心を示しながらも、「神道」論の内容としては『古事記』などの天皇神話の理解に関わる部分に限られていたことである。

宣長のこの作業と問題提起は、歴史的に極めて重要な意味を持ち、その後の社会にとりわけ深刻で大きな影響を与えることとなった。その主な論点として次の四つを指摘することができるであろう。一つには、詭弁的な手法によるとはいえ、「漢意」排除の論理によって儒学や仏教思想などの外来思想からの日本「神道」の自立が一挙に実現されたことである。これは、儒学思想によって理論的に成長・発展を遂げた「神道」がその換骨奪胎を通じて、日本「神道」として一つの理論的達成と自立とを遂げたことを示すものということができよう。二つには、このように文字通り「日本の道」としての「神道」が成立したのにともなって、この国学的「神道」論がこれ以後における国家イデオロギーの一つの中心的位置を占めるに至ったことである。三つには、生活規範というその「神道」理論の内容から、日本の習俗や民俗に対する関心が高まると同時に、それらと天皇神話とを繋ぐ新たな道が開かれたことが指摘できる。最後に四つとして、これまで一貫して古代天皇神話理解の最も中心的な位置を占めてきた『日本書紀』に代わって、以後『古事記』がこれと並ぶ、あるいはより以上に重要な位置を占めるようになったことである。「記紀神話」がここに成立したことについては、神野志隆光氏が繰り返し指摘してきたところである。[90]

宣長の跡を受けて、その「神道」論をさらに大きく展開させたのは周知のように平田篤胤である。篤胤は宣長の提起した「神道」理論を受け継ぎ、またその理論的・歴史的到達点を踏まえることによって、宣長とは異なる方向へと「神道」論を導いた。宣長との対比を念頭に置いて篤胤の「神道」論の主要な特徴を挙げれば、およそ次のようになるであろう。[91]

まず第一に、宣長が『古事記』の注釈的活動に力点を置いたのに対し、篤胤はむしろその研究成果を講説活動や口語体話法などを用いて広く一般民衆や社会に伝えることに意を注いだ。第二に、宣長の場合には抽象的な関連づけにとどまった天皇神話と民俗世界との結合を、意識的かつ本格的に推し進め、そこに独自の理論を打ち立てた。そしてそのために、篤胤が『仙境異聞』[92]などの著述を通じて民俗的世界の積極的な吸収と掌握に努めたことは周知のところである。第三に、宣長の場合、「安心なき安心」として死後の世界にまったく触れるところがなかったのに対し、篤胤は霊魂の救済という観点から、死後の世界のあり方についても踏み込んだ考察を加えた。第四に、宣長は「漢意」批判ということから、専ら儒学や仏教思想など外来思想の排除に力点を置いた（もちろんそれは形式だけのことであって、その思想内容が儒学的「神道」論であったことは改めて指摘するまでもない）のに対し、篤胤はキリスト教の教義などの外来思想をも積極的に受け止め[93]、むしろこれらを消化・援用する形で自らの「神道」理論や世界観の構築に努めた。

以上に述べた両者の違いは、具体的には天皇神話の理解をめぐる認識の違いという形で示されており[94]、主に次の点が指摘できるであろう。①宣長は顕界と幽界とをともに現世として捉えたのに対し、篤胤は顕界を現世（此岸）、幽冥界を来世（彼岸）として明確に区別し、顕幽二元的世界像を構築した。篤胤のいう幽冥界とは、オオクニヌシが主宰する世界で、死後の霊魂がそこに赴いてオオクニヌシに仕え、現世の類縁者に幸せをもたらしつつ鎮まるところだという。②右のことは神統譜の構成の違いとしても示されている。篤胤は宣長とは違って、イザナギ—アマテラス—天皇という現世に連なる神統譜と、イザナミ—スサノヲ—オオクニヌシという幽世に連なる神統譜、この両者が最終的に宇宙の主宰者たる「産霊大神」によって統合される、そうした両界の統一として世界を捉えている。③右のことから、宣長と違って篤胤は現世を「寓世（かりのよ）」、来世を「本世（もとつよ）」と捉えていて、人間の「生」を現世のみのものとはせず、死後も神として永遠に子孫の生活を守り続けるものと考えている。④篤胤は、宣長が悪神として捉えた「禍津日神」を本質的には善神（スサノヲの荒魂）だとする。こうした篤胤の捉え方は、人間の倫理的行為の根拠を心の内に前提する儒教的道徳論の援用にほかならないといえるであろう。

また宣長の場合、儒学を中心とした「漢意」批判に中心が置かれていたのに対し、篤胤の場合は「俗神道」批判という形で、「唯一神道」説から垂加派に至る従来の「神道」論に対する批判に重点が置かれており、そこでの「俗神道」はこれまでの神社祭祀（篤胤はこれを「神事」として「神道」と区別する）と違って、仏教や儒教などの外来思想から強い影響を受けた中世ないし近世初頭以来の伝統の上に立つ「神道」諸説一般を指していた。

以上のような篤胤の「神道」論の展開は、十八世紀末・十九世紀初頭という幕藩制支配体制の矛盾が激化し、民衆がそこからの解放を求めてさまざまな形で民衆運動を展開、またそうした中で民衆宗教が大きく発展する状況を踏まえて進められたものであった。篤胤の活動は基本的には宣長によって提起された問題を受け止め、発展させるという、いわば「学問内的」な動機に裏づけられたもので、民衆の要求に直接応えることを目的としたものではなかったが、客観的には時代の状況が篤胤に反映し、篤胤学を規定していくことになったと考えられる。

そうした観点に立って、篤胤が果たした歴史的な意義や役割を考えると、およそ次の三点を指摘することができるであろう。まず第一に、最も重要なことは、篤胤が霊魂の救済論を展開したことにより、「神道」が明確に宗教思想としての特徴を持つに至ったことである。これは、宣長によって儒学や仏教思想などからの「自立」化を達成した「神道」が、さらに仏教に代わる新たな日本的「宗教」としての相貌をもって登場してきたことを意味するものと評価することができよう。第二に、そこでは、天皇神話と民俗的な世界との直接的な結合を通じて、民俗的世界に基盤を置く「神道」という、従来にはなかったまったく新しいスタイルの「神道」論構築の方向性が示されており[95]、知識人層のみが共有する観念的な理論と異なり、一般民衆をも巻き込んだ全社会的な規模での宗教思想として機能するに至ったことが注目される。第三に、しかし一方では神社祭祀を「神事」として切り捨てたことにより、「吉田神道」のいう「神道」（＝神祇道）との関連や、神社祭祀そのものとの関係が不明確なままに置かれ、あるいは矛盾するという新たな問題を提起することにもなったということになろう。

第三節　近世の「吉田神道」と「吉田神道」批判

1　近世初期における「吉田神道」の変質——体制的宗教としての「吉田神道」の成立

以上、本章において明らかにしようとしたことは、中世末・戦国期の吉田兼倶に始まった「神道」の「宗教」化が、さまざまな紆余曲折を経ながら、近世中期の本居宣長及び近世後期の平田篤胤に至って一つの到達点に達した（吉田兼倶を「神道」の「宗教」化の第一段階とすれば、宣長から篤胤はその第二段階ということができよう）ということであり、その具体的な内容として重要なことの一つは、仏教思想との対決の中で発展を遂げた日本の儒学を、さらに換骨奪胎することによって自律的な「神道」論が打ち立てられたこと、二つにはその理論的到達点の上に、民俗的世界との結合を通じて「神道」が仏教に代わる新たな日本的「宗教」の相貌を持つに至ったことである。

しかし「神道」の「宗教」化という場合、実際には二つの異なる方向で進められたものであったことを見落とすことができない。上記のいわば儒学的「神道」とは別に、いま一つ吉田兼倶によって提起された「神祇道」としての「神道」があり、それは近世を通じて独自の発展を遂げていったのであって、この両者がどのような形で接合されていくのかは、なお今後に残された大きな問題であった。そうだとすれば、この接合について考えるためにも、近世を通じて「吉田神道」がいかなる位置を占め、またどのように推移していったのかを明確にしておくことが改めて重要な問題として浮かび上がってくる。そこで、以下この点について考えてみることとしたい。

すでに前節において、「吉田神道」が中世から近世への移行、すなわち幕藩制国家の成立と寺院・仏教を中心とする幕藩制的な宗教構造の成立にともなって、その体制の中に従属的に組み込まれ、変質を余儀なくされたことを指摘しておいたが、そうした変質は対幕藩制権力・国家という次元にとどまらず、これと並行しながら別の側面においても進行していった。その主な点を挙げれば、およそ次のようになろう。

まず第一は、吉田家・吉田神社による全国の神社・神官の組織・掌握化の動きに対し、旧二十二社・一宮クラスの有力神社を中心としてこれへの鋭い批判と反対が提起、展開されたことである。その最も早い事例としてよく知られているのは、密奏事件に関わる伊勢神宮からの吉田家批判。文明十八年（一四八六）に兵火に罹って焼失した豊受大神宮など伊勢両宮の神器が、延徳元年（一四八九）十月に吉田社の斎場所に降臨したとして兼倶が後土御門天皇に上奏、翌月天皇がこれを閲覧、間違いのない本物だとの宣旨を与えたところから、伊勢神宮が激しくこれに反発・抗議したというものである[96]。この事件では、結局のところ伊勢神宮の主張を押さえ込む形で吉田家の公的・国家的な地位、すなわち吉田社大元宮を中心として吉田（卜部）家が全国の神社・神官を組織・掌握していく方向性が確認され、これによって「吉田神道」が一個の宗教システムとして体制的に確立されることとなったのであるが、しかし同時に伊勢神宮などの国家的な位置を占める有力神社は最初から吉田家・吉田神社の支配と統制の外に置くという、いま一つの原則を成立させることにもなった。徳川幕府の神社政策の基本をなすものとして、寛文五年（一六六五）七月に寺院法度と合わせ発せられた神社条目（いわゆる諸社禰宜神主法度）の第二条で、社家が位階を受ける場合、従来から朝廷に執奏する公家（神社伝奏）がある場合はこれまで通りにする、と定められたのがそれである。この条文において、幕府が念頭に置いていたのは具体的には旧二十二社であったが[97]、杵築大社を初めとする旧一宮クラスの有力神社からも鋭い異議申し立てが出されたところから、最終的には特定の執奏家を持たない社家の場合も、すべて白川家を始めとする吉田家以外の公家からの執奏が認められることとなったのであった[98]。

ところで、ここで問題となっているのは、一見したところ位階をめぐる天皇・朝廷への執奏というごく限られた問題であるかのように見えるが、実はそうではなく、吉田家や吉田神社の支配と統制、すなわち「吉田神道」に服さないという、吉田家にとっては極めて深刻、かつ重要な意味を持つものであった。そのことの意味をいま少し明確にするため、ここで出雲国杵築大社の場合を例に取って考えてみることとしよう。

これまでに史料的に確認されたところでは、吉田家の支配が出雲国に及んだことが確認できる最初は文禄三年（一五九四）で、秋鹿郡足高大明神の神主家原氏に対して次のような神道裁許状が発せられている。(99)

雲州秋鹿郡大野庄足高大明神祠官家原大宮司秀勝、神事参勤之時、可レ着ニ風折烏帽子・狩衣一者、神道裁許之状如レ件、

文禄三年二月廿一日

神道長上卜部朝臣（花押）(100)

この文書は、兼倶以来数多く発給されたと考えられる神道裁許状のごく一般的な一例であるが、注目されるのはこれからしばらく経った元和四年（一六一八）を史料初見として、ほぼ同様の形式と文言を持つ、次のような裁許状が杵築大社国造から出されていることである。

雲州嶋根郡末次之内奥谷村産雅大明神之祠官井上左近大夫藤原正清、神事参勤之時者、

出　典	刊本など	備　考
揖夜神社井上家文書	出雲意宇六社文書 p. 985	正清は嶋根郡末次の奥谷村産雅大明神の祠官
比布智神社文書		正重は神門郡古志郷蘆渡春日大明神・保知石鑰取大明神両社の祠官
比布智神社文書		正重は神門郡古志郷保知石鑰取大明神・春日大明神両社の祠官
遠藤春夫家文書		重家は意宇郡来海郷大森大明神の祠官、同日付の写本あり
遠藤春夫家文書		宗重は意宇郡下来海村山王権現の祠官
遠藤春夫家文書		宗重は意宇郡下来海庄山王権現の祠官
比布智神社文書		芳重は神門郡古志郷芦渡村保知石鑰取大明神・春日大明神両社の祠官
比布智神社文書		芳重は神門郡芦渡村保知石大明神・鑰取大明神両社の祠官
遠藤春夫家文書		宗重は意宇郡来海山王権現の祠官
吉岡幣頭家文書	八束郡誌・文書篇 p. 553	元綱は秋鹿郡佐太神社庁幣司
吉岡幣頭家文書	八束郡誌・文書篇 p. 553	元綱は秋鹿郡佐太神社庁幣司
吉岡幣頭家文書	八束郡誌・文書篇 p. 553	吉次は秋鹿郡古曽石村白髭明神・六所明神・大森明神、3杜の祠官
吉岡幣頭家文書	八束郡誌・文書篇 p. 553	吉次は秋鹿郡古曽石村白髭明神・六所明神・大森明神、3杜の祠官
稲原家文書	八束郡誌・文書篇 p. 421	秀正は意宇郡津田村鷹日大明神の祠官
比布智神社文書		忠重は神門郡古志村比布智杜・芦渡村春日大明神・大嶋村伊勢宮三所の祠官
比布智神社文書		忠重は神門郡古志村比布智杜・芦渡村春日大明神・大嶋村伊勢宮三所の祠官
玉湯八幡宮文書	八束郡誌・文書篇 p. 445	繁利は意宇郡玉湯町八幡宮の祠官・幣司

出雲国造発給「神道裁許状」一覧

NO	年月日	発給者	宛名	内容
1	1618(元和4)5.20	出雲国造北島広孝	井上左近大夫藤原正清	風折烏帽子・紗狩衣の着用
2	1625(寛永2)9.13	出雲国造千家尊能	春日大和守正重	風折烏帽子・紗狩衣の着用
3	1625(寛永2)9.13	出雲国造北島広孝	春日大和守正重	風折烏帽子・紗狩衣の着用
4	1661(万治2)9.	国造出雲(千家)尊能	川瀬主水藤原重家	風折烏帽子・狩衣の着用
5	1662(寛文2)8.	国造出雲(千家)尊光	遠藤主膳橘宗重	風折烏帽子・狩衣の着用
6	1662(寛文2)8.	国造出雲(北島)恒孝	遠藤主膳橘宗重	風折烏帽子・狩衣の着用
7	1664(寛文4)9.	国造出雲(北島)恒孝	春日主水藤原芳重	風折烏帽子・狩衣の着用
8	1664(寛文4)9.	国造出雲(千家)尊光	春日主水藤原芳重	風折烏帽子・狩衣の着用
9	1666(寛文6)9.	国造出雲(千家)尊光	遠藤主膳橘宗重	木綿・襷の着用
10	1668(寛文8)8.	国造出雲(北島)恒孝	吉岡伊豆藤原元綱	風折烏帽子・狩衣の着用
11	1668(寛文8)8.	国造出雲(千家)尊光	吉岡伊豆藤原元綱	風折烏帽子・狩衣の着用
12	1676(延宝4)8.17	国造出雲(北島)恒孝	吉清刑部藤原吉次	風折烏帽子・狩衣の着用
13	1676(延宝4)8.17	国造出雲(千家)尊光	吉清刑部藤原吉次	風折烏帽子・狩衣の着用
14	1679(延宝7)10.28	国造出雲(千家)兼孝	海原丹後秀正	烏帽子・狩衣の着用
15	1688(貞享5)6.19	惣検校国造出雲(千家)兼孝	左近春日忠重	風折烏帽子・狩衣の着用
16	1688(貞享5)6.19	惣検校国造出雲(北島)直治	左近春日忠重	風折烏帽子・狩衣の着用
17	1691(元禄4)8.16	惣検校国造出雲(千家)兼孝出雲(北島)直治	遠藤数馬藤原繁利	風折烏帽子・狩衣の着用

可レ着二風折烏帽子・狩衣一也、右裁許状如レ件、

元和四年五月廿日

出雲国造北嶋広孝（花押）[101]

同じくこれまでに確認できたところでは、杵築大社国造が発給した裁許状は元禄四年（一六九一）までの計十七通を数え（別表参照）、千家・北島の両国造家からそれぞれ同日付で同一文言の裁許状を発給するというのが原則となっていたようである[102]。さて、ここで問題となるのは、この元和～元禄年間の杵築大社国造による裁許状発行とはいったい何であったのか、そのことにいかなる歴史的な意味があったのかということである。史料調査が未だ万全といえない現状において、裁許状の発行がこの約七十年余に限られていたと言い切れるかどうか若干の不安がないでもないが、少なくとも現状では元禄年間以後に発給された痕跡がまったく認められない[103]ことを踏まえ、考察を進めることとしたい。

まず両国造家による裁許状の発行であるが、その形式や文言の顕著な類似性、あるいは時期的にも吉田家よりかなり遅れて登場することなどから考えて、これが吉田家のそれに倣い、吉田家に対抗する形で作成され、発給されたものであったことはまず間違いのないところであろう。では、両国造家はいったい何のためにこうした裁許状を発行したのか、またそこにどのような意味があったのか。結論的にいってとくに注目しておく必要がある

のは、①中世末から近世初頭にかけて、「吉田神道」が出雲国内に直接的な影響を及ぼしてくる中、これに触発された大社両国造が吉田家への対抗を通じて自らの新たな再生を図っていったこと、②これにともなって中世の国一宮制もまた新たな形で復活・再生していったと考えられること、この二点である。

他の諸国の場合と同様、太閤検地（出雲の場合はそれに準ずる天正末年の惣国検地）による社領の大幅な削減などによって中世一宮制に最終的な終止符が打たれた杵築大社では、神社祭祀の停廃や多数の神官の離脱と流浪などの体制的な危機に直面する中[104]、新たな形での再生に努めなければならなかった。杵築大社の場合、それは中世の祭神スサノヲから古代のオオナムチ（オオクニヌシ）への転換・復帰に象徴されるように、中世的な伝統の否定と古代への回帰という形を取って進められていった。次に掲げた三つの史料は、その間の経過の一端を比較的よく示していると考えられるものである。

ア．当職（杵築大社国造…井上）者、以㆓天照太神㆒為㆓元祖㆒、大国主命以降、天穂日命得㆑嘗、依㆑之自㆓神代㆒到㆓人代㆒、神水者不㆑受㆓他生㆒、神火者不㆑差㆓一日㆒、以㆑此不生不滅神道云云、神秘云云、数㆓重代㆒皆号㆓大社垂跡㆒、以㆓神命㆒為㆓此職㆒、

イ．大社之儀、天孫此国かうりん、是ひとへに蘆原中津国を大己貴命ふよなり、次ニ国造之元天穂日命、日神之勅命にまかす、次ニ大国主命三つのやさかにをおい、な

かくかくれき、是則天穂日命祭祀ヲつかさとるゆへ也、如レ此之神道之子細、武家之裁許をうけかたきに付而言上候所也、…於二天下一神道之儀言上之上者、神風無二相違一之旨、吉田なとへ被二仰付一、双方之申所被二聞召一候ハヽ、神道相違有間敷候哉、内証ニ付而、私之子細申迄に候、為二神慮一神道すたれさるやうにと存候、

ウ．神代ニ大己貴命へ天照太神いましかまつりことをつかさとらんハ天穂日命是也、如レ此勅ヲうけ、穂日命より以来、神火神水を以、神慮一躰と号ス、此故於二大社之神道一者ほんしやくゑんきの神道とス、ことのもと是なり、

この三つの史料はいずれも一連のもので、（ア）は寛永六年（一六二九）五月二十三日国造北島広孝目安解状案[105]、（イ）は寛永十一年（一六三四）と推定される年未詳九月二十一日岡訴状案[106]、同じく（ウ）も寛永十五年（一六三八）五月以後と推定される年月日未詳同訴状案[107]のそれぞれ一部である。これらの文書は、寛永元年（一六二四）八月十四日に没した国造千家元勝の跡を受けて同二十三日に国造に就任した千家尊能が、十日間に及ぶ物忌を経て神火を継いだのは不当だとして、国造北島広孝が再三松江藩及び関白一条兼遐に訴え出た際のもので、その宛先はそれぞれ（ア）が松江藩主堀尾氏、（イ）が関白一条兼遐、そして（ウ）が堀尾氏とその跡を受けた京極氏に代わって寛永十五年に松江藩主となった松平氏であった。国造北島広孝が度々上洛までして関白に訴え出た[108]のは、もちろん直接的

には千家国造職継承の不当性を訴えることにあった（あわよくばこれを機に国造職を北島氏の手に一元化する狙いもあったと推測される）が、実際のところ千家国造方からはとくに反論が提示された痕跡が認められず、また両国造の間にこののちそれほどの鋭い対立関係も認められないこと、及び（イ）の傍線部の内容などからするならば、むしろこれを一つの口実（手掛かり）として杵築大社の由緒や歴史的伝統を時の関白（＝朝廷）、さらには幕府・藩に認めさせることにこそ真の狙いがあったと考えるべきものであろう。近世杵築大社の社領がいずれも松江藩の承認によるいわゆる黒印領であって朱印領ではなかったこと、あるいは松江藩主宛の文書（ア・ウ）がともに関白への上訴を伝え、ないしそれを前提とする連絡であったことなどからも、これを推測することができる。

さて、問題はこれらの訴状を通して北島国造が何を訴えようとしたのか、その訴えの歴史的意味とは何なのかということにある。この点で、まず第一に注目されるのは、その訴えの基調をなしている理論的根拠が中世の天皇神話（中世日本紀＝中世出雲神話。本書第一章第三節参照）ではなく、古代の出雲国造が奏上した神賀詞や『古事記』・『日本書紀』そのものに置かれていることである。大社祭神をオオクニヌシ（オオナムチ）とし、国造家の祖先神アメノホヒがアマテラスの神勅に基づいて杵築大社の祭祀を司ってきたとされるなどの主張の中に、明確にそれが示されている。第二に、アメノホヒからその末裔に当たる現国造に至る間の、神火神水に基づく国造職継承の伝統がことのほか強調され、そのことをもって「不滅の神道」・「大社の神道」などとも称されていること、そして第三に、それが「本迹縁起神道」だと主張されていることである。

ここにいう「本迹縁起神道」は、用語としては兼倶が唱えたそれと同じであるが、内容的に大きく異なるのはいうまでもない。広孝のいう「本迹縁起神道」は、アマテラスの神勅に基づいて大社祭祀を命じられたアメノホヒの後裔出雲国造が、祭神オオナムチを祀ることによって今日まで伝えてきた杵築大社固有の「神道」ということであり、国造は大社祭神の「御杖代」だという、近世になって新しく成立する認識[109]と表裏一体の関係にあった。そしてさらに注目されるのは、この「大社神道」が他方では「（社法としての）唯一神道」とも称されていて[110]、その論理が兼倶のそれとまったく同じだということにある（異なるのは「アマノコヤネから卜部氏へ」が「アメノホヒから出雲国造へ」とあることのみ）。広孝がことのほか大社の歴史的伝統や神火神水による国造継承法を強調したことにも示されているように、種々の歴史の偽造を通じて「唯一神道」を唱えた吉田家などは、大社国造からすればおよそ比較にもならない軽薄な存在で、「唯一神道」というのであれば「大社神道」こそがそれに当たるとの強い自負心が、こうした主張を貫いていたと推察される。広孝の「吉田なと へ被二仰付一、双方之申所被二聞召一候ハ、、神道相違有間敷候」という、吉田家に対する極めて高踏的な姿勢と自信に満ちた主張にも、よくそのことが現れている。

　但し、ここで注意しなければならないのは、こうした主張が明確な形で現れてきたのはこの寛永年間の広孝の訴状がその最初であり[111]、また大社祭神をオオクニヌシ（オオナムチ）とする認識の登場が史料的に確認できるのも慶長年間（一五九六～一六一五）になってからであって[112]、この慶長～寛永の間にさきのような認識や主張が急速に成立していったと推測されることである。これらの点を踏まえて、大社国造による裁許状の発給を考えると、その史料初見がこの間の元和四年（一六一八）であったことが改めて注目される。現状ではなお明確な因果関係をたどるのが困難であるが、吉田家に対抗して出雲国内の諸社家に裁許状を発給したことと、同じく吉田家に対抗して独自の「唯一神道」説を創出し、祭神オオクニヌシを中心とする新たな由緒づくりを進めたこととの間に、相互に密接な関係があったのは疑いないところといえるであろう。杵築大社の中世からの脱皮と近世的な体制への移行・転換にとって、「吉田神道」による触発とそれへの対抗関係は一つの極めて重要な推進要因となっていたことが考えられるのである。

　よく知られている寛文五年の神社条目の発布に対する次のような形でのいち早い反応も、その延長線上に位置していた。

謹而言上　　　出雲大社両国造

今度神社江被レ下候御朱印御条目之写拝見仕、難レ有奉レ存候、就レ其大社国造者、天照大神第二之御子天穂日命、神勅を受て、大己貴大神之御杖代となり給しより以来、神火神水を受嗣、当国造迄無ニ欠如一国内諸神之祭を主り候、其来由者、日本書紀・釈疏等ニも相見江候、別ニ勘文一通を奉レ棒候、神代之遺風を以、出雲国惣検校職被ニ定補一候院庁之御下文、鎌倉将軍家之御教書数通御座候、因レ茲大社幷国中之諸社、毎歳弐月之祭礼ニ預り申、社人等其氏姓を糺、時之国造裁許を以、風折烏帽子・狩衣着仕、諸神事相勤候儀、当社古今之通例ニ而御座候、只今太平之御代奉レ逢候事、神慮之光輝、社家之大幸不レ可レ過レ之候、弥如ニ先規一御下知奉レ仰候、以上、

寛文六年卯月　日　　　　両国造

御奉行所(113)

この文書は、本文割注に記されている長文の勘文一通(114)を添え、松江藩を経て幕府に提出されたもので、同年六月十八日には幕府老中や寺社奉行もこの杵築大社の主張を承認した旨の松江藩主からの返事が届けられた(115)。杵築大社が構築した近世的に再編成された新たな由緒は、ここに公武の承認するところとなったわけである。

さて、この文書にはこれ以外にもいくつかの注目すべき論点が含まれている。その一つは、「有り難く存じ奉り候」と述べていることからも知られるように、少なくとも表面的

には神社条目の発布をむしろ歓迎する姿勢を示していることである。これは、杵築大社の側ですでにこれ以前に先述したような「吉田神道」に対抗できるだけの理論構築ができ上がっていたことを示すものであり、その自信の現れでもあったということができよう。二つには、そうした自信の上に、むしろこれを梃子として従来にはなかったさらに踏み込んだ新たな主張が展開されていることである。具体的には、両国造が自らを「出雲国惣検校」と称していること、及び裁許状の発行を「古今の通例」だと主張していることである。前者は、中世以来の「大社惣検校」の呼称を「出雲国の惣検校」と読み替えることによって、出雲国十郡全域に及ぶすべての神社・神官に対する統轄権を主張したものであり、後者はそれと表裏一体の問題として国造による裁許状公布を古代以来の伝統だと強調したのであった。もちろん、こうした主張がいずれも牽強付会によることは明白であったが、翌七年五月に杵築大社の祭祀と一切の支配権を永久に両国造家に付与するとの、いわゆる「永宣旨」が霊元天皇から付与されたことで[116]、両国造の主張は一挙に現実のものとなったのであった。このことから、三つには、これを機に中世の国一宮制が新たな形で再生・復活していったことが注目される。

但し、こうした形での大社国造による出雲国支配は、元禄六年（一六九三）以後における吉田家の支援を得た佐陀神社との争論を通して次第に動揺を深め、同十年（一六九七）

八月に大社国造側が敗訴した（三郡半の支配権が佐陀神社に認められた）[117]ことにより、理念的には崩壊した。国造の発給する裁許状が元禄年間をもって姿を消す背景にはこうした事情があったものと考えられる。

以上、近世初頭の杵築大社に特徴的ないくつかの点を指摘したが、これを踏まえて再び本論に戻って考えると、そこからは注目すべき第二の論点を導き出すことができる。それは、「吉田神道」の理論的基礎をなす「唯一神道」説が、杵築大社などの有力神社からの批判によって相対化され、重大な変質を余儀なくされたと考えられることである。すなわち、旧二十二社・一宮クラスの有力神社を吉田家・吉田神社の支配と統制の外に置くという、さきに第一点として指摘した原則が、単に「吉田神道」の量的ないし階層性的な制約にとどまらず、吉田家にとっては兼倶によって提唱された「唯一神道」説そのものが相対化され空洞化されるという、極めて深刻で本質的な問題をはらんでいたということである。杵築大社の事例からも明らかなように、アマテラスの神勅に基づく古代以来の祭祀の継承が「唯一神道」説の最も中核的な主張だというのであれば、それは何も吉田家の独占物（＝アマノコヤネから卜部氏へ）ではなく、杵築大社を初めとして古代以来の由緒や伝統を誇る旧二十二社・一宮クラスの有力神社はそれぞれに等しく「唯一神道」たりうる条件を備えていたからである。伊勢神宮[118]を初めとして、美作中山神社[119]・伊予大山祇社[120]・尾張熱田社[121]や豊前宇佐宮[122]・近江日吉社[123]・能登石動神社[124]などの有力諸社において、杵築大社と同じく「吉田神道」に対抗する形でそれぞれ独自の裁許状が発給された形跡が認められるといわれるのも、その一端を示しているといえるであろう。

そして重要なことは、こうした「吉田神道」の理論的優位や絶対性が多数の異なる「唯一神道」説の登場によって否定、ないし相対化される中で、本来は吉田家流「唯一神道」の儀礼と教義体系に基づいて行われる祭祀にのみ限られていた「神祇道」（＝「（唯一）神道」）の概念が、神社祭祀一般に拡大され、神社祭祀＝「神祇道」＝「神道」という理解を生み出していったと考えられることである。林羅山が、「吉田神道」の理論継承を拒否し、兼倶のいう「神道」（＝「神祇道」）を「卜祝随役神道」として切り捨てたのは、もちろん儒学思想に基づくものではあったが、上記のような状況とも関わって羅山自身が排仏論の立場から積極的に神社史研究を推進したことと密接に結び合っていたと考えられるのではないだろうか。

さて、それでは以上のような困難に直面した吉田家はどうこれに対応したのか。ここでは、差し当たり次の二点に注目しておきたい。その第一は、「吉田神道」の根幹に関わる理論的危機にもかかわらず、これらを克服しあるいは発展させる、そうした新たな理論構築の努力がほとんどなされず、兼倶によって創出された『名法要集』の理論的枠組みを一歩も出ることがなかったと考えられることである。もちろん、卜部兼敬や兼雄の『神道大意』[125]などに示されるように、儒家神道を受け容れる形で『名法要集』の内容理解は儒学的なものへと修正されていったが、その理論的骨格をなす「唯一神道」説の理解そのものは、例えば安永八年（一七七九）に執筆された『神道類要』[126]（「吉田神道」批判に対する反論の書）などにおいても、基本的に変わるところがなかった。第二は、その一方で「吉田神道」と幕藩制権力との癒着、あるいはその体制化が進行していったことである。これは、「吉田神道」の抱える理論的な弱点や不安定性が世俗的な幕藩制権力の保護と承認によって補足、克服されると同時に、「吉田神道」がその幕藩制権力の宗教政策を補完し、これを支えるという、一種の相互補完的な関係（その実態は「吉田神道」の世俗権力へのいっそうの屈服にほかならなかったのだが）が成立していったことを意味しているといえよう。

その最も重要な転機となったのは、いうまでもなく寛文五年七月の神社条目五箇条であって、その第一条では「吉田神道」のいう「神道」概念（神祇道）が改めて確認（＝公認）されるとともに、その理念に基づいてすべての神社や神官を掌握・統制していくという、幕藩制権力の基本方針が示された。第二条は、さきにも述べたように、社家が位階を受ける場合、従来から朝廷に執奏する公家（神社伝奏）があるものに関してはこれまで通りとするという一種の例外規定であって、条文の趣旨からすれば、これ以外はすべて吉田家に服させるという一般原則の確認にほかならなかった。もっともその後の歴史過程の中で、当初念頭に置かれていた旧二十二社に加えて、旧一宮クラスなどを含むすべての有力神社がその例外の対象とされたのは先述したところであるが、しかしその場合にあっても一般原則そのものが放棄されたわけではないことに注意しておく必要がある。第三条は、無位の社人は白張を着すべきこと、そして白張以外の装束を着けるときは吉田家の許状を得なければならないことを定めたもので、ここにいう「吉田家の許状」がいわゆる「神道裁許状」であった（第二条に基づいて吉田家から発給されたのが「宗源宣旨」）。

以上、ここに示した三箇条が神社条目の骨格部分で、第四条は神領の売買・質入れの禁止、また第五条は小破の際の神社の修理と維持、掃除に励むことを定めた、いずれも副次的な位置を占めるものであった[127]。このうち、第二条で例外とされた神社は実際には全国的に見てもごくわずかな有力神社のうちのさらにその一部にとどまったから、第三条と合わせ考えれば、第一条に示されているように、吉田家を中心として全国の神社・神官を掌握・統制していくというのが幕藩制権力の基本方針であったのは明白である。すなわち、吉田家はこの神社条目の公布によって全国の神社組織の本所としての地位を改めて公式に承認されることとなったわけで（＝「吉田神道」の「体制的宗教」化）、吉田家が抱えるさきのような理論的不安定性もこれによって克服されていったということができる。それまで停滞気味であった吉田家の勢力が、この神社条目の公布を機に大きく前進、拡大していったとされるのは[128]、その何よりの証と考えることができよう。

このように、十七世紀中頃以後の「吉田神道」が寺院・仏教に基軸を置く幕藩制国家の体制的宗教の一環としての位置を占めたことは、やや特異な事例ではあるが、水戸・岡山・会津などの各藩で進められた宗教統制政策においても確認することができる。従来、この三藩の宗教統制策については主に寺院の統制や排仏思想が大きな注目を集めてきたが、ここでは神社統制を中心に考えてみることとしよう。

まず水戸藩について。第二代藩主水戸光圀の主導のもとに進められた水戸藩の宗教統制については、圭室文雄氏[129]から近年の吉田俊純氏[130]に至る多くの研究蓄積を持っていて、ほぼ次のような点が明らかとなっている。①水戸藩の寺社整理は、寛文三年（一六六三）の『開基帳』（領内農村から寺社の開基と由来を書き上げさせたもの）の作成と、同五年十二月の寺社奉行の設置を踏まえ、翌寛文六年（一六六六）四月から元禄九年（一六九六）九月の寺社奉行の廃止に至る、約三十年の年月をかけて実施された。②これは幕府の宗教統制政策の上に立って実施されたもので、そこでは「神仏分離」を前提に一村一社一寺制を実現することが基本目標とされた。③具体的な神社整理の内容について見ると、鎮守社を崇敬することが奨励される一方、それ以外の「淫祠」とされた小祠三千余社が徹底的に破却された。その結果、寛文三年には百七十五社に過ぎなかった鎮守社が、元禄九年の『鎮守帳』では五百五十五社となっていて、これは元禄十五年（一七〇二）の推定村数五百七十五とほぼ等しく、一村一社制のほぼ達成されたことが知られる。また、破却された小祠はいずれも仏教的なもので、「神道」的なものは破却されず、鎮守境内に寄宮とされた、という。そして、これらの鎮守社はいずれも「吉田神道」の傘下に編成され、これを軸としてイデオロギー統制が図られた。

これに対し、熊沢蕃山の強い排仏思想の影響のもと池田光政によって進められた岡山藩の場合[131]、寺請に代わる「神道請」が実施されたこと、大規模な神社整理を通して寄宮政策が実施されたことなどに、水戸藩とは異なる特徴が認められる。いま少し具体的に述べれば次の通りである。①岡山藩の神社整理は寛文六年から同八年にかけて集中的に実施された。②排仏思想の強い影響もあって、寛文六年八月にキリシタン神道請が断行され、三年後には全領民の九七％余りが神道請に転じることとなったが、光政から綱政への代替わりを機に、貞享四年（一六八七）六月幕閣の指示に従って寺請に復帰、神職のみ神道請が継続されることとなった。③神社整理では、寛文六年以前の総宮数一万一千百二十社のうち、村々の産土神と由緒ある神社（計六百一社）を残して「淫祠」一万五百十九社を破却、また新たに一代官所に一社の原則で七十六社の寄宮を建立、以後新規に小社を建てることが禁じられた。その目的は、荒神を初めとする祈禱や呪術などの非合理的な信仰を否定することにあったという。その結果、寛文四年の岡山藩の総村数六百七十に対し、寛文七年の総神社数（氏神と寄宮の合計）は六百七十七で、ほぼ一村一社制が完成されており、これらの神社にはいずれも京都吉田社から証印が下された。しかし、延宝三年の『御国中神社』（寛文六年の寄宮政策の追跡調査）によると、寛文七年より百六十二社多い八百三十九社が書き上げられていて、必ずしも寄宮政策が成功したとはいえない。また、岡山藩の場合、水戸藩と違って神仏習合的色彩の強い八幡がそのまま温存されるなど、本地垂迹思想を否定していないところに特徴が認められるとされる。

これら水戸・岡山両藩に対し、会津藩の場合はやや趣を異にする。[132] その主な特徴は次の通りである。①会津藩の寺社整理は寛文四年（一六六四）九月の寺社縁起改に基点を置くが、寺院統制が同六年から始まったのに対し、神社・社家への本格的な手入れは寛文九年（一六六九）以後のことで、それも同九～十一年（一六七一）と同年四月～翌十二年六月頃の二期に分けて進められた。②その内容は、前者が神社と社地の清浄化とそれに基づく整理だったのに対し、後者は中心となる本社を定め、その修復と維持に努めるよう指導すること、寛文六年以後に造立された粗末な小社を相殿にすること、相殿となった跡地や樹木を神社の修理料に充てることなどであった。③こうして整理・登録され本社とされた神社は千四百十八社（うち社家持ちは八百五十六社、僧侶持ち二百八十一社、残りは所属曖昧な神社）、末社・相殿とされたのは三千十七座で、一部の有力神社を除いて「神仏分離」が徹底されることはなく、可能な限り神社を社家持ちとし、社家を有利に導くよう努めるところに力点が置かれていた。④一方、会津藩領全体で七社（ないし八社）九人の指南役を設定。これらの神社はいずれも寛文年間の「神仏分離」によって吉田流「唯一神道」に改められた有力神社で（神葬祭でもあった）、「唯一神道」作法を教える教育機関であると同時に、触頭役を務める神社・社家行政の役所としても機能した。

以上、三藩の寺社整理や神社統制について概観したが、それぞれ独自の性格や特徴を持ちながらも、しかし全体として見れば共通するところが多く、それが幕府の方針を踏まえたものであったという以上に、そこに幕藩制国家の宗教政策の一つ、極めて尖鋭ではあるが、しかし典型的な事例が見出される点で大いに注目されるところである。いまそうした観点からこれら三藩に共通するところを抽出してみると、およそ次のような点を指摘することができるであろう。まず第一は、これらの神社整理や統制がいずれも寛文五年の神社条目を踏まえ、これを契機として本格的に実施されていること、第二に、水戸・岡山両藩のように一村一社にまで至るか否かはともかく、産土神を中心とする神社体制の整備が進められ、荒神などの小祠の大規模な整理・統合や破却が行われていること、そして第三に、そこでは共通して「吉田神道」を基準ないし梃子として神社の掌握・統制が進められていることである。これは、神社条目の趣旨が各藩の施策を通じて実際に実施されていったことを示すものにほかならず、他の諸藩においても基本的には変わるところがなかったことをうかがわせる。

そしてとくに注目しておく必要があるのは、第二・第三の点とも関わって、体制的宗教としての地位を確立した「吉田神道」が、多数の小祠の整理・統合や破却に示されているように、地域民衆の素朴な信仰とは明らかに次元を異にし、専らそれを権力的に規制し抑圧する方向で機能した、ということである。吉田流の天皇神話解釈(「唯一神道」説)とそれに基づく作法を幕藩制権力の支援と後押しのもとに地域社会の中に貫徹させていく、これが神社条目成立後の「吉田神道」の実態にほかならず、それは顕著なイデオロギー機能を担った「体制的宗教」そのものであったと評価することができるであろう。

2　近世中期以後における「吉田神道」批判の展開

前項で述べたように、近世前期の「吉田神道」はその中に極めて深刻、かつ本質的な二つの問題を抱えていた。一つは、古代以来の伝統を誇る有力神社に対する絶対的な理論的優位性の欠如、いま一つは地域民衆の素朴な信仰や宗教心からの乖離と対決、これである。

要するにこれは、「吉田神道」が「神祇道」という新たな「神道」概念を提起しながら、実際にはこれを神社祭祀や神祇信仰それ自体に即して理論体系化しようとする努力の中においてではなく、本質的には伝統的な中世日本紀の手法による、天皇神話の新たな観念的解釈を通して成立したものにほかならなかったことによるものといえるであろう。そして吉田家は、幕藩制権力と結んで前者の弱点を克服することにより、かえって後者の矛盾をいっそう広げ、深めるという形で、この二つの深刻な問題を抱え込むこととなってしまったのであった。

寛文五年以後の「吉田神道」がこうした矛盾や問題を抱えながら、しかし幕藩制権力と結ぶことによって急速に勢力を拡大していったことは先述した通りであり、一般にもよく知られているところである。同様に、その「吉田神道」が近世中期の享保〜宝暦年間に新たな困難に直面し、変質を余儀なくされていったことも早くから注目されてきた。度会延佳・吉見幸和・臼井雅胤・天野信景らのいわゆる「国史官牒」主義といわれる実証主義的な立場からの「吉田神道」批判が始まるとする江見清風氏[133]らの指摘がそれである。

この問題について、近年では井上智勝氏が従来の「神道」思想史という限られた観点からの研究[134]のあり方を批判し、当時の社会や神社界の動向との関わりという広い視野から吉見幸和を中心に検討を加えていて[135]、およそ次のような点を指摘している。

(1)十七世紀末・十八世紀初頭の元禄末年～享保・元文年間に、実証主義的な「神道」研究者による吉田家非難が相次いで提起された。その大要は、「神道の統領」としての吉田家の由緒は捏造されたものであり、同家の諸活動は天皇や朝廷の秩序をないがしろにしているというものであった。

(2)こうした天皇中心主義の立場からの吉田家非難が登場してくる背景には、天皇・朝廷の権威を利用して幕府・将軍権力をより正当化しようとする綱吉政権の動向があり、摂津多田神社など源氏の祖を祀る三社に対して勅裁による神位授与が行われたことにより、「実」の神位授与が現実のものとして復活し、吉田家の神位宗源宣旨がこれを侵す神位「偽授」、「私」授の文書として位置づけられたことによるものであった。

(3)そしてその吉田家非難が現実のものとして具体化したのは享保末年、神位宗源宣旨の発給が仙台藩の領国支配と抵触した際のことであり、これを機に由緒不明の神社に対する神位授与が問題とされ、この非難に屈する形で吉田家の神位宗源宣旨は短期間のうちに実質的な意味を失っていった。

(4)他方、これとは別に寛保三年（一七四三）神位はすべて天皇の勅裁を経ることが必要との決定がなされ、この点でも神位宗源宣旨は実質的な意義を喪失した。これは、桜町天皇や関白一条兼香・道香父子が中心となって遂行した復古的な官位制度改革の一環をなすものでこうした故実重視の思想は実証主義的「神道」研究者のそれと共通するものであった。

(5)こうした状況の中、神位宗源宣旨の発給問題にとどまらず、例えば寛延元年（一七四八）の桃園天皇の即位にともなう大嘗祭が、かつての貞享四年（一六八七）の東山天皇即位の際とは異なって吉田家の旧記に則らないで行われ、あるいは宝暦六年（一七五六）以降神職の官位等の執奏に関しても制限が加えられるなど、吉田家は多くの既得権や務めてきた役割を剝奪されるに至った。

(6)こうした状況は、他方において神祇伯白川家の再評価を生み出し、宝暦元年（一七五一）に白川家が神祇官の中心施設である八神殿を邸内に再興するや、これを境に門人も激増し、それまで吉田家が占めていた独占的な地位も大きく動揺、後退するに至った。

(7)吉田家が享保～宝暦年間に直面したいま一つの重要な問題に神社・神職をめぐるそれまでの秩序の大きな変容があった。禰宜クラスの神職や宮寺・鍵取・掃除人などと呼ばれる百姓身分の神社関係者が身分の上昇を求める動きを強める中、白川家が彼らを神職として組織し、あるいは都市民の心を捉える流行神や、都市に族生する神道者など下級宗教者をも積極的に取り込むことによって、この点でも吉田家の存在を脅かしていった。

ここに示された井上氏の指摘は極めて的確、かつ説得的であり、現在の筆者にとくに付け加えるべきものは何もないが、さきに指摘した吉田家が当初より抱えていた二つの矛盾との関係からすれば、とくにそのうちの前者の理論問題がいっそう深刻の度を深めていったという点で注目される。それは、一つには実証主義的な立場からの批判を通じて、吉田家の由緒が捏造されたものであることが白日の下にさらされ、「吉田神道」の拠って立つ理論的根拠がその根底から大きく揺らいだから、そして二つには、これと一体となった天皇中心主義的な立場からの「神道」論の展開によって、「吉田神道」そのものが窮地に追い込まれることとなったからである。

第一節でも指摘したように、「唯一神道」説に基軸を置く「吉田神道」の最大の理論的特徴（＝弱点）は、その最も根幹をなす部分がいずれも兼倶による創作（＝捏造）にほかならないという点にあった。そしてそうした理論的弱点の故に、前項で述べたように、近世初頭には杵築大社など独自の由緒と伝統を誇る有力神社からの反撃にあって、理論的相対化という危機に直面することとなったのであった。しかし、この近世初頭の場合は、未だその危機もそれほど深刻なものではなかった。というのも、有力神社からの反撃が、天皇神話についての別の観点や立場からの観念的解釈という、「唯一神道」説と基本的に同じ土俵の上に立っており、かつ幕藩制権力の承認を得て「吉田神道」が体制的宗教としての地位と権威とを獲得していったからである。これに対し、近世中期の吉見幸和を初めとする実証主義的な立場からの「吉田神道」批判は、いわばその「土俵」そのものを打破するという性格と特徴を持っており、「吉田神道」にとってそれは致命傷にも等しい大きな打撃となったのであった。しかも重要なことは、井上氏が的確に指摘したように、それが単なる思想的営みとしてではなく、幕藩制権力や朝廷・公家の政策・動向と連動し、それに規定されながら展開されたということであって、吉田家に対する圧力もそれだけ深刻なものがあったと考えなければならない。

第二の論点もこのことと深く関わっている。吉見幸和の「神道」論の特徴は、かつて彼が属していた垂加派の影響もあって、徹底した天皇中心主義によって貫かれているところにあり、「神道は、天皇の行ひ給ふ祭政を、百官の輩命を奉りて勤るのみ。仍て臣下として神道を行ふと云べからず。…神祇の官人及び諸社の神職を任じて、祭事を勤しめ、太政官にては、文官武官を任じて、政事を勤しむ。…俗学の輩、神を祭のみを神道と心得るはあやまり也。祭政の二つともに神道ゆへ、神職の者も文武の官人も、共に官職位階を給りて、天皇の道を守り、是を勤任す」（『恭軒先生初会記』[136]）と指摘しているように、そこでは「吉田神道」のいう「神祇道」＝「神道」の考えが明確に否定されている。「俗学の輩神を祭のみを神道と心得るはあやまり也」という批判が吉田家へのものであったことは明らかで、「吉田神道」は「俗学」として一蹴されることとなったのである。

もちろん、吉田家がこうした非難を甘んじて受け容れたわけではなく、『神業類要』などを著して必死に反論を試みた。それは、吉見幸和らの「国史官牒」主義と同じ手法に基づいて吉田家の由緒や「唯一神道」説の理論的正当性を証明しようというもので、「神道」に関しても「抑、神道といふハ、我国天神・地祇の道なり、故に神祇道といひ、神道といふ、其元本を申せは、当時吉田家に伝へ来れる神代のまゝの唯一神道と申て、大織冠鎌足公の仰られたる、以㆓天地㆒為㆓書籍㆒、以㆓日月㆒為㆓証明㆒の道にて、天照大神の教道、高皇産霊尊より児屋根命に伝へたまへる神籬・磐境といへる道の璽し、今の世までも此神宝を吉田家に伝へて、唯一宗源神道と称し、宗源殿といへる神殿に安置し奉」（『神業類要』上「神道之事」[137]）、と強調した[138]。しかし、例えば度会延佳が「それ神道と云は、人々日用の間にありて、一事として神道あらずと云事なし。…神書を読て神名などを覚え、拍㆑手祝詞などよむ計神道ならば、農圃医卜の術よりは猶狭き道なるべし」（『陽復記』下[139]）などとして、「神道は天下の公道にして巫祝の私すべきものに非ず[140]」とする、こうした主張が吉田家による由緒の捏造説と合わせ公然と展開される状況の中にあって、吉田家の劣勢は否定すべくもないところであった。

　とくに「吉田神道」にとって深刻だったのは、宝暦元年に神祇官の中心施設＝八神殿を邸内に再興し、急速に勢力を拡大してきた白川家の存在であった。白川家では宝暦十一年

（一七六一）年頃に神祇伯の職掌に基づいて神道伝授・免許、諸国社家への順達を行うことを正当化したとされるが[141]、その理論的根拠が吉見幸和の「神道」論にあったことは明白で、この白川家が吉田家と並ぶ本所の一つとして登場したこと自体、「唯一神道」を唱える「吉田神道」の理論的破綻を意味するものにほかならなかった。吉田家の必死の反論にもかかわらず、客観的には「神祇道」の「神道」としての自立性は否定され、「天皇の道」としての「神道」に従属する単なる「祭事」（神を祭る儀礼）として位置づけられることとなったのである。本居宣長が提起した「神道」論は、前節で述べたように、儒学や仏教思想などとの対抗関係という、それ自体の思想的系譜の中で成立したものではあったが、客観的にはこれとは別のいま一つの「神道」の理解をめぐる流れ（「吉田神道」とそれへの批判）にも基盤を置いていたことに注意しておく必要がある。吉見幸和の提起した「神道」（＝天皇の行う祭政）論が、本居宣長のそれと基本的に共通するものであったのはこうした事情に基づくものであったと考えられるのである。

では、「吉田神道」が近世初期以来抱えていたいま一つの矛盾・問題点（＝地域民衆の素朴な信仰や宗教心からの乖離）についてはどうであろうか。これについては、先述した井上氏の指摘する(7)が重要である。享保～宝暦年間における神社・神職をめぐる秩序の変容とは、寛文六年の神社条目に従って整えられた村の氏神（産土神）を中心とする神社やその神官組織のあり方が種々の問題を抱えて十分機能しなくなり、その一方で個人的ないし現世利益的な祈願を中心とする流行神が大きな力を持つに至ったことを意味するものであり、白川家の登場と急激な勢力拡大というのもそうした矛盾の一つの現れにほかならなかった。流行神についていえば、享保四年（一七一九）の岩船地蔵や同十二年（一七二七）の大杉大明神の流行など、享保年間に一つの画期のあることが知られており[143]、享保十八年（一七三三）の江戸での最初の打ちこわしに見られるような社会構造の変化や飢饉の発生などが、これと深く関わっていた。そしてその点で、体制的宗教の一角を担う「吉田神道」と地域民衆の宗教的要求との乖離という問題も、それまで以上に深刻の度を深めていくことになったと考えられるのである。

さてそれでは、こうした事態に対して吉田家はどう対応したのか。これまた天明・寛政期における吉田家の変容として、井上智勝氏が的確な分析と総括を行っており、そこではおよそ次のような点が指摘されている[144]。①吉田家からの再三の嘆願によって、ようやく天明二年（一七八二）神社条目の再触が出され、これを機に吉田家はそれまで対象とされなかった宮座・百姓神主や下級宗教者などの掌握に本格的に乗り出していった。②これらの宮座・百姓神主などを組織・掌握するための都市部への出先機関として、寛政三年（一七九一）に江戸役所、同六年（一七九四）に大坂用所がそれぞれ開設された。③また、新たに天明五年（一七八五）頃には神職の綱紀粛正、宮座・百姓神主への入門勧誘、近接職分の宗教者の「不法」取締りなどを任務とする神祇道取締役が、そして寛政十一年（一七九九）には下級宗教者である「神道者」の代表として配下の管理や訴訟の窓口として機能する神道方頭役がそれぞれ設置された。④しかし、こうした機構改編によってもなお神職の掌握・統制は十分でなく、そのために本所役人の出役や領主権力の利用なども試みたが、それでも吉田家の支配を貫徹させるのは容易でなかった。

ここに示された吉田家の対応の特徴は、その理論的破綻や矛盾の拡大をいっそうの幕藩制権力への依存によって乗り切っていこうとするものであり、天明二年の神社条目の再触はこれを象徴する出来事であったということができる。そして、かつての寛文五年の神社条目の場合と同様、吉田家はこれを機に機構改編などをも媒介にいっそうその影響力を広げ、村落の末端の神社にまで勢力を拡大していったのであった。吉田家が実際のところどれだけの神社や神官を組織・掌握していたのか、現状ではなおその実数を正確に把握するのが困難であるが、かつて岡田荘司氏が越後国の事例で紹介したように、[145]少なくともこれまで『御広間雑記』を初めとする吉田家文書などによって推定されてきた以上に広範なものであったことは注意しておく必要があろう。

岡田氏が明らかにしたところによると、宝暦・明和年間（兼雄の時代）に作成された

『神祇管領吉田家諸国社家執奏記』[146]において、例えば越後国の場合五社が記載されるに過ぎず、大社などでも省略されているものが多かったが、文化十二年（一八一五）頃の作成になる『吉田殿御配下　越後国神職連名帳』（岡田荘司氏所蔵）には合計三百八十一の社家が書き上げられていて、「越後の例を基準に単純計算すれば、全国の吉田家配下数は五万八千以上にものぼる」という。この岡田氏の指摘は、両史料の間に出された天明二年の再触が捨象されてしまっている点で、比較方法論上の不安定性も認められるが、吉田家の支配が実際には従来考えられてきた以上に広範なものであったという論旨に関しては基本的に承認してよいであろう[147]。そして、こうした状況は天明二年の再触を契機としてこそ実現されていったものであったと考えられるのである。

しかしながら、こうした吉田家の勢力拡大が吉田家の抱える深刻な矛盾を解消したり、あるいはその地位の安定をもたらしたことを意味するものでは必ずしもなかった。むしろ実際には、より強く幕藩制権力に搦め取られることによって宗教としての自律性や影響力をさらに喪失し、民衆の素朴な信仰や宗教心からいっそう乖離する側面を持っていたことに注意しておく必要がある。十八世紀末以後における流行神のさらなる昂揚に加えて、十九世紀には相次いで民衆宗教が登場し大きく発展していく動向[148]の中に、それが如実に示されているといえるであろう。

以上、本節の検討を通して明らかとなったのは次のことである。①神社祭祀を「神祇道」＝「神道」と捉えることによって、「神道」概念の転換と神祇信仰・神社祭祀の新たな体系化を目指した「吉田神道」ではあったが、それ自体が当初から抱える本質的な理論的弱点や幕藩制国家の宗教政策などもあって、一個の自立した宗教へと発展していく展望を開きえないまま推移していくこととなった。②この間、神社条目やその再触、あるいは吉田家の機構改編などを通じて、吉田家による全国の神社や神官に対する組織・掌握それ自体は大きく前進し、白川家の台頭にもかかわらず、むしろそれとの対立・競合関係を通していっそう勢力を拡大していった。③しかし、そうした吉田家の勢力拡大や神社・神官に対する組織化の前進は、基本的には幕藩制国家による民衆統治の一環としての位置を占めるものであって、幕藩体制の危機の進行とそれからの解放を求める民衆運動や民衆宗教の発展の中で、その存立基盤を根底から突き崩されていくこととなった。本居宣長から平田篤胤、とくに篤胤において民俗信仰の問題が重要な問題として提起され、かつそれが神社祭祀（＝「神事」）と区別、分離して理論体系化が図られた背景に、「吉田神道」をめぐる以上のような動きがあったことに注目しておく必要があろう。

そしてこのことは、「吉田神道」がいかなる結末をたどったかを見ることによっていっそう明らかとなる。すでに萩原氏が指摘しているところであるが[149]、慶応三年（一八六七）

三月二日付で吉田良義が飛鳥井・野宮の両公卿に宛てて提出した次の誓約書からこれを指摘することができる。

従来、当家相伝之神祇道者、皇国固有之大道ニ而、天地神明の威徳を崇敬し、儻然蒼生之教化を賛成し社稷を保護し、綱紀を維持するの要道ニ而、一日も不㆑可㆓廃弛㆒儀に候処、中古以来外教宇内ニ遍布し、追々盛大に立至り候より、終に一種之小道と等く、神道と相唱候事、偏に外教へ対し候より起り候俗唱ニ而、概歎に不㆑堪存候、就㆑中応仁大乱之後者、皇綱紐を解き、万民塗炭ニ堕ち、古道尽く欲㆓湮滅㆒之勢、先代共深令㆑痛㆑心、不㆑得㆓止事㆒、唯一と唱へ、一時の権道を以、崩壊之人心を繋持せしめ、聊常典を万一に存じ候処、一旦天下昇平に属し、右文之世に推移り、人々識見も相開け、殊更近年外夷来往、天下之耳目一変致し候へば、能々国体堅牢、皇道之基礎相立、所謂祭政一致之場に至り候はでは、人心の向背にも関係致し候事と愚考仕候、依而旧来之祭典禱祀之中、浸染之流弊を去り、純粋之古道に復し中度、勿論普く天下に布告し、配下神職は素より、古道執心之輩をして、於㆓学館㆒令㆓講習㆒度存候間、何卒以㆓格外之思食㆒、右願之条々被㆓聞食㆒候様相願度候、此段宜御沙汰頼入候也、

三月二日　良義

飛鳥井中納言殿

野宮中納言殿(150)

吉田家の伝えてきた「神祇道」は本来皇国の大道、社稷蒼生の要道であるにもかかわらず、中古以来一種の小道となり、湮滅しようとしたため、止むをえず「唯一(神道)」と称し、一時の権道をもって崩壊せんとする人心を繋ぎ止めようとしたが、祭政一致の実現された今日の状況にはもはや合致しないので、流弊を去り「純粋の古道」に復したく、その旨を天下に布告し、今後は学館を設けて講習に努める覚悟である、という。ここに示された見解は、萩原氏が「吉田の自己批判というより、何か国学者側から強い示唆をうけて書かれたらしくも見え(151)」ると指摘しているように、かつての吉見幸和の「吉田神道」批判や平田篤胤の主張に完全に屈服する形となってしまっていて、いささか哀れにさえ見える。「吉田神道」は近世から近代への移行過程の中で篤胤流の「神道」論(いわゆる「復古神道」)に吸収されてしまい、その活動を終えたのであった。

さてそれでは、こうした結末をたどった「吉田神道」とはいったい何だったのか。「吉田神道」のこうした形での結末はいったい何を意味しているのか。本章のテーマである「神道」概念の転換や、あるいは「神道」の「宗教」化という観点から見るとき、改めて注意しておく必要があると考えられるのは次の三点であろう。

まず第一は、第一節でも述べたように神社祭祀(神祇道)に基軸を据えることによって

「神道」概念の「宗教」化への通路が開かれたこと、そして第二に、「吉田神道」（及び「白川神道」）による全国的な規模での神社・神官の組織化を通じて、近代的な神社制度が整えられる基礎的条件が構築されたこと、しかし第三に、厳しい「吉田神道」批判とそれに対する吉田家の自己批判を通じて、神社祭祀（神祇道）の自律的な発展への道が封じ込められ、天皇統治権の中に組み込まれてしまったこと、などである。このうち、とくに重要なのは第三点であって、そもそも神社祭祀が「唯一神道」や「吉田神道」という形で理論化され、しかもその方向が破綻したことによって、神祇信仰や神社祭祀そのものの独自の理論体系化への道が封殺され、天皇と天皇統治権に従属し、これを支える極めて主体性のない、そして民衆の要求に背を向けた存在へと成り下がってしまうこととなった。ここに、神社や神社祭祀が大きな混迷に陥る最大の要因の一つがあったといわなければならないと考えられるのである。

むすび

以上、本章では中世顕密体制の一環として成立した日本の「神道」が、中世末から近世に至る歴史過程の中でどのように変化していったかについて、多様な「神道」概念とその変化に視点を据えながら検討を加えてきた。

従来、この「神道」をめぐる問題については専ら思想史的な観点からの検討が進められ、その研究成果も膨大な数に上り、容易に総括しがたいほどの状況にあるというのが現状である。しかし、そうした分析視角とも関わって、そこでは神社や神祇信仰の実態を踏まえ、それとの関係において「神道」の考察を進めるという点に共通の大きな弱点を抱えてきたと考えられる。もちろん、「神道」をめぐる問題が基本的には古代天皇神話の観念的・抽象的な解釈や理解という「神道」教説としての本質を持っている以上、その思想史的な分析が不可欠であるのは改めて指摘するまでもないところである。しかし、同時に「神道」が日本における「宗教」のあり方に関わる問題でもあったのはこれまたいうまでもないところであって、そうであれば日本の宗教をいかなるものとして捉えるか、とくに神社や神祇信仰と「神道」との関係をどう捉えるかについての正確な理解が問われるのは当然のことといわなければならない。残念ながら、「神道」の理解をめぐるこれまでの活発な議論は、こうした問題への十分な配慮を欠いたまま、いわば極めて一面的な形で進められてきたといわざるをえない。近世神社史研究の驚くべき大きな立ち遅れと、他方における「神道」思想史や近世思想史一般に関わる膨大な研究の蓄積と進展、この両者の間に認められる大きな隔たりとコントラストの中に、それが如実に示されているといえよう。

しかし、何より問題だと考えられるのは、こうした一面的な問題の捉え方や分析視角のゆえに歴史の実態を正確、かつトータルな形で捉えることができなくなってしまっているのではないか、また宗教と思想・イデオロギーとの関わりや相互の矛盾した緊張関係を正確に捉えることが困難となってしまっているのではないか、ということにある。日本の近代史や宗教・思想史上の最大の問題の一つが「神道非宗教」・「神社非宗教」論にあること、そしてその前提に近代になって新しく登場したReligionの訳語としての新たな「宗教」概念の定立があった(152)ことは周知のところであるが、しかしこれを明治維新期のみの、あるいはこの時代特有の問題としてのみ理解することによっては、この問題の抱える真の深刻さを十分に捉えることはできないであろう。

こうした課題意識のもとに、本章では中世的な宗教・思想構造を規定した顕密体制が崩壊したのちの中世末・近世の宗教・思想構造の概要と、その中にあって「神道」概念がどのように変化していったかについて、まことに大雑把で要領をえない検討を試みた。この時代や分野を専門的に研究しているわけでもない筆者が、果たしてどれだけ諸先学の研究成果を十分に受け止めて考察を進めえたのか、まったくもって心許ない限りであるが、少なくとも本章の考察を通して次の点だけは指摘することができたのではないかと考える。それは、この間の歴史過程を通じて、①中世以来の歴史的伝統の上に立つ国家的イデオロギーとしての本質を持つ「神道」論が、吉田兼倶の提起した「唯一神道」説を否定的媒介として改めて登場、発展を遂げ、そしてさらにその換骨奪胎を通して本居宣長や平田篤胤の国学的な「神道」論として定立されたこと、②篤胤によって体系化されたこの国学的「神道」論が、「神祇道」＝「神道」説を基軸に据えて構築された「吉田神道」の理論的破綻と天皇中心主義への屈服にともない、民俗信仰を取り込むことによって、それに代わる新たな日本的「宗教」という相貌をもって立ち現れるに至ったこと、③このように、神社祭祀が「吉田神道」という形で「神道」概念化され、しかもそれが破綻、否定されたことによって、その自律的な発展や独自の理論体系化への道が完全に封殺され、天皇統治権への一方的な従属を強いられる、極めて困難な状況に追い込まれるに至ったことなどである。

さきに述べた「神道非宗教」・「神社非宗教」論や「国家神道」論の抱える深刻な問題というのも、神社や神祇信仰（ひいては「神仏分離」にともなう仏教・寺院や日本宗教そのものを含め）がたどらなければならなかった上記のような歴史過程を正確に視野に入れて、再構成していくことが必要なのではないだろうか。これらの点については、改めて次章において考えてみることとしたい。

注

（1）近世以来の蓄積を持つ吉田兼倶と彼の提唱した「唯一神道」説についての研究史整理は、それ自体として別途厳密になされなければならない重要な課題である。ここでは、戦後における主要な研究業績についてのみごく簡単に整理しておく。筆者の見るところ、この問題は主として次の二つないし三つの方向から研究が進められてきたと考えられる。その一つは「神道」史・思想史の観点からのもの（この中に、①「神道」史・「神道」思想史と、②より広い意味での思想史・宗教思想史という二つが含まれる）、そしていま一つは神社史・宗教史の観点からのものである。前者の①を代表する研究には、久保田収『中世神道の研究』（神道史学会、一九五九年）、西田長男『日本神道史研究』第五巻中世編下（講談社、一九七九年）、平重道「吉田神道における秘伝の問題」（『吉川神道の基礎的研究』所収、吉川弘文館、一九六六年）、安蘇谷正彦「吉田神道思想の形成」（『神道思想の形成』所収、ぺりかん社、一九八五年）、坂出祥伸・増尾伸一郎「中世日本の神道と道教—吉田神道における「太上玄霊北斗本命延生真経」の受容—」（酒井忠夫他編『日本・中国の宗教文化の研究』所収、平河出版社、一九九一年）、伊藤聡「唯一神道と吉田兼倶」（『国文学　解釈と鑑賞』七七五、一九九五年）、菅原信海「吉田神道と北斗信仰」（『日本思想と神仏習合』所収、春秋社、一九九六年）、出村勝明『吉田神道の基礎的研究』（神道史学会、一九九七年）、高橋美由紀「中世神道の天皇観」（今谷明編『王権と神祇』所収、思文閣出版、二〇〇二年）など、②を代表するものとして黒田俊雄「中世における顕密体制の展開」（『黒田俊雄著作集』第二巻所収、法藏館、一九九四年）、同「中世宗教史における神道の位置」（同上第四巻所収、一九九五年）、大桑斉「吉田兼倶の論理と宗教—十五世紀宗教論への視座—」（『日本近世の思想と仏教』所収、法藏館、一九八九年）など、そして後者を代表するものとして豊田武「神仏分離運動の一前提」（『豊田武著作集』第五巻所収、吉川弘文館、一九八二年）、萩原龍夫「吉田神道の発展と祭祀組織」（『中世祭祀組織の研究』所収、吉川弘文館、一九六二年）などを挙げることができるであろう。

（2）かつて萩原龍夫氏が指摘した「吉田神道の全貌はこれまで明らかにされていない」（注（1）前掲書六一五頁）とする状況は、残念ながら現状においてもなお十分克服されたとはいい難い。そうした中にあって、後述する井上智勝氏の一連の研究は問題解決への道を開くものとして重要な位置を占めていると評価することができるであろう。

（3）前掲注（1）。

（4）前掲注（1）論文。

（5）大桑氏による先行研究の研究史整理の中にもその一端が示されている。豊田・萩原両氏の研究を「兼倶の思想形成の契機」の問題の中に押し込め、そうした観点から総括してしまっているのがそれである。しかし、神社史・神祇信仰史の研究をこうした形で総括してしまうことが不十分なのは明白で、ここにも大桑氏の研究の限界、分析視角にともなう問題点が示されているといえよう。

（6）西田長男「神道—第一稿—」（『日本神道史研究』第一巻総集編所収、講談社、一九七八年）

など。

(7)　兼倶自身が、今日いう「伊勢神道」や「日吉神道」などをいずれも「本迹縁起神道」として捉え、「両部神道」と合わせ、それらをともに自らの提唱する「唯一神道」と区別していたことに注意しておく必要があろう。

(8)　伊藤氏が前掲注(1)論文において、「唯一神道」を中世神道の総括であると同時に、近世神道の先駆的位置を占めるものとして捉えている（こうした理解は他の論者にもほぼ共通して認められる）のも、その現れと理解することができよう。

(9)　鍛代敏雄氏は、これを「神国」論の反転として捉えている（「中世「神国」論の展開―政治社会思想の一潮流―」『栃木史学』一七、二〇〇三年。『神国論の系譜』法藏館、二〇〇六年）。

(10)　注(1)前掲書。

(11)　こののち、天正十八年（一五九〇）には応仁の乱で中絶した神祇官に代わって八神殿を同じく吉田社境内に再興することが朝廷から認められ、また慶長十四年（一六〇九）以後は、近世を通じてこの斎場所が神祇官代として機能することとなった（間瀬久美子「幕藩制国家における神社争論と朝幕関係―吉田・白川争論を中心に―」『日本史研究』二七七、一九八五年、参照）。

(12)　出村勝明氏注(1)前掲書など。

(13)　前掲注(1)伊藤氏論文。このほか、萩原龍夫氏も兼倶の活動に次の四つの分野があったと指摘している（注(1)前掲書六二二～三頁）。①朝臣としての活動、②書紀や中臣祓の講釈、

③神道の宗派的実践、④教理や神社統制。しかし、このうち①と②は兼俱以前から卜部家として行われてきたもので、兼俱が新しく始めたというわけではない。

(14) 近世吉田神道の総合的な研究を進めている井上智勝氏は、神道裁許状の初見が兼俱没後の大永七年(一五二七)二月の三河国信楽郡河路村一宮神主件原貞宛のもの(宗源宣旨秘要)であることを根拠に、それが兼俱の創始にかかるとする通説には再検討の必要がある、と指摘している(「神祇管領長上吉田家と諸社禰宜神主法度」『史境』五〇、二〇〇五年)。確かに史料的には井上氏の指摘の通りで、今後のさらなる検討が必要とは考えるが、しかし史料初見が遅れることをもって直ちに通説的理解が否定されるとは考えられない。史料残存の偶然性の可能性が極めて高いと考えられるからである。その根拠は以下の通りである。まず第一に、兼俱の没後、その後継者となった孫の兼満が大永五年(一五二五)に自宅を焼き払って出奔するという事件があり、兼俱が残した書類や祈禱具などはおおむね焼失してしまったとされているからである。井上氏が指摘する「神道裁許状」の史料初見がこれ以後に属するというのも、その一つの現れと考えることができよう。第二に、「神道長上」「神祇管領長上」の呼称や「宗源宣旨」の発給など、吉田神道の骨格に関わる部分はすべて兼俱によって創出され、しかもその後に吉田神道の体系が大きく修正・発展させられた痕跡が認められないことから考えて、「神道裁許状」のみのちになって新しく創出されたとは考え難いからである。さらに第三に、吉田家が後継者をめぐる一時の混乱を乗り切って安定性を取り戻し、飛躍的に勢力を伸ばしていくのは吉田兼右以後のこと、そしてそれにともなって「神道裁許状」の発行数も飛躍的に拡大することとなるが、しかし畿内地域を中心に兼倶もまた吉田神道の普及と拡大に努めていて、この間に「神道裁許状」が案出され、発給されていった可能性は極めて高いと考えられるからである。以上の点を踏まえ、ここでは「宗源宣旨」と同じく「神道裁許状」もまた兼倶によって創出されたとする通説に従って論述を進めることとする。

(15) 神葬祭については、すでに岡田荘司氏によって解明が進められていて、近世以後に顕著となる人間を神として祀る祭礼形態(死霊祭儀)は兼倶をその嚆矢とすること、兼倶以降に創出された吉田卜部流の神葬祭は、①葬送には僧侶が参加せず、吉田流の祭式による儀礼が行われる、②遺骸の上に霊社が創建され、その葬送儀礼は遷宮式に準ぜられた、③没後の慰霊は神道式のほか、仏教による法要も営まれた、④菩提寺院(神龍院)には墓が作られ、遺骸に代わる遺品が埋納された、などの特徴を持っていたこと、そして豊臣秀吉や徳川家康を神として祀る葬送儀礼もこの吉田家の強い影響のもとで行われたものであったことなどが指摘されている(「近世神道の序幕—吉田家の葬礼を通路として—」『神道宗教』一〇九、一九八二年、「神道葬祭成立考」『神道学』一二八、一九八六年、「近世の神道葬祭」、大倉精神文化研究所編『近世の精神生活』所収、続群書類従完成会、一九九六年、など)。なお岡田氏は、兼倶が未来安心について論じるところがなかったことをもって、「神道は専ら現世教としての立場を守り、葬式及び先祖の霊祭・供養は仏教側の手に委ねられていた」としていて、兼倶自身が本来「唯一神道」を「現世教」として限定的に捉え、来世は仏教に委ねるべきだと考えていたとしているが、この点についてはなお再検討の必要があるように思われる。兼倶から近世初頭の慶長十五年（一六一〇）に没した兼見に至る五代の間、いずれも遺言に基づいて死者を神として祀る霊社が創建され、死後においても子孫を守るとされたこと、そして幕藩制の成立にともなって霊社が建立されなくなり（兼見以後天明七年〈一七八七〉没の兼雄まで霊社は建てられなかった）、そして幕藩制が動揺を深める十八世紀後半に至って再びそれが復活することなどからすれば、仏教や寺院との機能分担というのはむしろ檀家制度などの幕藩制権力の宗教政策の影響（規制）によるのではないか、何より兼倶が神葬祭を創始したこと自体、死後の世界を含め寺院とは別の形で神社や神祇信仰によって組織しようとしたと考えるのが妥当ではないかと考えられるからである。いずれにしても、この神葬祭をめぐる問題は、十八世紀以後「神祇宗」・「神道宗門」などと称して離檀運動が展開されたこととも密接に関わっており、「神道」と寺院・仏教との関係、あるいは「神道」の「宗教」化を考える上で看過できない重要な位置を占めていると考えなければならない、重要な問題だといえよう。

(16) 顕密体制の解体については、黒田俊雄氏が一と三を中心に指摘しているが、未だ必ずしも明確になっているとはいい難いのが現状である。黒田氏の場合、さきにも指摘したように神社の位置づけが不明確で、二についての考察が欠落している。

(17) 拙稿「中・近世における諸国一宮制の展開」（『悠久』八四、二〇〇一年）参照。

(18) 黒田俊雄「王法仏法相依論の軌跡」、同「仏教革新運動の歴史的性格」（ともに『黒田俊雄著作集』第二巻所収、法藏館、一九九四年）など参照。

(19) この間の経過については、萩原氏注(1)前掲書『中世祭祀組織の研究』六四三頁以下を参照のこと。

(20) 前掲注(1)安蘇谷氏論文など。

(21) この点は、いささか弁解気味で控え目ないい方ではあるが、吉田家自身の主張するところでもあった。のちほど第三節において引用する慶応三年(一八六七)三月二日の誓約書の中に、「就レ中応仁大乱之後者、皇綱紐を解き、万民塗炭ニ堕ち、古道尽く欲二湮滅一之勢、先代共深令レ痛レ心、不レ得二止事一、唯一と唱へ、一時の権道を以、崩壊之人心を繋持せしめ、聊常典を万一に存じ候」とあるのがそれを示している。

(22) 前掲注(1)伊藤氏論文。

(23) 萩原氏注(1)前掲書。

(24) 修験道や陰陽道などに対する近世的な本所支配(高埜利彦『近世日本の国家権力と宗教』東京大学出版会、一九八九年、参照)についても、同様のことがいえよう。

(25) 高橋美由紀氏は、兼倶が『名法要集』の中で自らの教説を「元本宗源神道」と「唯一神道」という二つの異なる「神道」概念で示し、むしろ後者の方を重視していたと指摘しているが(前掲注(1)論文)、その違いが何を意味するかについての踏み込んだ考察は見られない。

(26) 「持明院殿御即位事付仙洞妖怪事」(日本古典文学大系)。このほか、例えば年月日未詳某書状断簡(鰐淵寺旧蔵文書、『大社町史』史料編〈古代・中世〉一八三七号)にも「杵築与鰐淵二而不レ二、而併仏道・神道暫モ無二相離ル事一」と見える。また、本朝のことではないが、

『今昔物語集』巻七（第三話）には「震旦ノ預州ニ一人ノ老母有ケリ。若ヨリ邪見深クシテ、神道ニ仕ヘテ三宝ヲ不レ信ズ」とあって、仏教と異なる土俗的な信仰が「神道（じんどう）」と表記されている。この「神道」の表記・呼称に関しては本書結章で論じたので参照されたい。

(27) 注(1)前掲書六六九頁。

(28) 『徳川禁令考』前集五、二五四五号。

(29) こうした事例は枚挙に遑がないが、例えば橋本政宣氏が紹介している寛文九年（一六六九）閏十月十一日の卜部兼連朱印状（明治大学刑事博物館〈現、明治大学博物館〉所蔵「吉田神社鈴鹿家文書」）の第三条に「於二神前一不レ可下摺二数珠一、持二錫杖一、掛二袈裟一、誦中仏経上、宜三来学二神道之作法一事」（「寛文五年「神社条目」の機能」『神道宗教』一六八・九合併、一九九七年、参照）、あるいは文化八年（一八一一）十一月二十八日の尾張藩社家法度第二条に、「社家之輩無二油断一神道を学ひ、其崇敬之神体を存し、神事・祭礼等、無二懈怠一可レ勤レ之」（真清田神社史編纂委員会編『真清田神社史』真清田神社、一九九三年、五六七頁参照）などとある「神道」も、そうした一例ということができよう。

(30) 兼倶が「神道管領長上」・「神道長上」などと称して「宗源宣旨」や「神道裁許状」を発行し、全国の神社・神官を組織していった、あるいはそれが可能であった論理的起点も、まさにこの点にこそあったことに注目しておく必要があろう。

(31) 前掲注(1)坂出・増尾氏論文。

（32）兼倶の唱えた根本枝葉花実説が中世とは異なる大きな説得力を持ち、その後に圧倒的な影響を与えたというのも、このように考えてこそよく理解することができるであろう。兼倶が「神祇道」＝「神道」概念を媒介として、儒教や仏教と異なる日本独自の「宗教」としての神社の祭祀を「神道」と捉えたところに、その秘密の鍵は隠されていたと考えられるからである。兼倶が提起した根本枝葉花実説は、「神道」が「万法の根本」であって、儒教・仏教はいずれもその「分化」にほかならないとするところに一つの特徴があり、従来は専らこの点が大きく評価されてきた。確かに、「神道」を儒教・仏教との本質的な共通性において捉え、かつその中での「神道」の根源性を明示した点に、それまでとは異なる兼倶の教説の持つ新しさと重要性とを認めることはできる。しかし、こうした観念的な解釈の次元の問題（天竺＝仏教、震旦＝儒教、日本＝「神道」という対比が、歴史の実態から著しくかけ離れた単なる形式論理に基づく観念的な解釈に過ぎないことは明白である）であれば、十一世紀末・十二世紀初頭の中世的神統譜（天神七代・地神五代・人王説。釈迦や孔子に先立って地神初代アマテラスが「神国」日本を統治した、とするもの）の成立によってすでにその基本的な論点は提示されているのであって（本書第一章第三節参照。西田長男氏が早く「三教枝葉花実説その成立」『神道史の研究』第二所収、理想社、一九五七年、において、根本枝葉花実説そのものはすでに正中二年〈一三二五〉の奥書を持つ『鼻帰書』の中に見えるとして、それが「両部神道の内部に成立」したものだと指摘していることに留意する必要がある）、それをより理論的、かつ整合的な形で説明したまでのことに過ぎないともいえる。兼倶の問題提起の重要性は、こうした観念的な対比を日本固有の「神社」祭祀と結び合わせることによって、「神道」(=「神祇道」)を儒教・仏教と同質の「宗教」と捉え、かつその根源的な位置を主張したところにこそあったと考えなければならないのではないだろうか。

(33) 尾藤正英「江戸時代の社会と政治思想の特質」(『江戸時代とは何か』所収、岩波書店、一九九二年、四三頁)。

(34) 尾藤氏のこうした指摘は、直接的には「朱子学を幕府権力と結びついた思想とみる」通説的な理解に対する批判を意図したものであるが、本質的には幕藩制国家を世俗権力(幕藩制権力)による武力と実力に基づく世俗的な支配体制と捉える伝統的な理解の上に立つものということができよう。これに対し、一九七〇年代以後「幕藩制国家の非宗教的性格」についての批判的検討が始まり、例えば小沢浩氏は一九七三年度の歴史学研究会大会報告「幕末期における民衆宗教運動の歴史的意義」(歴研別冊『歴史における民族と民主主義』一九七三年)において、「近世の幕藩制社会におけるすべてのイデオロギー的な諸関係のなかで、宗教がどのような位置をしめていたのか…以外に明解な答が得られない。というより、そうした観点からのイデオロギー研究そのものがほとんどなされていない」と指摘した。しかし、大桑斉氏が「幕藩制国家が世俗国家であり、将軍権力は世俗権力であるという認識は依然として通説の位置を保ち続けている」と指摘しているように(「将軍権力と宗教―王権神話の創出―」『天皇と王権を考える4　宗教と権威』所収、岩波書店、二〇〇二年)、幕藩制国家のイデオロギー分析において、宗教の位置づけは今もって必ずしも明確になっているとはいいがたいのが現状である。

(35) 岩田浩太郎「総論　正統性と世界像」(『新しい近世史5　民衆世界と正統』所収、新人物往来社、一九九六年)参照。

(36) 三宅正彦「江戸時代の思想」(体系日本史叢書28『思想史Ⅱ』所収、山川出版社、一九七六年)など。

(37) 石田一良「前期幕藩体制のイデオロギーと朱子学の思想」(日本思想大系28『藤原惺窩・林羅山』所収、岩波書店、一九七五年)など。

(38) 大桑斉「仏教思想論—諸教一致論の形成—」(『講座日本近世史9　近世思想論』所収、有斐閣、一九八一年)など。

(39) 『岩波講座・日本通史』12所収(岩波書店、一九九四年)。

(40) 「教説の時代と近世神道—垂加神道を考える—」(『日本思想史学』二八、一九九六年)。これに対し、尾藤氏や次に述べる黒住真氏などにあっては、信仰や宗教と思想・イデオロギーとを区別して捉えようとする慎重な配慮が認められるが、しかしその場合にあっても、例えば尾藤氏が「神社を中心とする神信仰」を「広義における神道」(注(33)前掲書一一六頁)、同じく黒住氏が「仏教・神道(広義における仏・神の信仰)」(「近世日本思想史における仏教の位置」『日本の仏教1　仏教を見なおす』所収、法藏館、一九九四年、二一〇頁)と表記していることからも知られるように、「神道」の捉え方は広義・狭義という一種の量的な類型区分にとどまっていて、質的な違いが明確でなく、なお極めて不安定で曖昧だといわざるをえない。

(41)『(縮刷版)神道事典』(弘文堂、一九九九年)「神儒仏一致」の項(伊藤聡氏執筆)参照。ここでは、一条兼良によって初めて「儒林と神道家流の三教一致説は融合され、中世の神儒仏一致思想は完成された」と指摘されている。

(42)「徳川前期儒教の性格」(『思想』七九二、一九九〇年。『近世日本社会と儒教』ぺりかん社、二〇〇三年再録)。

(43)黒住氏「儒学と近世日本社会」(『岩波講座・日本通史』13所収、岩波書店、一九九四年。『近世日本社会と儒教』ぺりかん社、二〇〇三年再録)。

(44)加地伸行氏が指摘するように、儒教の本質は先祖祭祀に基軸を置く宗教と理解すべきものであるが、そうした宗教性が中国仏教の中に吸収され、それが日本仏教として定着したこともあって、葬送儀礼などを含め日本では儒教的要素がいずれも仏教の宗教儀礼として現れ(『沈黙の宗教—儒教—』筑摩書房、一九九八年)、儒教が本来の宗教としての機能を発揮することはなかった。とくに朱子学という、政治・倫理思想として独自の展開を遂げ、儒教思想が専ら議論の対象とされた日本の近世社会において、「儒教」と「儒学」とを区別して議論を組み立てることは、不必要な混乱を避け、問題の本質を明確にするためにも、とりわけ注意されなければならない問題といえるであろう。

(45)普遍的な「宗教」の必要条件として、尾藤正英氏は普遍性と倫理性の二つを挙げ、「閉鎖的な共同体の限界を超えた人間一般の次元において、個人の精神的な救済への道を開くことと、同時にその人間社会の連帯性ないし共同性の意識にもとづく行為の基準としての倫理や道徳を、個人に指し示すこととの、二つの条件が不可欠」と指摘している（注(33)前掲書一三四頁）。しかし、宗教についてのこの概念規定は「個人の救済」を基軸に据えて組み立てられていて、これをどこまで一般化できるのか疑問が残る。ここでは、差し当たり笠原芳光氏に従って、「人間を超えたものと人間とがかかわる、そのかかわりかたを一つのシステムとして、客観的な形で表現したもの、いわば関係の体系」（『宗教の現在』二〇三頁、人文書院、一九八二年）と捉えて考察を進めることとしたい。

(46) 前掲注(38)論文。

(47) 『近世の民衆と支配思想』（柏書房、一九九六年）一～三章。

(48) 海老沢有道「豊臣秀吉と日本神国観―キリシタン禁制をめぐって―」（戦国大名論集一八『豊臣政権の研究』所収、吉川弘文館、一九八〇年）、奈倉哲三「幕藩制支配イデオロギーとしての神儒習合思想の成立」（歴研別冊『世界史における民族と民主主義』一九七四年）など。

(49) 朝尾直弘「東アジアにおける幕藩体制」（同氏編『日本の近世1　世界史のなかの近世』所収、中央公論社、一九九一年）、高木昭作「秀吉・家康の神国観とその系譜―慶長一八年「伴天連追放之文」を手がかりに―」（『史学雑誌』一〇一ノ一〇、一九九二年。『将軍権力と天皇』青木書店、二〇〇三年再録）など。

(50) 村井早苗「幕藩制成立期における排耶活動」（『幕藩制成立とキリシタン禁制』所収、文献出版、一九八七年）、同氏「近世初期におけるキリシタンと伝統思想」（『日本思想史学』二一、一九八九年）など。

（51）但し、キリスト教世界との接触を通じて三国世界観が根本的な動揺を来したこの時代にあって、仏教は幕藩制権力による「鎖国」政策と日本型華夷秩序の形成（荒野泰典「天竺の行方—三国世界観の解体と天竺—」『中世史講座』一一所収、学生社、一九九六年、同「日本型華夷秩序の形成」『日本の社会史』一所収、岩波書店、一九八七年など参照）なしには、この世界観を維持できない状況にあり、ここにこそ仏教が幕藩制権力に屈服せざるをえない最も本質的な理由の一つがあったと考えられる。

（52）もちろん、これは宗教・イデオロギー構造の枠組みの問題であって、実際のところそれが社会的にどれだけ有効に機能し続けたかどうかは別の問題に属する。島薗進氏のいう「習合宗教」（「一九世紀日本の宗教構造の変容」『岩波講座・近代日本の文化史2　コスモロジーの「近世」』所収、二〇〇一年）の問題を含め、それらの点については別途慎重に検討が進められなければならない。

（53）奈倉哲三氏は前掲注（39）論文において、幕府が寺院・仏教を中心に宗教統制を行った理由として、「（1）神社組織が未整備で、神社を氏子として民衆を統制するより、本末・寺檀の関係を活用して寺院の檀家として統制した方が効果的であること。（2）神道の教義的側面も不十分であるため、キリシタンでないことを内心から組織するには、仏教に依存する方が確実であること。（3）幕閣を初め、多くの支配層の生活に仏教が定着していたこと（傍点…井上）」の三点を指摘している。

(54)　この点については、前掲注(1)萩原論文に詳しい。

(55)　キリシタン禁令を発した秀吉や家康以下の幕藩制成立期の権力者が、「「大唐・南蛮・高麗」といった東アジア世界の新しい情勢把握を前提に、「日域（日本）の仏法」を擁護する、より主体的な「神国」」（前掲注(49)朝尾論文一一四頁）の建設を目指し、この点でかつての三国世界観から大きく転換を遂げていたのは朝尾氏の指摘の通りであるが、しかし吉田兼倶はもちろん、彼が提起した仏教的三国世界観に基づく根本枝葉花実説を継承し、「三教一致」を主張した近世初期の思想家・宗教者たちが秀吉や家康以下と同じ認識に立っていたと考えることはできず、そこには大きな認識のズレがあったと考えておかなければならないであろう。田尻祐一郎氏も指摘しているように、近世的な「神国」思想が社会的に浸透し、定着していくのは十七世紀後半以後のことと考えるべきものであろう（「近世日本の「神国」観」、片野達郎編『正統と異端―天皇・天・神―』所収、角川書店、一九九一年）。

(56)　顕密体制が崩壊し、また顕密仏教が仏教界の中にあって中心的な位置から脱落した近世において、中世以来の「顕密主義」の概念を用いることには問題もあろうが、現状ではこれに代わる適当な概念を見出しえないため、仏教思想に基軸を置いて寺院と神社などが一体的な形で機能する宗教構造を、本稿では差し当たり括弧を付して「顕密主義」と呼ぶこととしたい。なお、近世の宗教構造を顕密主義として捉える指摘は、三浦雅彦「徳川思想史における仏教の位置づけと前期儒者排仏論の問題点―戦前・戦後研究史の学説史的考察―」（『日本宗教文化史研究』六―一、二〇〇二年）などにも見える。

（57）この点について若干補足すると、前節でも述べたように、中世末期における顕密体制の解体の中で仏教各宗派の一神教化と自立化が進行したのを受けて、幕藩制国家は各宗派ごとの本末制度を整えることを通して仏教勢力に対する宗教統制と掌握を推進し、またこれを宗教政策の基軸に据えようとした（圭室文雄『江戸幕府の宗教統制』評論社、一九七一年、など参照）。さきに述べた第二点（顕密主義）とも関わって、幕府からすれば仏教勢力さえ抑えられれば、宗教勢力全体の掌握と統制は基本的に達成できるとの判断が存在したことを容易に推測することができる。それは、幕府によって展開された宗教統制策の推移からもうかがわれるところであって、神祇道や修験道・陰陽道などの仏教以外の諸宗教に対する統制が基本的に寺院・仏教に対するそれを前提とし、あるいはそれに準じる形で進められた（注（24）高埜氏前掲書参照）ところによく現れている。

（58）西田長男「神道宗門」（『日本神道史研究』六近世編上所収、講談社、一九七九年）参照。

（59）中世とは異なる、近世社会の重要な特徴とされる現世中心主義的な傾向が顕著となるのもこれ以後のことであり、それは体制化・固定化された「いえ」の宗教と呼ばれる仏教を中心とした幕藩制権力の宗教支配体制の確立と表裏一体の関係にあったことを示すものといえよう。

（60）前掲注（38）大桑氏論文。

（61）排仏思想に関しては、差し当たり柏原祐泉「近世の排仏思想」（日本思想大系57『近世仏教の思想』所収、岩波書店、一九七三年）を参照のこと。

(62) 前掲注(42)(43)黒住氏論文。

(63) 源了圓「近世儒者の仏教観—近世における儒教と仏教との交渉—」(玉城康四郎編『仏教の比較思想論研究』所収、東京大学出版会、一九七九年)。

(64) 前掲注(48)奈倉氏論文など。

(65) 前掲(42)黒住氏論文。

(66) 子安宣邦『「事件」としての徂徠学』(青土社、一九九〇年)、本郷隆盛「荻生徂徠の公私観と政治思想」(『日本思想史学』二二、一九九〇年)、前掲注(33)尾藤氏論文など。

(67) 日本思想大系39『近世神道論・前期国学』四二頁。

(68) 林羅山の「神道」論について考察を加えた主なものに、肥後和男「林羅山の神道思想」(『史潮』四—二、一九三四年)、浅野明光「林羅山と神道」(『文化』六—七、一九三九年)、平重道「近世の神道思想」(日本思想大系39『近世神道論・前期国学』所収、一九七二年)、前掲注(37)石田氏論文、安蘇谷正彦「林羅山の神道思想形成について—神道指向の要因をめぐって—」(『神道宗教』一五六、一九九四年)、高橋美由紀「林羅山の神道思想」(『季刊日本思想史』五、一九七七年)、同「儒学神道における儒教摂取の思想と論理」(『日本思想史学』二一、一九九八年)などがある。なお、「神道」論を含む羅山の研究史整理を試みたものに、矢崎浩之「林羅山研究史小論」(菅原信海編『神仏習合思想の展開』所収、汲古書院、一九九六年)がある。

(69) 前掲注(67)一九頁。

(70) 前掲注(67)一八頁。

(71) 前掲注(68)平氏論文など。

(72) 今中寛司氏は、『近世日本政治思想の研究』(創文社、一九七二年)では明確でなかったが、その後発表された「清家神道から理当神地神道へ」(『季刊日本思想史』五、一九七七年)では、羅山の「神道」論が兼倶ではなく、その子清原宣賢の「清家神道」を受けて成立したものだと指摘している。同じく安蘇谷氏も、羅山が「吉田神道」の批判の上に独自の「神道」論を構築したと指摘している(前掲注(68)論文)。

(73) 例えば、熊沢蕃山も『大学或問』(下一七)において、「今世間に神道といへるハ、昔の社家の法なり、神道にハあらで神職の人の心用ひの作法なり」(神道大系・論説編21『熊沢蕃山』四七五頁)と指摘している。多田顕「熊沢蕃山の神道論―附論・岩越元一郎著『中庸新解』における神道論―」(『神道学』一〇三、一九七九年)参照。

(74) 日本思想大系29『中江藤樹』(岩波書店、一九七四年)一二〇頁。

(75) 神道大系・論説編21『熊沢蕃山』(神道大系編纂会、一九九二年)一五頁。

(76) 前掲注(67)八七頁。

(77) 前田勉「近世日本における天皇権威の浮上の理由」(『近世神道と国学』所収、ぺりかん社、二〇〇二年)。

(78) 「万世一系」などの諸概念はすべてこの「垂加神道」によって提示されていた(尾藤正英「尊皇攘夷思想」『岩波講座・日本歴史13 近世5』所収、一九七七年)というのもこれに関わる。但し、それが「皇国史観」的なものとして理解されるようになるのは、近代になってからのことであった（磯前順一「近世神道から近代神道学へ—東大神道研究室旧蔵書を手掛かりに—」『近代日本の宗教言説とその系譜—宗教・国家・神道—』所収、岩波書店、二〇〇三年、参照）。

(79) 桂島宣弘「「華夷」思想の解体と国学的「自己」像の生成」（『思想史の十九世紀』所収、ぺりかん社、一九九九年）。

(80) 日本思想大系36『荻生徂徠』（岩波書店、一九七三年）四五一頁。

(81) 井上哲次郎・蟹江義丸編『日本倫理彙編』古学派の部（下）（育成会出版部、一九〇二年）二〇五～六頁。

(82) 日本古典学会編『増訂佐藤直方全集』（ぺりかん社、一九七九年）一、四四～五頁。

(83) 樋口浩造氏は、崎門派と徂徠学派とは、「日本の道＝神道」を否定する点では同じだが、浅見絅斎・三宅尚斎らの崎門派は日本（我国）への忠誠を説く点で異なり、垂加派と接点を持っていた、と指摘している（前掲注(40)論文）。

(84) 前掲注(78)尾藤氏論文、平田厚志「近世における宗教意識と政治思想—とくに徂徠学の権威主義的性格とその政治的課題—」（日本宗教史研究会編『救済とその論理　日本宗教史研究四』所収、法藏館、一九七四年）。

(85) 平野豊雄「国学思想論」（『講座日本近世史9　近世思想論』所収、有斐閣、一九八一年）など参照。

(86) 小笠原春夫『国儒論争の研究』(ぺりかん社、一九八八年)。

(87) 尾藤正英「尊皇攘夷思想の原型―本居宣長の場合―」(『季刊日本思想史』一三、一九八〇年)、子安宣邦『平田篤胤の世界』(ぺりかん社、二〇〇一年)など参照。

(88) 神道大系・論説編25『復古神道』三、本居宣長(神道大系編纂会、一九八二年)一八・九頁。

(89)『本居宣長全集』九(筑摩書房、一九六八年)、二九四頁。

(90)『古代天皇神話論』(若草書房、一九九九年)、『古事記と日本書紀―「天皇神話」の歴史―』(講談社現代新書、一九九九年)など参照。

(91) 三木正太郎『平田篤胤の研究』(神道史学会、一九六九年)、高橋美由紀「平田神道の庶民性」(源了圓編『江戸後期の比較文化研究』所収、ぺりかん社、一九九〇年)、子安氏注(87)前掲書など参照。

(92)『新修平田篤胤全集』九(名著出版、一九七六年)。

(93) 村岡典嗣「平田篤胤の神学における耶蘇教の影響」(『増訂日本思想史研究』所収、岩波書店、一九三九年)、伊東多三郎「洋学と国学」(『歴史学研究』七―三、一九三七年)、ドナルド・キーン「平田篤胤と洋学」(『日本人の西洋発見』所収、中央公論社、一九六八年)、星山京子「新たな知性の誕生―平田篤胤考察―」(『日本思想史学』二六、一九九四年)など参照。

(94) 注(87)子安氏前掲書など参照。

(95) 伊東多三郎氏は、「国体観念としての神道」と「民間信仰としての神道」という「近世神道史上の二潮流」を指摘し、両者が国学の展開によってわずかながら接触するところがあったが、明治以降国学が国家の機構の中に入って神仏分離を断行するに及び、まったく無縁なことが判明した、と指摘している（「近世神道史管見」『近世史の研究1　信仰と思想の統制』所収、吉川弘文館、一九八一年）。民間信仰を「神道」と捉えるところに疑問はあるが、国学の発展の中に民俗的世界に基盤を置く「神道」論の形成を考えている点は注目される。

(96) この事件の経過については、江見清風「唯一神道論」（『神道説苑』所収、明治書院、一九四二年）六六頁以下などを参照のこと。

(97) 高埜氏注(24)前掲書九五頁。

(98) この間の経過については、高埜氏注(24)前掲書九五〜六頁に詳しい。

(99) この史料調査に関しては、島根県立図書館の内田文恵氏、および宍道町史編纂室の松本美和子・大国由美子の両氏（いずれも当時）にご協力いただいた。記して感謝の意を表したい。

(100) 家原家文書（『八束郡誌・文書篇』五四一〜二頁）。

(101) 揖夜神社井上家文書（『意宇六社文書』一四号）。

(102) もちろん、この元和四〜元禄四年の間も吉田家は出雲国内の他の社家に対して神道裁許状を発給しており、両者は入り組み関係となっていて、明らかな競合関係にあったことが知られる。

(103) 後述のように、杵築大社が佐陀神社との争論に敗れた翌元禄十一年（一六九八）の九月上旬、幕府が出雲国十郡のうち佐陀神社の支配権が認められた三郡半に烏帽子・狩衣着用の許可を出すことを禁じたとされる（「正仍日記抄」『鹿島町史』二七一頁）のが、その直接の契機になったものと推察される。橋本政宣「出雲国造の永宣受領と「出雲国神社物検校職」」（二木謙一編『戦国織豊期の社会と儀礼』所収、吉川弘文館、二〇〇六年）参照。

(104) 拙稿「中世杵築大社の年中行事と祭礼」（『大社町史研究紀要』三、一九八八年）、『大社町史』上（大社町、一九九一年）参照。

(105) 北島家文書（『出雲国造家文書』二二一号）。

(106) 北島家文書（同右二二八号）。

(107) 北島家文書（同右二四一号）。

(108) 年月日未詳北島広孝覚書（北島家文書、『出雲国造家文書』二二二号）に「山城殿（堀尾忠晴）御代ゟ於二度々一致二上都一」とあって、広孝自ら度々上洛して関白に訴えたことが知られる。

(109) 「御杖代」の史料初見は、後述する寛文六年卯月日の文書である。前掲注(104)拙稿参照。

(110) 『寛文四甲辰年五月六日　六月十一日迄　御造営日記』（佐草家文書。千家和比古「出雲大社の、いわゆる神仏習合を伝える絵図の検討」『古代文化研究』四、一九九六年、六五頁）。なお、「唯一神道」の称がアマテラスの直伝という意味で一般にも広く用いられていたことは、例えば石田梅岩が、「我ガ伝ト云ハ人ヨリ伝ルニアラズ、我身ヲ主宰シ玉フ天照皇太神宮ヨリ直伝ナリ。コノユヘニ唯一神道ト云。人ノ伝ニテ知ラル、所ニアラズ可レ仰グ、可レ尊ム」（柴田実編『石田梅岩全集』下「石田先生語録」一八、清文堂出版、一九七二年改訂再版、一七七頁）

と見えることからもうかがわれる。柴田実「石田梅岩と神道」(『神道学』一四、一九五七年)参照。

(111) これに関係する文書で最も年代が遡るのは、寛永元年(一六二四)八月十九日の国造北島広孝覚書案(北島家文書、『出雲国造家文書』二二一号)である。

(112) 前掲注(104)拙稿参照。

(113) 北島家文書(『出雲国造家文書』二七一号)。

(114) 北島家文書(同右二七二号)。

(115) 松平隆綱書状(北島家文書、同右二七三号)。

(116) 北島家文書(同右二八一号)。

(117) この間の経過については、西岡和彦「近世出雲大社の思想史的研究」(『近世出雲大社の基礎的研究』所収、大明堂、二〇〇二年)を参照されたい。

(118) 江見氏前掲注(96)論文一〇一～一一一頁、藤田定興『寺社組織の統制と展開』(名著出版、一九九二年)一二三頁以下参照。

(119) 『中山神社資料』(復刻版、清文堂出版、一九七四年)一七八・四四八頁。

(120) 『愛媛県史』学問・宗教編(愛媛県、一九八五年)四二七～八頁。

(121) 太田正弘「尾張に於ける排仏思想と神職の離檀」(『神道及神道史』一九、一九七二年)。但し、ここで指摘されている事例は文政三年(一八二〇)のものであって、熱田社田島家と並んで、「吉田神道」批判の中心的存在であった吉見家も裁許状を発給しているというから、他の諸国の場合（そのほとんどが中世末から近世初頭に限られる）とは性格の異なるところがあると考えられる。

(122) 中野幡能『八幡信仰史の研究』（吉川弘文館、一九六七年）第四章三九三頁。

(123) 佐藤真人「近世社家の吉田神道受容―日吉社司の事例をめぐって―」（『大倉山論集』三三、一九九三年）。

(124) 江見氏前掲注(96)論文一一一頁。

(125) 神道大系・論説編8『卜部神道』上（神道大系編纂会、一九八五年）。同書「解題」（西田長男氏執筆）参照。

(126) 同右。

(127) 井上智勝氏が指摘しているように（「近世本所の成立と展開―神祇管領長上吉田家を中心に―」『日本史研究』四八七、二〇〇三年）、この四・五両条は幕藩領主層が領内神社の序列化を指向した、その掌握対象（＝有力神社）を明示したことを示すものとして重要な位置を占めていることにも注意しておく必要がある。

(128) 吉田栄治郎「寛文法度の制定と吉田神道―在地神職の動向から―」（『奈良歴史通信』一八、一九八二年）、前掲注(127)井上氏論文など。但し、これをあまり過大評価することができないことにも注意しておく必要がある。この点については、高埜利彦「江戸幕府と寺社」（『近世日本の国家権力と宗教』所収、東京大学出版会、一九八九年）参照。

(129) 「寛文年間水戸藩廃仏毀釈について―開基帳の検討を中心に―」（『近世仏教　史料と研究』

九―一〇、一九六五年)、『水戸市史』中巻(水戸市役所、一九六八年)、「水戸藩の宗教統制」(『日本における社会と宗教』所収、吉川弘文館、一九六九年)、『江戸幕府の宗教統制』(『日本人の行動と思想』一六、評論社、一九七一年)、『神仏分離』(歴史新書、教育社、一九七七年)など。

(130)「徳川光圀の寺社整理と村落」(『地方史研究』二五三、一九九五年)。このほか、管見に及んだところでは、今瀬文也「水戸藩の宗教改革とその影響」(『仏教と民俗』一四、一九七七年)、小沢浩「水戸藩の宗教統制と民衆」(津田秀夫編『近世国家の成立過程』所収、塙書房、一九八二年)などがある。

(131) ここで参照した主な研究は、水野恭一郎「備前藩における神職請制度について」(『岡山大学法文学部学術紀要』五、一九五六年)、谷口澄夫『岡山藩政史の研究』(塙書房、一九六四年)第六章「教育と宗教」、圭室文雄「寛文年間における岡山藩の神社整理」(桜井徳太郎編『日本宗教の複合的構造』所収、弘文堂、一九七八年)、同氏前掲『江戸幕府の宗教統制』・『神仏分離』、田中誠二「寛文期の岡山藩政―池田光政の宗教政策と致仕の原因―」(『日本史研究』二〇二、一九七九年)などである。なお、大川真氏は水野氏以下の通説とされるこの藩政改革への熊沢蕃山の影響は認めがたく、市浦毅斎の影響によるものであったと指摘している(「「朱子学」と近世社会―岡山藩神職請を題材として―」『日本思想史研究』三二、二〇〇〇年)。

(132) 注(118)藤田定興氏前掲書第一編第二章「社家」。

(133) 前掲注(96)江見氏論文。

(134) 前掲注(1)安蘇谷氏論文など。

(135) 「寛政期における氏神・流行神と朝廷権威―大坂の氏神社における主祭神変化の理由―」(『日本史研究』三六五、一九九三年)、「享保―宝暦期の吉田家をめぐる動向と吉見幸和―」(衣笠安喜編『近世思想史研究の現在』所収、思文閣出版、一九九五年)、「近世中期における吉田家批判の現実化―神位宗源宣旨を題材に―」(今谷明・高埜利彦編『中近世の宗教と国家』所収、岩田書院、一九九八年)、前掲注(127)論文など。

(136) 前掲注(67)二三七～八頁。

(137) 注(125)前掲書二二六頁。

(138) 井上智勝氏は、『神業類要』地「土御門陰陽師家之事」に見える「我国天照大神の道を神道といへる」の文言をもって、吉田家の「神道」論が吉見幸和の説を受け入れる形で修正されたとしているが(前掲注(135)一九九三年論文)、この指摘には従いがたい。本文でも述べたように、こうした「神道」がアマノコヤネを経て吉田家に伝えられてきた、それが「神祇道」＝「神道」＝「唯一神道」だというのが吉田家の主張であり、その主張は兼俱以来一貫して変わることがない。井上氏のいう変化は、前項でも述べたように「儒学神道」論を受け容れる形ですでに近世前期の『神道大意』などでも現れていたところで、吉見幸和の批判を契機とするものであったとは考えられない。

(139) 注(67)前掲書一〇一～二頁。

(140) 前掲注(96)江見氏論文一八八頁。

(141) 前掲注(127)井上氏論文一二六頁。

(142) 本居宣長と吉見幸和との理論内容の親密性に関しては従来から注目されてきたところである。例えば、平重道氏は幸和が「垂加神道」から国学への過渡に位置しているとし(前掲注(68)論文)、同じく高橋美由紀氏も幸和による「国学(神学)」の提唱が十八世紀後半からの「古学神道」への思想的な準備であったと指摘している(「近世儒家神道の異端論」、片桐達郎編『正統と異端―天皇・天・神―』所収、角川書店、一九九一年)。

(143) 福田アジオ「近世中期における流行神仏の巡業と村落―享保四年岩橋地蔵巡業の場合―」(津田秀夫編『近世国家と明治維新』所収、三省堂、一九八九年)。

(144) 「吉田家大坂用所の設置と神祇道取締役・神道方頭役」(『大阪の歴史』五五、二〇〇〇年)、前掲注(127)論文など。

(145) 神道大系・論説編9『卜部神道』下(神道大系編纂会、一九九一年)、「解説」六〇頁。

(146) 國學院大學所蔵(同右『卜部神道』下所収)。

(147) 江見氏は、寛政年間(一七八九〜一八〇一)の吉田家門下小寺清之『神職考』の一節「今の世の神部、吉田家を本所とするもの、凡十九万八千人ばかり有べしとなり」を引いて、この数字は承認できると指摘しているが(前掲注(96)論文一二五頁)、その根拠は必ずしも明確とはいいがたく、検討の要があるとすべきであろう。

(148) 宮田登『近世の流行神』(評論社、一九七二年)、神田秀雄『如来教の思想と信仰』(天理おやさと研究所、一九九〇年)、桂島宣弘『幕末民衆思想の研究』(文理閣、一九九二年)など参照。

(149) 注(1)前掲書六一三頁。

(150) 吉田家改革一件文書(『古事類苑』神祇部四四、一四〇四～五頁)。

(151) 注(1)前掲書六一三頁。

(152) 磯前順一「近代における「宗教」概念の形成過程—開国から宗教学の登場まで—」(『近代日本の宗教言説とその系譜—宗教・国家・神道—』所収、岩波書店、二〇〇三年)。

第三章　「国家神道」論の再検討

――近世末・近代における「神道」概念の転換――

はじめに――問題の所在と課題の設定

戦後における「国家神道」論の研究が藤谷俊雄(1)・村上重良氏(2)、とりわけ村上氏の問題提起を踏まえ、それに対する批判的検討という形で進められてきたことは周知のところである。その研究史の概要については、近年、磯前順一(3)・桂島宣弘(4)両氏によって宗教学及び歴史学の立場からそれぞれ的確な総括がなされていて、改めて屋上屋を架す必要もないところといえよう。

そしてそこで桂島氏も指摘するように、近年の新しい動向として、「宗教」や「神道」などの諸概念そのものにまで踏み込んで問題を捉え返そうとする研究が現れ、「国家神道」論の再構築に向けた新しい展望が開かれつつあるというのが今日の重要な特徴であり、その研究動向を代表しリードする一人として、磯前氏の研究を挙げることができる。

磯前氏の場合とくに重要だと考えられるのは、近代日本における Religion の訳語としての新たな「宗教」概念の成立についての体系的な考察を踏まえつつ、明治維新からアジア・太平洋戦争の終結に至る、「国家神道」の成立から解体までの全過程を視野に収めることによって、以下のように体系的な形でその全体像を提示していることである。[5]

磯前氏は、宮地正人氏[6]に従って、「国家神道」を「神社を通して天皇制ナショナリズムを国民に教化しようとする戦前の社会体制」と捉えた上で、これを次のように三つの段階に区分している。

〔第一段階（前史）〕神道国教化政策の時代。慶応四年（一八六八）の神祇官布告から、明治十五年（一八八二）の官国幣社の教導職兼補禁止まで。これはさらに、①神祇祭祀を軸とした神祇官・神祇省期と、②三条の教憲と呼ばれる教を軸とした教部省期に区分される。ともに政教分離に基づく信教の自由及び宗教という理念が社会に定着する以前の段階で、近世的な「神祇」ないし「教」という概念のもとで、キリスト教に対抗しながら斉一的な国民教化が目指された時期。そこでは、祭祀の場所としての神社が最大の拠点ではなく、むしろ宣教使や教導職という教化を担う官吏やその教化対象（講社集団）を梃子として国民教化が進められた。

〔第二段階〕明治十七年（一八八四）の教導職廃止にともなう公認教制度と、明治二十二年（一八八九）の大日本帝国憲法の公布を通して、信教の自由が日本に定着していき、それまで未分化であった「教」が、公的領域として国民の義務とされる道徳と個人の裁量に委ねられる宗教という私的領域とに区分される時期。そのため、この時期には、グレーゾーンたる神社を国民教化のイデオロギー装置として積極的に活用することはせず、それを支える財政的援助も打ち切る方針に転じると同時に（＝神社政策の不活発期）、前段階までの神道国教化政策から撤退し、代わって啓蒙主義的な政教分離政策を推進、天皇制ナショナリズムの教化手段も教育勅語や御真影の配布、あるいは神話を含まない歴史教育など、学校教育という回路が前面に押し出される。

〔第三段階（神社を積極的に活用した、厳密な意味での国家神道体制の時期）〕官国幣社国庫供進制度が施行され、神社合祀が本格的に開始される明治三十九年（一九〇六）頃から昭和二十年（一九四五）の十五年戦争の敗北まで。ここでは、神社非宗教論が積極的に利用されるようになり、神社崇敬は宗教ではなく国民道徳の範疇に属するとの論理に基づいて、地域改良運動などと結んで神社が国民教化の地域的拠点とされるようになる。そして大正末年から昭和初期にかけて、神道は宗教・道徳などを包摂する究極概念であり、国体すなわち天皇制ナショナリズムとほぼ同義語だとする主張が提起されるとともに、戦時体制への移行とも関わって、神社崇敬があからさまに国民に強要されるようになり、十五年戦争の激化とともに国家神道体制はその絶頂を迎えることとなる。

ここに示された磯前氏の見解は、「国家神道＝神社神道」論の立場から、これまでに進められてきた理論的・実証的な研究の成果を、新たな「宗教」概念の成立を梃子としながら、極めて体系的な形でまとめあげたもので、今日における「国家神道」論研究の一つの到達点を示すものと評価することができるであろう。しかし極めて整合的に見えるその見解も、少し踏み込んで考えるといくつかの点で疑問を抱かざるをえない。

そのまず第一は第一段階の捉え方の問題。具体的には、①この時期を「国家神道」成立の「前史」と位置づけ、「国家神道」を新たな「宗教」概念の成立後の時期に限定して捉えていること、②この第一段階を通説に従って「神道国教」化政策の時代と捉えていること、③「国家神道」の内容をこれまた通説に従って「神社神道」という形で捉えていること、すなわち「国家神道」の概念規定に再検討の必要があると考えられることである。

その具体的な内容については、のちほど改めて述べることとするが、こうした問題が生じてくる背景には、磯前氏が言説論の立場から専ら Religion の訳語としての新たな「宗教」概念の成立に視点を定め分析を試みていて、「国家神道」そのものについての歴史的分析を必ずしも正面に据えていないこと、あるいは宗教学と歴史学との違いという、分析視角や方法論に関わる問題もあると考えられる。

以上のことから、本章では磯前氏の見解を念頭に置きながら、とくに磯前氏のいう第一段階(「神道国教」化政策期)について、いま少し踏み込んだ検討を加えることにより、さきに掲げた三つの疑問について考えてみることとしたい。その際、とくに「神道」概念のあり方に注目し、「神道」概念のどのような理解に基づいて「国家神道」が成立していったのかを考えてみることとしたい。「神道」概念の歴史的な変化に関しては、本書第二章において中世末から近世(「神道」概念の「宗教」化への第一・第二段階)についての不十分な考察を試みたところであるが、本章ではこれを受けて近世末から近代に至る過程の中で、それがさらにどのように変化していくのか、とくに「国家神道」の成立とその後の展開過程を通してどのように変化していったのかを考えてみることとしたい。磯前氏のいう新しい「宗教」概念の成立という問題も、恐らくこれによって改めて見直されることになるであろうと考える。これが本章の第一の課題である。

磯前氏の理解についての疑問の第二は、かつて中島三千男氏が行った問題提起(7)を受けて、第二期を「神社政策の不活発期」、そして第三期を「厳密な意味での国家神道体制の時期」と捉えていること、すなわち「国家神道」を日清・日露戦争後に本格的に成立する帝国主義イデオロギーとしての本質を持つものと評価していることである。こうした理解はさきの第一点とは逆に、今日の通説的理解とは大きく異なるところといわなければならないが、しかし通説的理解とされる側にあってもこの問題に十分な対案を示しえているとはいえず、そのことが「国家神道」の理解をいっそうの混乱と困難へと導く大きな要因になっていると考えられる。この問題について考える際の最も重要な論点は、磯前氏のいう第二段階をそれ以前（第一段階）との関係においていかに理解するか、そして日清・日露戦争後の第三段階を「国家神道」の歴史全体の中にいかに位置づけ、評価するかにあるといえよう。この問題についての筆者なりの理解を示して大方のご批判を仰ぎたい。これが本章の第二の課題である。

さらに、こうした「国家神道」の成立と展開の中で、これに対抗する新たな「神道」概念が提起され、それが今日一般に用いられる「神道」概念（「神道」概念の「宗教」化の第三ないし第四段階）へと繋がることになったと考えられるところから、柳田国男氏の「固有信仰」論について若干の検討を加えることとしたい。これが本章の第三の課題である。

第一節 「国家神道」の成立

1 明治初期における維新政府の政策基調（1）――「神道国教」化の理解をめぐって

前節でも述べたように、磯前氏を初めとして、これまでの研究では明治初年の維新政府の政策基調を「神道国教」化政策と捉え、そしてそれが挫折する中で「国家神道」が成立していったとする点でほぼ共通の理解の上に立っている。もっとも、その時期設定は論者によって大きく異なり、今日では主として次の三つの意見が提示されている。[8]

A. 教部省設置以前の明治四年（一八七一）まで。宮地正人[9]・高木博志[10]・羽賀祥二氏ら[11]を初めとして今日における最も一般的な理解と考えられ、そこではキリスト教の禁止や廃仏毀釈などに見られるように、外来宗教たる仏教やキリスト教（とくにキリスト教）を押さえ込み、「神道」を「日本の国教（国家公認の宗教）」とすることによって「国民」の思想的・宗教的一元化を推し進めようとした、と考えられている。

B. 明治八年（一八七五）の大教院の解散と「信教の自由」口達まで。安丸良夫氏[12]など。明治四・五年を画期として前後の二期に分け、第一期は国学者や神道家が祭政教一致の神政国家イデオロギーを掲げて活動したのに対し、第二期には神仏合同に基づく人為的に折衷された新時代にふさわしい国教を樹立するための壮大な試みが展開されたとされる。

C．明治十五年（一八八二）の官国幣社の教導職兼補禁止まで。中島三千男[13]・磯前順一[14]氏ら。「信教の自由」や「政教分離」原則が成立する以前の、「神道」を国教として天皇制ナショナリズムの支柱に据えようと試みた時代と考えられている。

しかし、こうした理解にはともに次のような疑問がある。その第一は、「神道」を「国教」（＝国家が特定の宗教を公認しそれに特権的な地位と保護とを与えること）と捉えることができるのか、すなわち維新政府が重視した「神道」を仏教などと同性格の一個の「宗教」と捉えることができるのか、第二に、そもそも維新政府は「神道」をそうした「国教」（国家公認の宗教）とすることにその政策基調を置いていたのか、ということである。要するに、これらは「神道国教」化政策という場合の「神道」をいかなるものとして理解するかということにほかならない。いま一つ、「神道国教」化政策とする捉え方についての疑問は、それが挫折・失敗して「国家神道」が成立するという、その挫折や失敗の具体的な歴史過程や内容、そして新たに成立する「国家神道」の内容をかつての「神道国教」化における「神道」とどのような関係において理解するのか、ということである。

本項では、まず前者の点（第一・第二）について考える。明治初期における維新政府の宗教政策を「神道国教」化政策とする通説的理解に対しては、早くから藤井貞文氏[15]が一人これに異論を唱えてきた。藤井氏が提起した批判点は主に次の二つである。その第一は、「神道国教」化政策の根拠とされる慶応四年（一八六八）三月十七日の太政官符案[16]（「皇国内宗門、復古神道ニ御定被二仰出一、諸国共産土之神社・氏子且人数改被二仰付一候事、但仏道帰依之輩ハ私ニ取用候儀者不レ苦候事」）が単なる私案にとどまり、実際には発令されなかったこと、そして第二は、初期維新政府の政策基調が祭政一致にあって、政教分離へと帰着すべきものであったから、これを「神道の国教」化を目指すものと考えることはできないということである。このうち第二の点に関しては、後述のように直ちに従うことはできないが、第一の点に関しては藤井氏の指摘の通りで、氏子調べ一つをとっても、それが実際に始まったのは明治四年（一八七一）七月であり[17]、この太政官符が実際に発令されることはなかった。

では、藤井氏の見解はなぜその後もまったく無視され続けることとなったのか。一つには、この太政官符の発布如何にかかわらず、実際に進められた政策の内容がこの布告の趣旨に沿ったものであったと考えられることにある。そして二つには、そのことを裏づけるように、実際にそれが「国教」と呼ばれていたことが確認できるからである。例えば、明治七年五月に伊勢神宮大宮司田中頼庸が神祇官再興を要請した建白書には、次のように記されている。

臣謹テ案ルニ、政教ノ国家ニ於ルヤ車ノ両輪ノ如ク、其一ヲ偏廃シテ不可ナルハ論ヲ待ズ。蓋シ教ハ道ヲ脩テ政ヲ佐ケ、政ハ道ヲ行テ教ヲ護シ、政教一致ニシテ亳釐モ相悖ザルハ、国ヲ治メ民ヲ安ズルノ要法ナリ。方今泰西ニ行ハル、基教ノ類ハ、其起源ヲ政府ニ依ズシテ自立セシ宗旨サヘモ其勢猶神法ヲ以テ国法ノ部属トセザルヲ得ズ。加之実用窮理ノ学益盛ニ開テ宗教ノ勢漸ク衰微スト雖モ、各国亦自ラ信崇宗旨ヲ立テ国教トシ官員悉其宗ヲ奉ズル者ハ、教ハ民ヲ治ルノ要務ニシテ、一日モ国家ニ欠クベカラザルガ故ナリ[18]。

同じく同月に出雲大社大宮司千家尊福ら三名が提出した建白書にも、次のように記されている。

民心ノ愚蒙ヲ啓キ、疑惑ヲ解キ、朝旨ヲ暁リ、朝廷ヲ戴カシムルコト実ニ今日ノ最大急務ニシテ、遂ニ通国ノ民ヲシテ権利ヲ享ケ義務ヲ尽シ、国ト休戚ヲ共ニシ、君臣上下同気一貫、死生不遷ノ心志ヲ興サシムルハ、国教ヲ拡充スルニ在リ。〈国教ノ体、頼庸・正邦等ノ論ズル所粗備ハルヲ以テ、復タ贅セズ。特ニ其宗教ニ非ズトスル者、固ヨリ允当ト雖ドモ、外国ニ対シテ之ヲ言ヘバ、日本宗ト称スベキモノナリ。〉之ヲ拡充スルハ神祇

官ヲ復シテ国教ノ標準ヲ立ツルニ在リ。(19)

神祇官を再興して「日本宗」とも称する「国教」を拡充すべきだとする、こうした主張からすれば、明治初期の日本で「神道」が「国教」と理解されていたこと、そして維新政府の宗教政策が「神道国教」化にあったことは疑う余地のないところとも考えられる。

しかし、果たして本当にそうなのであろうか。「神道」を「国教」とする、こうした表記に関しては、これら二つの史料からも明らかなように、それを明確に「宗教」として、あるいは「宗教」との関わりにおいて捉えることと一体的な関係にあることにまずもって注意しておく必要がある。すなわち、「神道」を「国教」とする、こうした理解や表記は、政府の進める政策に対する批判が高まり、「宗教」とは何かが議論される状況の中で新たに登場してきたものなのであって、明治初期からそう呼ばれていたというわけではない(この点については、次節で改めて論じる)。従って、問題はやはり第一の論点、すなわち実際のところ明治初年における維新政府の宗教政策が紛れもなく「神道国教」化政策といえるものであったかどうかということになる。

明治初期における維新政府の宗教政策の基本が、後期水戸学以来の国体イデオロギーを踏まえた祭政教一致(この場合の「教」は「宗教」ではなく「教化」・「教法」・「治教」を意味する)の実現にあったこと、そしてそれを主導的に推進したのが、かつて考えられたような平田派国学ではなく、エタティスト（国家至上主義者）たる維新官僚と結んだ、大国隆正・福羽美静などによって代表される津和野派国学であったことは、近年の島薗進[20]・子安宣邦[21]氏らの研究によっていっそう明確になってきたところといってよい[22]。問題は、これらの政策が「神道」概念のいかなる理解の上に立って進められたのか、そしてそこでの「神道」概念と「国教」化といわれる問題とがどう関わり合っていたのかということにある。

このことについて考えるため、明治初期における「神道」概念のあり方について少し検討してみることとしよう。この問題について考えるための一つの材料を提供しているのは大国隆正である。隆正は浦上問題に関して提出した慶応四年三月の意見書（存念書）の中で、日本の「神道」には四つがあるとして、以下のように述べている。

日本四流ノ神道ト申候ハ、

家伝流

コレハト家伝、橘家伝、両部、唯一ナド申モノニテ旧神道トモ可㆑申モノニ御座候。

本居流

コレハ伊勢ノ人本居宣長発明ノ神道ニテ、理モ道モ上古ニハ無㆑之様ニ申□□候神道ニテ、古事記伝四十四巻御坐候。

平田流

コレハ平田篤胤発明ノ神道ニテ、古事記、日本書紀ノ文ヲモ自己ノ見識ニテ删定イタシ、語学ヲステ、モロコシ玄家ノ説ヲ多クトリコメ申候神道ニテ御坐候。

臆説流

コレハ本居流、平田流ニモヨリ不レ申自己ノ見識ヲタテ候神道ニテ、備前ノ黒住流又ハ拙老ノトキ候タグヒ、臆説流ニ御坐候。家伝流ヲ旧神道ト申、本居流、平田流、臆説流ヲ新神道ト唱可レ申奉レ存候。コレハ蛍光ノゴトキモノト奉レ存候。右ノゴトク四流御坐候へドモ、イヅレモ正大昭明ト申ホドノモノニ無二御坐一、月光ノゴトキ異国ノ教法ヲ圧倒イタシ可レ申程ノ神道トハ覚エ不レ申候。(23)

そして、こうした認識を踏まえて隆正は、今後のあるべき「神道」興隆の方向性について、同月「極意存念書」において次のように提案した。

御一新之折柄、神道モ　御一新　御確定ニテ日本国中へ御布告ニ相成申度奉レ存候。右ニ付拙老愚存無二腹臓一奉二申上一候。

先神道ヲ二途建テ御布告被　レ遊候様ニ奉レ存候。其一ハ聖行神道、一ハ易行神道ニテ、両様トモ教諭士夫々被二　仰付一可レ然奉レ存候。聖行神道ハ、古事記、日本書紀之神代巻ヲ究明イタシ、且又唐土之儒老、印度之婆羅門、仏家諸宗ニワタリ、西洋教法モワキマヘ、天文、地理、格知之学モイタシ候テ、日本国之教法ヲ以テ異域ヲモ化導イタシ候程ノ者ニ被二仰付一可レ然ト奉レ存候。易行神道モマタ聖行神道ノ内ニテ、弁舌サハヤカニ愚夫愚婦ヲヨクイヒサトシ可レ申、平常之諸行篤実ナル者ニ被二仰付一度奉レ存候。…臆説家ノ内ニテ聖行道ヲ専ラト心掛申候モノハ先々隆正ニテ可レ有レ之候。易行道ヲ心掛候モノハ黒住左京ニテ可レ有二御坐一候。乍レ去黒住左京ハ一向之不学者ニテ相立申候事故、其説行届兼、御採用ニ相成兼可レ申奉レ存候。[24]

この隆正の記した二つの文書で注目される第一は、「神道」が「旧神道」としての家伝流と、「新神道」としての本居流・平田流・臆説流の二つに大きく区分されていることである。「旧神道」とされた家伝流は、両部・唯一などを含むところからも知られるように、仏教などの外来思想の影響を受けた、篤胤のいう「俗神道」を指し、これに対し「新神道」が宣長以下のいわゆる「復古神道」に相当することは明らかであろう。そして、この「旧神道」の中に「唯一（神道）」が含まれていることからも、本書第二章で指摘した中世末・近世以来の、「神祇道」をもって「神道」とする考えがすでに過去のものとされていたことが確認できる。そのことは、同じ津和野藩校国学教授岡熊臣の「学本論」の次の一説からもうかがうことができる。

神道と称ふるものは、禰宜・神主等が行ふ祭祀神事のみと申す事の様に存じ候ふ族のみ之有り候。笑止千万の事に候。時世に神道と申し候は、天皇の天下を治め給ふ大道の事にて、ただ御国其の儘の治乱盛衰を押し込めて、世間に行はれゆく人道と称ふる名目と御心得なさるべく候。[25]

第二に注目されるのは、隆正が自らの「神道」説を臆説流と称して宣長や篤胤のそれと明確に区別していることである。ここで、隆正が宣長や篤胤、とくに篤胤との違いを強調しているのは、篤胤と違ってアマテラスを中心とする古代の天皇神話（記紀神話）解釈を重視した[26]ことに加えて、何よりも「政治的な実効性を重んじ」、「天皇統治に力点」を置いて「神道」の理論的再構築を図ろうとしていた[27]ことによる。アマテラスによって示された「政治的・道徳的教えとしての神道」という、こうした隆正の「神道」理解[28]は、「昔、天祖（アマテラス…井上）、神道を以て教を設け、忠孝を明かにして以て人祀を立てたまふ」という、会沢正志斎が『新論』で提起した国体論に基づく「神道」[29]論との基本的な共通認識の上に立ち、その延長線上に位置していたと考えることができる。

そして第三に注目されるのは、明治維新に際し、そうした「神道」論をさらに一新、発展させて「聖行神道」へと高める必要があると指摘していること、またその「聖行神道」の中には「易行神道」も含まれるとして、それを「聖行神道」の下位に位置づけていることである。ここで隆正が「易行神道」として具体的に念頭に置いているのは黒住教[30]で、太陽神＝アマテラスを万物の根源、宇宙の最高神として、アマテラスへの絶対的な帰依を説くこの民衆宗教が、幕末期の十九世紀初頭以来急速に発展しつつあった状況を踏まえ、それをも組み込むことによって一般庶民も教化することのできる新たな「神道」論を構築しようとしたのであった。しかし、それが「聖行神道」の一部として「愚夫愚婦ヲヨクイヒサト」す手段としてのみ位置づけられていることからも知られるように、隆正が構想する新「神道」は国民教化のための理論であって、黒住教などの「宗教」そのものとは明らかに次元を異にするものであった。そのことは、「聖行神道」が日本の古典はもちろん、儒教・道教・仏教・キリスト教などの諸宗教から、さらには西洋の学問にまで至る知識の集積を通じて、「異域をも教導」できる「日本国の教法」の構築を目指すものと位置づけられているところからも知ることができる(31)。

以上、明治維新期の宗教政策の方向づけに極めて重要な役割を果たした津和野派、その理論的支柱の一人でもあった大国隆正の「神道」論について検討を行ってきたが、これによって見ると、維新期の隆正の「神道」論には次のような特徴があったと考えることができるであろう。その第一は、天祖＝アマテラスによって定められた天皇による日本の国家統治の理念を示すものとして捉えられていること、第二に、仏教やキリスト教などの諸宗教とは次元を異にする、それらを超越するものと考えられていること、第三に、国民への教化を通じてその浸透、定着が図られるべきものとされていること、などである。隆正が追求しようとした「聖行神道」がそのまま直ちに実現したとはいえないが、「神道」についてのこうした理解は基本的に明治初期の維新官僚に共通のものであり、それが「皇道」（明治二年五月二十一日「皇道興隆の御下問」）・「惟神の大道」（同三年一月三日「大教宣布の詔」）などという形で表記されることとなったのであった[32]。

さてこのように、明治維新期における津和野派や維新官僚の考える「神道」が、「天皇の天下を治め給ふ大道」＝「皇道」＝「惟神の大道」というものであったとすれば、それが仏教やキリスト教などの諸宗教と性格や次元を異にするのはいうまでもないところであって、基本的には国体論に基づく政治的な国家的イデオロギー（＝国家・天皇による民衆統治のための政治支配思想）としての本質を持つものであったと考えなければならないということになろう。すなわち、「神道」を仏教やキリスト教などと同次元・同性格の一個の宗教と国家が認定し、それに特別の国家的な保護を加えることによって、国民への浸透を図るという「神道国教」化政策が、成立期の維新政府の政策基調であったとは考えることができない。

では、なぜそれが「神道国教」主義ないし「神道国教」化政策として理解されてきたのか。この点について考えるため、いま一度慶応四年三月十七日の太政官符案について見てみることとしよう。さきにも述べたように、実際に発布されたか否かはともかく、この官符案が旧津和野藩主亀井茲監に率いられた神祇事務局で作成された文書であること、そしてそこには「皇国内宗門、復古神道に御定仰せ出され」とあって、明確に「復古神道」を「皇国内の宗門」に定めると謳われていること、これが「神道国教」化と考えられる直接の根拠とされてきたのであった[33]。しかし、この官符案の理解に関しては、次の二つのことに注意しておかなければならない。その一つは、「皇国内宗門、復古神道に御定仰せ出され」の文言が、それに続く「諸国共産土の神社・氏子かつ人数改仰せ付けられ候事」とセットをなしていること、すなわち「復古神道」が「皇国の宗門」だというのは神社との関わりにおいて唱えられたものであったこと、二つには、「仏道帰依の輩は私に取用い候儀は苦しからず候事」との但し書きが付されていて、「復古神道」が仏教に対する信仰とは次元を異にするものと捉えられていることである。このうち、後者に関しては、国教とされた「神道」とそうではない仏教との違いとする理解もありうるかも知れないが、前者との関連を考えると、その理解が正確とはいえないであろう。

さて、問題は産土社やその氏子調べを行うことと、「復古神道」を「皇国の宗門」と定めることとの間にどのような関係が存在するのかにある。産土社の特徴は日本の国土に住むすべての住民（＝「日本国民」）がいずれかの神社に氏子として帰属するとされるところにあり、日本固有の宗教施設である神社と結ぶことによって、少なくとも理念的には「神道」がすべての「日本国民」を一人残らず無条件的に組織することが可能となる。いわばこの宿命的ともいうべき神社と「神道」との関係が、個々人の主体的な信仰に基づいて取り結ばれる、「宗教」としての仏教などと異なるのはいうまでもないところであって(これが但し書きの意味する内容と考えるべきものであろう)、近世以来の伝統的な区分法に従えば、神社という宗教施設との関わりからして、それは寺院・仏教とは異なる別の「宗門」ということになる。すなわち、さきの官符案にいう「復古神道」を「皇国の宗門」と定めるとは、国家的イデオロギーとしての「神道」と神社とを結び合わせることによって「神道」と「日本国民」との宿命的な結びつきを強調し、そのことによってよりスムーズかつ包括的な形で日本国民全体の思想的・精神的統合を図ろうとする、そうした政策意図を表明したものにほかならず、それこそが「祭政一致」といわれるものの一つの具体的な内容でもあったと考えられるのである。

本書第二章で検討したように、吉見幸和を初めとする近世中期から幕末期に至る「吉田神道」に対する厳しい批判と、それを受けた吉田家自身の自己批判を通じて、国家的イデオロギーとしての本質を持つ思想的な「神道」論(隆正流の「復古神道」論は幕末・維新期におけるその一つの理論的到達点を示すものと考えることができよう)とは区別された、いま一つの「神道」(=「神祇道」)としての神社祭祀はすべて天皇統治権の中に吸収されていったが、同じく幕末期における天皇(国家)への祭祀権の一元化とその整備・体系化を通して安定した国民的統合と国家統治とを実現するという国体論の登場[34]にともなって、この両者(国家的イデオロギーとしての「神道」と神社祭祀)は一つに結び合わされ、それが「祭政一致」の理念として維新政府の政策基調を構成することとなったのであった。しかし、神社祭祀(国家的儀礼体系)を媒介とする国民の国家的統合とはいっても、その具体的な内容は国家・天皇への国民の一方的な服属と忠誠とを求めるものであったから[35]、それは「愚夫愚婦」たる国民にそれを知らしめるという、「国民教化」という手段がとりわけ明治初年にあっては中心的な位置を占めることとならざるをえなかった。「祭政一致」のスローガンが実際には「祭政教一致」(この場合の「教」は、先述のように「宗教」ではなく「教化」・「教法」・「治教」などを意味する)の実現という形を取って進められたのは、こうした事情に基づくものであったと考えられる。神祇官を再興して全国の神社・神官を一元的に掌握・統制することに加えて、それとは別に新たに宣教使や教導職を設けて強力に国民教化を推進するという、古代の神祇制度とは本質的に異なる維新期の政策が、「神道」を「国家公認の宗教」として定立し、その「国教」への権力的な信仰強制を通じて国民の思想的・精神的一元化を図るという「神道国教」化政策に当たらないことは明らかだといえよう。

2　明治初期における維新政府の政策基調（2）——「国家神道」の基本的枠組みの成立

「王政復古」・「祭政一致」のスローガンのもとに「祭政教一致」の実現を求めて推進された維新政府の宗教政策のうち、先述した国家的イデオロギーとしての「神道」と神社祭祀との結合（前者による後者の接合・吸収）という観点から見てとくに重要と考えられるのは、①「神仏分離」と、②神社の再編成の二つである。

まず「神仏分離」について見ると、安丸氏を初めとして、これまで一般的にはこれを廃仏毀釈と一体のものとして、あるいはそうした仏教・寺院の否定と抑圧という文脈において理解されてきたといえる[36]。しかし、慶応四年三月十七日の神社の別当・社僧復飾令といい、同月二十八日の神仏判然令といい、そこでは寺院と神社との明確な区別、神官による神社の管理と仏教色の排除が命じられてはいるが、寺院や仏教そのものの否定がその理念的・政策的な趣旨とされていたわけでは決してない[37]。それは、同年四月十日を初めとして「神仏分離」を慎重にすべしとの指示が繰り返し政府から発せられたというだけでなく[38]、さきの太政官符案の但し書きに即してみても、宗教としての仏教それ自体の否定が維新政府の政策基調であったとは考えることができないからである[39]。改めて指摘するまでもなく、

「神仏分離」政策は天皇を中心とした国づくりの観点から、「復古神道」の理念を現実のものとし、それによって国民の思想的・精神的統合を図ろうとする目的をもって実施されたものであった。神と仏との関係を絶ち、また神社から仏教色を徹底的に排除することを通して、「仏教が日本に伝えられる以前の神々の祭りの場へと神社を整備し直す」ことが、そこでの最も重要な課題とされたのであった。

しかし、こうした政策を「神仏分離」と呼ぶこと自体に大きな矛盾が含まれていることに、私たちはまずもって予め十分注意しておかなければならない。本書第一章でも指摘したように、常設の神殿を設け、そこに祭神を祀って信仰の対象とする、こうした信仰形態や宗教施設（＝神社）そのものが仏教や寺院を前提とし、それとの関係なしには成立しえなかったものなのであって、これは「神仏隔離」の理念を踏まえた「神仏習合」の一形態と考えなければならない。すなわち、真の意味で神仏分離をいうのであれば、本来それは神社そのものの廃棄によってこそ達成されるべきものなのであって、「神社」というそもそも「神仏習合」によって生まれた宗教施設をそのままにして、ただそこから仏教的要素のみを排除すると称えるのは、まことにご都合主義的で一面的な「神仏分離」だといわなければならない。そしてそうであるからこそ、「復古神道」実現のための「神仏分離」が、客観的には仏教や寺院に対する抑圧として現れざるをえなかったのであって、それは現実には近世幕藩制下における国家権力と癒着した仏教・寺院の特権的地位の否定とその神社への交代（＝寺院に代わって神社に国家的な特権的地位を付与すること）という形をとって現れることとなった（宗門改めに代わる氏子調べや神葬祭への移行はそれを示している）。これらの点を念頭に置いて、改めて「神仏分離」の持つ歴史的な意味を整理すれば、とくに重要な論点として次の三つが指摘できるであろう。

その第一は、観念的な「復古神道」の理念に基づく寺院と神社、神と仏との分離・分断政策が、日本の伝統的な宗教のあり方に対する極めて重大で深刻な権力的挑戦であり、それが客観的には日本の宗教を理論的に支え担ってきた仏教や、その具体的な活動の場である寺院・僧侶への厳しい抑圧として現れざるをえなかったことである[40]。とくにそうした傾向が顕著に表れた背景に、平田派国学やその理論に導かれた各地の神官・豪農層などの動きがあったことは周知のところといってよい。同じく「復古神道」といっても、篤胤を初めとする平田派の説く「神道」論は大国隆正など津和野派のそれとは異なり、個々人の霊魂の行方や幽冥界の主催神（オオクニヌシ）に大きな関心を寄せるなど、むしろ「神道」を「日本固有の宗教」と捉えることによって仏教などと対置させ、激しい排仏論を展開するという、一種の「宗教」論としての特徴を持っていた（本書第二章第二節参照）ということができるからである。安丸氏らが、「神仏分離」を廃仏毀釈という脈絡において捉えていることと、維新政府の政策基調を「神道国教」化として捉えていることとの間には相互に密接な関係があり、それは平田派国学を基軸に据えて維新期の宗教政策を読み解こうとすることとも繋がる問題であって、ともに再検討の必要があると考えられる。

「神仏分離」の歴史的評価と関わって第二に注意すべきことは、仏教との関係を絶たれた神社が、それに代わる新たな理論的支柱を改めて天皇神話そのものに求めざるをえず、そのことが宗教施設である神社のいっそうの世俗権力（天皇制権力・国家）への直接的な癒着と従属とを招く結果となったことである。中世と異なり、近世幕藩制下の宗教が世俗権力への屈服を強いられ、その特権的な地位の獲得とともに支配権力機構の末端としての機能を担わされた（「鎖国」体制下における宗門改め＝檀家制など）のは周知のところであるが、しかしそこでは世俗権力が教義内容にまで踏み込んで直接統制を加えることはなく、その限りで宗教や宗教勢力の「自立性」はそれなりに保持されていた（真宗でいう「真俗二諦論」などはその具体化にほかならない）。それが、「神仏分離」以後の神社ではその「教義」ともいうべき天皇神話の持つ政治的性格と、その天皇神話に支えられ、祭祀権をも掌握した神権的天皇制の下にあって、世俗的な政治権力への全面的で直接的な癒着と従属とを強いられることとなったのである。(41)

その結果、本来は信仰対象としての宗教施設であるはずの神社が、現実には専ら世俗的な政治的イデオロギー（＝国体イデオロギー）実現の場として機能させられるという、宗教施設としては極めて特異な、そして宗教としての自立性に著しく欠ける姿で立ち現れることとなった。国家的イデオロギーとしての本質を持つ「復古神道」が、現実には「（国家的な）宗教」（＝「国教」）であるかのような相貌をもって現れ、機能したのは、こうした特徴を持つ神社を具体的な媒介としていたからにほかならない[42]と考えられるのであって、ここに明治維新期における「神仏分離」の持つ第三の歴史的特徴を指摘することができるであろう。

さて、維新政府にとっての「神仏分離」に続く次なる重要な政策課題は、「神仏分離」の過程を通じて明確となった方向、すなわち「復古神道」理念の実現にふさわしい形に神社そのもののあり方を改め、再編成していくことであった。この神社再編成の問題に関しては、すでに多くの先学によってその具体的な歴史過程や実態が解明されてきたところであるが、中でもとくに重要だと考えられるのは次の三点である。

その第一は安丸氏のいう「神々の再編成と新たな体系化[43]」。一つには、「神仏分離」によって分離・奉斎されたのが神々一般ではなく、記紀神話や『延喜式』神名帳によって権威づけられた特定の神々であり、これによって神社祭神の「記紀神話体系への統合と再編成」が一挙に進められていったこと、そして二つには、皇族と国家の功臣などの新たな神々が創出され、神社そのものの天皇主義化が強力に推進されていったことである。のちに別格官幣社として整備される楠正成を祀る湊川神社や、国家（天皇）のために戦死した軍人・軍属を英霊＝祭神として祀る靖国神社などがこれに当たるのは周知のところである。

これに対し第二は、神祇官を再興してすべての神官・禰宜を国家に直属させるとともに、すべての神社を官国幣社・府藩県社・郷社・村社に分類・区別し、皇祖神アマテラスを祀る伊勢神宮を頂点としてそれら全体を一元的に掌握・統制する、中央集権的でヒエラルヒッシュな国家的神社制度を作り上げたことである。

そして第三は、その社格決定と合わせてすべての神社を「国家の宗祀」と定めたこと。すなわち、明治四年五月十四日の太政官布告[44]において、「神社ノ儀ハ国家ノ宗祀ニテ一人一家ノ私有ニスヘキモノニ非」ずとして、「伊勢両宮世襲ノ神官ヲ始メ天下大小ノ神官社家ニ至ル迄精選補任可ㇾ致旨」が命じられた。これは、同年正月五日の社領の没収などと合わせて、世襲神官を認めず、神社の持つ歴史的・宗教的伝統の否定を通して、「国家の宗祀」たるにふさわしいものに権力的に再編成することを意図したものであったといえる[45]。

この明治四年五月の太政官布告の評価をめぐっては、安丸氏と阪本是丸氏との間で論争が交わされたこともあったが[46]、阪本氏自身も認めているように[47]、近代神社制度の基本的な枠組みがこれによって整えられたという点では一致している。しかし重要なのは、単なる神社制度ということではなく、神社を「国家の宗祀」と定めることが、さきの「神々の再編成と新たな体系化」とも関わって、神社のあり方そのものの重大な歴史的転換、すなわちそれまでの信仰対象としての宗教施設から、国家的儀礼の場への転換を意味していたことであり、それは同年九月の皇霊殿の創建による天皇親祭体制の確立、及び十月の神社祭式の統一と表裏一体の関係にあった。皇霊を宮中に祀り、天皇が自ら皇祖皇宗を祀るというこの祭礼形態は、明治天皇が群臣を率いて五箇条の誓文を天神地祇に誓うという形で発布したことの延長線上にあり、全国の神社を「国家の宗祀」と定めることは、この「天皇を祭祀王とする祭政一致制[48]」の理念に基づいて神社を整備・再編成することにほかならなかった。また、そうであるからこそ国家的儀礼の場である神社の祭式の規格化が求められ、それが神社祭式の統一という形で具体化されたのであった。宮地氏が強調する、元始祭・神武天皇祭を初めとする天皇主義的祭祀の創出や陵墓確定作業などに示される国家祭祀の天皇主義化もまたこれと表裏一体の関係にあった[49]。

以上のように考えてくると、近代神社制度の基本骨格と神社そのもののあり方を基本的に方向づけることとなったこの明治四年五月の太政官布告（伊勢神宮〈及び宮中の皇霊殿〉を頂点とする中央集権的でヒエラルヒッシュな神社制度と、全国の神社の「国家の宗祀」化）は、さきに述べた慶応四年の太政官符案で目指された方向の一つの到達点を示すものであり、それは「国家神道」の基本的枠組みないし方向性の成立にほかならなかったと考えることができる。

「国家神道」の理解をめぐっては、これを広義・狭義のいずれに理解するかを初めとして、今日もなお多くの議論の存するところであるが、以上に述べてきたところからも明らかなように、次のように理解するのが妥当といえるであろう。すなわち、国家（天皇）への国民の一元的な統合と天皇の統治権を正当化する、国家的イデオロギーとしての本質を持つ「神道」教説（＝国体イデオロギーに基づく「復古神道」論）を、日本固有の宗教施設である神社と結び合わせ、それを媒介とすることによって天皇制ナショナリズムを「日本国民」の中に注入し、もってその思想的・精神的一元化を推進しようとした、近代日本に特有な神社と「神道」の理論的・制度的再編成としての国家的宗教システム、これである。[50]

こうした筆者の「国家神道」理解は、基本的にはそれを狭義に理解しようとする立場に立つものといえるが、[51] 次の二点において諸先学のそれとは異なる。その第一は、方法論上の問題。すなわち、村上氏を含めて、従来「国家神道」の概念はGHQによって発せられた「神道指令」に基づいてその内容理解が進められてきたが（「国家神道」＝「神社神道」など）、改めて指摘するまでもなく、GHQが問題としたのはアジア・太平洋戦争中（＝天皇制ファシズム期）における国家と宗教との関わりなのであって、明治維新以後の近代日本の全体が問題とされているわけではもちろんない。また、そこでは天皇の免責と戦後における天皇制の存続というマッカーサーの政治方針が前提とされていることもあって、天皇制との関わりという最も深刻で重要な問題が後方に退くことにもなった。従って、歴史的概念としての「国家神道」について論じるためには、まずもって幕末・明治維新以後の歴史過程に即してその基本的性格や特徴を明らかにし、その歴史的展開過程との関わりにおいて「神道指令」の問題（それが事態をどれだけ的確に捉えているのかどうかを含めて）は検討されなければならないということになろう[52]。第二は、内容上の問題。「国家神道」という場合の「神道」について、従来はこれを「自然発生的な日本固有の宗教」とする理解の上に立ち、あるいはそうした理解を暗黙の前提として検討が進められてきた[53]。しかし、こうした一種の社会的「通念」ともいうべき「神道」理解は何らの学問的な検証を経たものとはいえないのであって、実際には、のちほど改めて論じるように、「国家神道」の成立と展開、及びその解体の中でこそ成立していったものと考えなければならない。「国家神道」という場合の「神道」、及びその歴史的前提となった「神道」概念は、さきに大国隆正に即して指摘したように「自然発生的な日本固有の宗教」などというものとはまったく異質であり、そうであれば「国家神道」概念が大国隆正などの提起する「神道」概念を踏まえて構築されなければならないのは当然だということになろう。筆者が明治四年に至る維新政府の宗教政策を「神道国教」化という形で捉えることに従いえない最大の理由もまたこの点にあり、「国家神道」の基本的枠組みないし方向性が定められたこの時期こそ、「国家神道」の成立に向けた第一の重要な画期（＝第一段階）として捉えるのが妥当であろうと考える。(54)

第二節 「神道」概念の転換と「国家神道」の体制的確立

1 教部省・教導職設置の意味するもの

前節で検討した明治初年から四年にかけての「国家神道」の成立過程は、維新政府が天皇権威の絶対性や天皇支配の正当性に対する国民的合意の形成とキリスト教との対抗という二つの課題を、同時かつ緊急に推進しなければならない時期に当たっていて、国民教化を通してこれらの課題に応えるべく設けられたのが、明治二年三月の教導局及び同七月の宣教使であった。しかし、宣教使が十分にその機能を発揮できなかったのは周知のところで、①廃藩置県以前であったこと、②教化内容が明確でなく、また諸説の対立により理念の統一が困難であったこと、③教化を担える十分な人材を確保できなかったことなどが、その主な理由として指摘されている。[55]そして、こうした事態を踏まえて、明治五年三月十四日にそれまでの神祇省（廃藩置県の翌月に神祇官に替えて設置）を廃して新たに教部省を、同じく同四月二十五日には宣教使に代えて教導職をそれぞれ設置し、同二十八日にはその教導職に対して三条の教則（①敬神愛国ノ旨ヲ体スベキ事、②天理人道ヲ明ニスベキ事、③皇上ヲ奉戴シ朝旨ヲ遵守スベキ事）が交付された。

ところで、この教部省と教導職の設置に関しては、それまで進められてきた「神道国教」化政策が行き詰まり、明治初年以来の宗教政策の抜本的な方針転換ないし修正としてこれが提起されたというのが、これまでの一般的な理解（とくにA説）であったことは前節の最初に指摘した通りである。こうした理解や評価の前提にあるのは、明治初年における維新政府の政策基調を「神道国教」化と捉えることに加えて、宣教使の任務を「神道国教」化政策の推進、すなわちキリスト教や仏教などを排除し「神道」によって国民の宗教的・思想的一元化を図ること、逆からいうと「（日本固有の宗教である）神道」の布教を通じてキリスト教や仏教などを排撃することにあったとするところに求められるであろう。そして、そうした宗教政策が先進諸列強や仏教（とくに一向宗）側などからの厳しい批判にさらされる中で方針転換を迫られ、そこから改めて「国家神道」が成立していくことになったというのが、これまでの一般的な理解だと考えられるのである。しかし、こうした問題の立て方や考えには大きな疑問があるといわなければならない。明治初年の維新政府の政策基調を「神道国教」化と捉えることへの疑問や問題点については前節で検討を試みたので、本節では宣教使及び教部省・教導職の設置とそれ以後の問題について、若干の検討を試みることとしたい。

まず宣教使に関して問題となるのは、その任務が果たして「神道国教」化政策の推進にあったといえるかどうかということである。確かに、宣教使設置の主要なねらいの一つがキリスト教対策にあったことは明らかで、宣教使の具体的な活動がまず長崎において開始され、あるいは長崎での布教がとりわけ重視された(56)ことからも、これをうかがうことができる。問題は宣教使の具体的な活動内容と性格がどのようなものであったかということにある。この点で、まず最初に注意すべきことは、宣教使の職務内容を定めた明治三年正月の「大教宣布の詔」に、「宣下明二治教一以宣中揚惟神之大道上也、因新命二宣教使一布二教天下一」(57)とあって、「惟神之大道」（＝「天皇の天下を治め給ふ大道」＝「神道」）の宣揚と「布教」（＝国民に広く知らしめること）がその職務だと明記されていることである。

要するに、天皇及び天皇支配の正当性と絶対性を国民に周知徹底すること、すなわち国民が天皇の絶対的権威を認め、それに服することで安定した世俗の政治社会秩序を構築していく、そのために資すること、これが基本任務とされたのであって、その趣旨は先述の明治五年四月に取りまとめられた「三条の教則」と本質的に異なるところがないといわなければならない。この点で、宣教使と教導職との間に決定的な段差（質的な差異）を設け、前者を「神道国教」化の時代、後者をそれからの転換の時代として区別する捉え方には無理があるといわなければならないであろう。(58)

さてその上で改めてみる必要があるのは、国体イデオロギーに基づく「天皇の絶対的権威」や「天皇及び天皇支配の正当性・絶対性」などの理念の直接的な根拠が天皇神話（＝記紀神話）に置かれていて、国民への教化活動がこの天皇神話を貫くコスモロジー（宇宙や世界や人間についての包括的なビジョンを含んだ観念や言説）(59)の社会的共有化（＝世俗権力によるコスモロジーの独占と国民への普及）という形をとって進められなければならず、それは必然的にアマテラスを初めとする特定の神々（天皇家の祖先神など）への崇敬を求めるなど、キリスト教などの宗教教義と鋭く矛盾・対立せざるをえなかったことである。もちろん、これは理論的には一向宗（のちの真宗）を初めとする仏教諸宗派にも共通するはずの問題であったが、近世仏教が現実に幕藩制下におけるキリシタン禁制の理論的担い手として機能してきたという歴史的伝統、とりわけ十九世紀以来の国体イデオロギーの社会的浸透と、幕末・維新期の変革過程を通じて、仏教側ではすでにこのコスモロジーを共有していて、残るのはキリスト教だけであった。維新政府が幕藩制以来の政策を受け継いで、改めてキリシタン禁制を発令したのもこうした理由によるものであったと考えられる。そして、そうであるからこそ宣教使の活動の重要な拠点の一つが長崎とされたのであった。しかし、こうした抽象的・観念的で偏狭な理念に基づく教説をもって、強固な信仰心に支えられたキリスト教徒たちを説得することができないのは当然で、諸列強からの厳しい批判もあって、新たな妥協の道を模索せざるをえないこととなった。明治六年(一八七三)二月のキリシタン禁制の高札撤去(キリスト教の黙認)は、その一つの対応策であったといえる。そして、以上のことからも明らかなように、宣教使の活動は天皇の絶対的権威とその背景をなすコスモロジー(宇宙観・世界観・国土観)を広く国民の間に周知徹底することを任務とするものであって、特定の宗教教義や信仰を国民の間に浸透させるのが直接の目的であったとは考えることができない[60]。「神道国教」化政策の推進が宣教使の任務であったとする従来の理解には再検討の必要があると考えられるのである。

では、なぜ宣教師は教導職に改められることとなったのか。教部省・教導職の設置はいかなる理由に基づくものであったのか。その背景をなす大きな要因の一つとして、従来から共通に指摘されてきたのは前年の廃藩置県、すなわち本格的な中央集権国家の成立にともなって、中央政府の責任とイニシアティブにおいて近代国民国家の形成を推進する、そのためのより強力な国民教化の推進が改めて強く求められ、それにふさわしい組織として教部省・教導職が設置されたということである[61]。また、宣教使と異なる教導職の最も大きな特徴の一つが神仏合同の布教、すなわちかつての一部の国学者や神道家などの官吏に代わって、神官と僧侶が共同して布教活動の中心を担ったところから、失地回復をねらう寺院・僧侶側、とりわけ島地黙雷などの維新官僚と結んだ本願寺僧からの積極的な働きかけが、その一つの大きな要因として指摘されてきた[62]。

これらの指摘はそれぞれに重要で、教部省・教導職設置の理由をそれなりに説明していると評価することはできる。しかし改めて指摘するまでもなく、教導職の最も中心に位置し、かつ最も重要な役割を担うことを期待されたのが神社神官であったことからすれば、これらの理解や説明ではやはり不十分だといわなければならない。なぜ神社神官が中心的な位置と役割を担う形で教導職が新設されることとなったのか、その理由が明確でないか[63]らである。結論的にいって、前節で述べたように、明治四年における「国家神道」の基本的枠組みの成立こそがその最大の要因であったとすべきなのではないか。「神道」教説に基づいて再編成され、天皇の祭祀・統治権を支え、その一翼を担う「国家の宗祀」として、それにふさわしい神官組織や祭礼体系が整えられた官幣社以下の全国津々浦々の神社、それは国家的祭祀・儀礼の場であると同時に、「神道」教説を国民に周知させるための基幹組織、「三条の教則」の最も直接的で重要な担い手として位置づけられることになったと考えられるのである。教部省の設置と同時に、かつて神祇官（神祇省）の下にあった祭典関係の機能が式部省の管轄として教部省から分離されたのも、神社神官に課せられたこの二つの機能（祭礼＝国家的祭祀・儀礼と国民教化＝「神道」教説の布教）を、それぞれより有効に発揮させせようとする意図に基づくものであったと考えられる。言葉を換えていえば、明治四年までに基本的な枠組みないし方向性として成立した「国家神道」を、神社神官を媒介とする国民への教化活動を通じてさらに社会的に定着させ、実体化することが目指された。そしてその際、寺院寮建設や教部省設置要望などの寺院側の動向などをも踏まえながら、かつて大国隆正が提起した「愚夫愚婦ヲヨクイヒサト」す手段として広く寺院僧侶を初めとする多様な宗教者などを総動員して、神官に協力させせることが目指されたと考えられるのである。

「三条の教則」に基づく教導の最初は周知のように明治五年（一八七二）五月十日、芝大神宮・日枝神社・神田神社の三社を東京府社と定めて実施されたものであり、同十月の神仏合同による大教院の建設を契機として、以後本格的に展開されることとなった。その活動内容や特徴については、これまた諸先学の研究によって多面的な解明が進められてきたところで、その論点も多岐にわたるが、ここでは「神道」の「宗教」化と「信教の自由」論争、及びその両者の関わりに絞って若干の検討を試みることとしたい。

まず「神道」の「宗教」化についてであるが、これまでの研究によってこれには次の二つの側面、ないし要因の存在していることが明らかにされてきた。その一つは、教部省・大教院の設置を実際に推進した留守政府・薩摩派官僚の宗教政策の問題。すなわち、西郷隆盛と結んだ伊地知正治や三島通庸などの薩摩派官僚が、意見を異にする岩倉使節団一行の意向を無視し、あるいはその了解を得ることなく、一方的に平田派の神道理論に基づいて神主仏従の合同布教政策を実施したため[64]、「神道」が仏教に優位する、それと同質の宗教として立ち現れるに至ったこと[65]、いま一つは、教導職である神社神官による「三条の教則」の国民への教化活動（大教宣布運動）そのものが、現実に宗教活動として展開され、あるいは宗教活動としての意味を持ったため、これまた「神道」が仏教などと比肩される、それと同質の一個の「宗教」としての相貌をもって立ち現れるに至ったことである。

このうち前者は、明治五年五月二十四日の福羽美静の教部省免官に象徴的に示されるように、神祇官・神祇省時代以来、福羽美静らが中心となって推進してきた政策の転換を意味するものであり[66]、島地黙雷が「一ノ神道宗ヲ興シテ以テ外教ヲ防キ、以テ国体ヲ維持セントスルニアリ」と厳しく批判したところに、その特徴がよく示されている。これに対し後者は、中島三千男氏が「神道の宗教としての発展」として提起したところのもので[67]、中島氏は①この運動が民衆を教会・講社に組織する形で進められたこと、②そこでの神官による説教が専ら現世利益の満足や死後の霊魂の安楽という、民衆の求める個人的祈願の成就を説く形で進められたことなどから、「復古神道のイデオローグの主観的意図」を超えて進行したものであったと指摘している。そして中島氏は、こうした事態を、「復古神道の中に未分化なまま融合している二つの要素（「政治的乃至国民道徳観念としての尊皇思想（政治思想）」と「本来の宗教的なもの」…井上）」のうちの後者が、「前者とは相対的に独自なものとして分離されて前面に出てきた」ものにほかならないとしている。要するに、留守政府によって推進された教部省・大教院の政策基調とその具体的な活動内容が、二つながら「神道」の「宗教」化を促すものであったということである。このうち前者は、もともと特異な政治状況の中で生まれたものであり、それについては小川原正道氏の詳細な研究(68)もあるのでそれに委ねることとし、ここではより重要で中心的な位置を占めた後者について若干踏み込んで考えてみることとしたい。

さて、中島氏のさきの指摘は、明治十〜十三年の祭神論争に焦点を合わせ、その観点から大教宣布運動の歴史的総括を試みた一つの重要な問題提起と考えられるものであるが、しかし大教宣布運動そのものの総括という点では、なお検討を要する問題が含まれていると思われる。それは、中島氏のこうした問題の捉え方では、「信仰の自由」論争といういま一つの重要な問題が抜け落ちてしまい、十分位置づけることができないと考えられるからである。では中島氏の捉え方のどこに問題があるのか。結論的にいって、それは「神道」の「宗教」化をどのように理解するかにあるといえよう。中島氏の場合、それを専ら「(復古神道の抱える)本来の宗教的なもの」の側面の分化・顕在化という形で捉えているが、重要なのはそうではなく、国家的イデオロギーとしての本質を持つ「神道」そのものの「宗教」化(=「神道」が「宗教」として立ち現れてくること)にこそあるとすべきなのではないか。

中島氏が「神道」の「宗教」化という場合に捨象している重要な問題の一つに、開化主義啓蒙の立場からの民間信仰や民俗行事・習俗の禁圧という問題がある。この問題は安丸氏が指摘するように[69]、明治四年から七年、とくに明治五年の教導職設置以後とりわけ顕著となったもので、盂蘭盆会・盆踊りや普化宗(虚無僧)・修験宗の禁止、あるいは梓巫・市子・憑祈禱・狐下・玉占・口寄等の全面的禁止、さらには天理教や金光教への厳しい禁圧などが、迷信・猥雑・浪費などの理由をもって強権的に推進された。そしてそこで重要なことは、これらの施策が「三条の教則」の理念の具体化として進められ、それが明らかな権力による宗教統制の意味を担っていたことである。この「三条の教則」の理念は当時一般に「神教」の名で呼ばれたが[70]、それがその基幹的担い手とされた神社神官との関係から仏教との対比において「神道」と同義に理解され、そしてそこから「神教」=「神道」

が「体制的宗教」というニュアンスを帯びることになったと考えられるのである。明治四年十二月の神鏡奉遷・教部省設置に関する左院決議に、

一、文武官員拝任の日は、必ず神殿に拝謁して誓文を奉り、神教を重じて皇宝と共に国体を保安するの誠心を表せしむべき事。

一、教部省を置き、道学に属する在来之諸教道の事務を総管せしめ、神教及び仏教共各教正を置き、生徒を教育し人民を善導せしむべし。凡中外之宗門甚だ多くして、其邪正を取捨するは至て重事とす。然るに宗教を遵奉し、一家一身を托し祈るは彼我免れざるの民情也。故に我政府より設置する処の法律に違反する宗教あらば、所断之れを裁除するの権力有らしむべき事。(71)

などとあるのがその一例といえよう。そしてこのような「神教」=「神道」が現実に中島氏の指摘する二つの手法、すなわち①民衆を教会・講社に組織する形で進められたこと、②その説教が専ら現世利益の満足や死後の霊魂の安楽という、民衆の求める個人的祈願の成就を説く形で進められたことによって、依然として本来の国家的イデオロギーとしての本質を維持しながら、しかし同時に仏教などと対比される一個の「宗教」としても立ち現れるに至ったと考えられるのである。(72)それは、「国家の宗祀」化を通じて天皇主義的に再編成された神社の神官が教導職に任じられることによって、「天皇教」ともいうべき国家

的イデオロギーそのものを信仰内容とする、「新たな宗教」が登場したともいえるものであったと評価できよう（黙雷のいう「神道宗ヲ興シテ云々」の指摘が注目されるところである）。そしてこれ以後、今日も大きな問題とされる「神道」概念の重大な転換が、ここに本格的に始まったということができる。それは、本書第二章で指摘した中世末期における「吉田神道」の成立にともなう「神祇道」としての「神道」の成立、及び近世後期における幽冥観や民間習俗などを取り込んだ平田篤胤による「復古神道」の「宗教」化とは区別される、それらとは質的に大きく異なる第三の、新たな「神道」概念の転換（「神道」＝天皇崇敬を前提とし、あるいはそれと一体化された神社祭祀・神祇信仰そのもの）の始まりということができるであろう。[73]

島地黙雷を初めとする「三条の教則」への批判や「信教の自由」論の提起というのも、以上に述べたような状況をこそ歴史的前提としていたと考えなければならず、それは新たな「宗教」概念の成立についても、従来の研究の再検討の必要性を促すものといえるであろう。項を改めて考えてみることとしたい。

2 「信教の自由」論争と二つの「神道」概念の併存

周知のように、明治五年（一八七二）八月の大教院の開設にともなう神仏合同による本格的な「三条の教則」の教導が開始された二カ月後、森有礼が英文で「日本における宗教自由」を発表、さらにその二カ月後には渡欧中の島地黙雷が「三条教則批判建白書」を作成するなど、にわかに「信教の自由」論が活発となり、国家と宗教、政治と宗教の問題が深刻な形で議論されることとなった。この「信教の自由」をめぐる論争に関しても、これまた従来から多くの先学による研究が蓄積されていて、改めて論ずる余地は残されていないとも思えるほどであるが、しかし以下に述べるように、必ずしも問題は決着しておらず、未解明な部分が多く残されているといわなければならない。

まず第一の問題は、その歴史的前提をどう考えるかという点で、従来は明治初年以来の「神道国教」化政策に対する反対としてこれが提起されたと考えられてきた。しかし前項で指摘したように、明治四年にその基本的な枠組みと方向性の成立した「国家神道」(第一段階)が大教宣布運動と教導職の設置を通じてさらに具体化・実体化される(「国家神道」の体制的な確立に向けた動き)中でこそ「信教の自由」論争は展開されたと考えられるのであって、こうした観点からの再評価が求められるところといえよう。

右のこととも関わって第二に問題となるのは、安丸氏を初めとして、従来から一般に島地黙雷が「信教の自由」=「政教分離」論を提起したのは、明治五年一月から翌年七月に至るヨーロッパ留学によって西欧文明や新たな「宗教」概念を学んだことによるとして、

「信教の自由」論提起の論理的起点を専ら島地のヨーロッパ留学という、いわば外的な要因に求めていることである。確かに、島地にとって留学の持つ意味は大きく、そこで得たものが極めて大きかったのも事実であるが[74]、しかし前項で検討した「神道」そのものの「宗教」化という、いま一つの最も基本的な要因を捨象しては、事態を正確に捉えることもできないのではないだろうか[75]。

この問題について考える上で、重要な論点を提示しているのは藤井健志氏[76]である。藤井氏は、島地の「神道」観が渡欧以前と渡欧時の明治五～六年、及び明治七～八年以後の三時期においてそれぞれ変化しているとして、その変化の内容を丁寧にフォローすると同時に、しかし他方では島地の認識や理論内容が近世以来の真宗教団における伝統的な「王法為本」・「真俗二諦」論の上に立つものであったとして、その連続性の側面についても的確な総括を行っている。そして、問題の第二期、明治五年の「三条教則批判建白書」と翌六年の「大教院分離建白書」に関しては、前者が政治と宗教との分離、後者がさらにその上に立った神道と仏教との分離を提起したところに、第一期とは異なる重要な変化と特徴が認められると指摘している。すなわち、第一期にあっては、例えば明治四年九月に提出されたいわゆる「教部省開設請願書」において神道が「神聖ノ道」という「一つの国家的理念」として捉えられていて、「まだ必ずしも神道を仏教に敵対するものとして捉えてよいのかどうか明らか」でなかったのに対し、第二期にはそれが「宗教」と捉えられ、「神道も一つの宗教として、仏教と混同すべきではない」との認識に基づいて政治と宗教との区別・機能分担が論じられたという。藤井氏が明治初年の維新政府の宗教政策を「神道国教」化政策とする通説に従って考察を進めたところから、若干曖昧な部分も含まれてはいるが、①「神道」を「神聖ノ道」という「一つの国家的理念」として捉えていた明治四年まで、島地は取り立てて「神道」を批判することがなかった、②明治五年以後、「神道」をキリスト教や仏教と同じ「宗教」と捉えることによって「神道」への厳しい批判が展開され、また政治と宗教との区別や機能分担も論じられるようになった、③明治六年一月の大教院開院式以後、「教導職に対する神道的要素の強要が強」まり、「政府の意図する「神道」がかなり明確な姿を取ってきた」のにともなって、「神道は仏教と根本的に異なるものだとして、相異なる宗教（教法と述べられている）は混合すべきではない」と主張するに至った、などの点が明らかにされたのは重要だといえよう。①から②、②から③への変化は、島地のヨーロッパ留学のみによっては説明することができず、前項で指摘した「神道」そのものの「宗教」化という現実の歴史過程を踏まえることによって、初めて十全な説明が可能になると考えられるからである。「三条教則批判建白書」の下書きとして明治五年七月頃に執筆されたと推定される「建言　三教ノ合同ニツキ」において、「日本新ニ儒仏神ノ三道ヲ合シテ教ヲ立テ、以テ一ノ宗旨ヲ造リ、民ヲシテ之ニ依ラサルコトナカラシム、何ソ誤ルノ甚シキヤ[77]」として、新たな「宗教」(＝「神道」)が権力的に創出されようとすることに強く反対したとされるのも、このことを裏づけるものといえよう。

以上を要するに、島地が「信教の自由」論を提起した背景には、教導職と大教院の設置を契機とする「神道」の「宗教」化(「神道＝天皇崇敬と一体化した神社祭祀・神祇信仰」の成立)、及び強制的な神主仏従の合同布教体制の構築にともなって、神祇不拝を理念とする伝統的な真俗二諦論そのものが根底から否定され、真宗はもちろん仏教自体が一個の自立した宗教として存立しえないという、まことに深刻で未曾有の危機が存在したのであって、この窮地を脱すべく、島地は木戸孝允ら長州派官僚とも緊密な連絡を取りながら、Religionの訳語としての新たな「宗教」概念を初めとするヨーロッパ留学によって得た知識を総動員してこれに反撃を加えたのであった。そしてそこでは、権力的に創出され、神官によって担われている「宗教としての神道」が慣習的な祭祀と『古事記』・『日本書紀』などの古典にのみ依拠している点を捉え、それが、①特定の教祖を持たない多神教であること、②本来祭祀のみを中心とし体系的な教義や布教法を持たないことなどから、仏教より一段低い「未開の宗教」だとし、そうした「未開の宗教」の権力的な布教はキリスト教を抑止するどころか、むしろこれを招き入れる危険性をはらむものであり、また文明開化の趣旨にも反するものだと批判したのであった。そしてその際、島地は「宗教としての神道」の問題点もさることながら、そうした「未開の宗教」が国家権力を背景として強権的に布教されること（＝「神道」の「国教」化）こそが問題だとしたのであって、それが政治と宗教との明確な区別・分離と機能分担、新たな形での真俗二諦論の再構築として提起されることとなったのである。

この島地による「信教の自由」・「政教分離」論の提起と関わって、いま一つ注意しておく必要があるのは、それが維新政府の宗教政策に対する西欧的な「宗教」概念を用いた最初の本格的な批判でもあったということにある。Religion の訳語としての西欧的な「宗教」概念そのものは日本でもすでに幕末期から知られていて、明治初年にかけて主に外交文書や一部の知識人の間などで用いられてきたが、しかしそこでは「宗旨」・「宗門」や「教法」・「聖道」など多様な訳語が当てられていて未だ「宗教」の語に統一されず、内容的にも日本国内の宗教動向とは直接関わりのないものであった、といわれる(78)。そうした中にあって、島地黙雷は「三条教則批判建白書」においていち早く「宗教」の訳語を用いるとともに（もちろん、未だ定着してはいないが）、この西欧的な「宗教」概念を用いて政府の宗教政策を真っ向から批判し、「政教分離＝信教の自由」論を展開したのであった。その結果、島地によるこの問題提起以後、真宗や仏教界はもちろん、一般の知識人層やジヤーナリズムの間でも「政教分離＝信教の自由」を当然とする認識が急速に広まり、木戸孝允を初めとする政府首脳の一部にも共有されることとなった(79)。明治六年におけるキリスト教禁止の高札撤回もその影響の一つと考えることができよう。そして、こうした急速な事態の展開にともなって、攻守所を変え一挙に窮地に追い込まれることとなったのは、ほかでもない時の政府首脳や神官・神道家たちであった。島地の提起した問題が「政教分離＝信教の自由」論にとどまらず、「神道」の「未開」＝「反文明」、あるいは非論理体系性の指摘にまで及んでいて、国家的イデオロギーとしての「神道」（「国家神道」の理念）さえ否定されかねない可能性をはらんでいたからである。明治七年（一八七四）に神祇官の再興を求める建白書が相次いで提出されるなど、「神道」の「国教」化を目指す動きが急速に高まっていったのはこうした背景と危機意識に支えられたものであったと考えられる。

第一節の最初にも指摘したところであるが、史料上に「国教」の語が登場し、頻繁に用いられるようになるのは、島地の「三条教則批判建白書」を初めとする、「信教の自由」論提起以後のことで、それは西欧的な「宗教」・「国教」概念の受容と密接な関わりがあったことをうかがわせる。そしてさらに注目されるのは、この「国教」の語の中にその早い段階から大きく二つに区分される異なる意味が含まれていたことである。一つは今日も私たちが一般的に用いている国家権力の保護と統制の下に置かれた「国家公認の公的宗教」、いま一つは国家的イデオロギーとしての本質を持つ世俗的な社会的規範としての「日本固有の教法」、この二つである。前者は島地の厳しく批判した権力的に創出された「宗教としての神道」がこれに当たり、その事例としては、前節第一項で一部を引用した明治七年五月の田中頼庸や千家尊福ほかの神祇官復興建白書などを挙げることができる(80)。そしてこの田中の建議に対する「大臣判決」が、「其言以テ採納スベシ」と述べ、「御維新以来凡百ノ事業悉ク緒ニ就クト雖、国教一事ニ至テハ着手頗ル茫洋ニ属スルガ如シ。今ニシテ数年ヲ経ル、窃ニ患フ、国憲上不レ可レ言ノ禍ヲ生ゼンコトヲ」として、「国教」一定を緊急の課題だとしているのは、安丸氏も指摘するように(81)、「宗教としての神道」を創出しようとした政府内部にあってはこうした意味での「国教」論がなお有力であったことを示しているといえよう。

これに対し、後者の事例としては、阪本是丸氏が紹介した明治七年(一八七四)七月三日に栃木県の久我正通らが提出した建白書などを挙げることができる。

愚按スルニ、国アレハ人アリ、人アレハ想アリ、想ニ正邪アリ、政ノ以テ外容ヲ匡シ、教ノ以テ内心ヲ正フスルニ非ズンハ奚ゾ億兆ヲシテ方向ヲ謬ラシメズ忠孝ヲ完フシ、自主ノ権利ヲ保タシムルヿヲ得ンヤ、是レ国アレハ教ナクンバアルベカラザル所以ナリ、我邦　天祖天神ノ大道ヲ以テ天下ヲ師ユルヤ、開闢以来皇統連綿トシテ曾テ一人ノ　神器ヲ覬覦スル者アルヿナシ、是レ　歴朝神祇ヲ崇重シ、報本反始ノ義ヲ天下ニ明ラカニシ、君臣ノ親義ヲ篤フシテ、臣民ヲ奨励スルニ因レバナリ、而ルニ今ヤ世態一変シ、外教漸ク浸淫ス、是時ニ膺リ中外黠智ノ徒、本ヲ忘レ利ニ走リ、政教ヲ分ツベシト云ヒ、外教ヲ開クヘシト云ヒ、共和政治ヲ行フ可シト云フ、不知

皇上ヲ何レノ地ニ置奉ラントスルヤ、何ゾ無稽ノ甚シキ巧言異説聞ニ堪ズ、故ニ我国教ヲ宣布シテ、彼ガ邪焰ヲ排斥スルニ非スンバ　皇祖天神モ魔神ト称サレ、君父ノ恩義ヲ滅裂シ、易世革命ノ弊風ニ陥リ、上下交モ難ヲ構へ、寧日無キニ至ラン歟、実ニ危急切迫ノ秋、防禦ノ策忽カセニ為可ラス、是故既ニ教部省ヲ置カセラレ、大小教院ノ設アリ、教義ヲ拡充セラル丶モ神官僧侶ニ委任セシメ、唯人民ノ信仰而已ニ任スルハ　皇国固有ノ教法ヲ以テ之ヲ度外ニスルニ似タリ、是レ臣等カ憂愁措ク能ハズ、敢テ上言スル所以ナリ、伏而願ハクハ神祇官ヲ再興シ、敬神ノ大義ヲ明ラカニシ、教部諸陵ノ両寮ヲ付シ、執政ノ大臣ヲ以テ教法ヲ担当シ、在廷府県ノ百官ヲシテ教導職ヲ兼補セシメ、国郡各区ノ戸長ヲシテ布教係ヲ兼務セシメ、保長伍長ニ至ル迄総テ教務ニ関ラシメ、大ニ大教ヲ宣布センヿヲ、(82)

この建白書で注目されるのは、「政ノ以テ外容ヲ匡シ、教ノ以テ内心ヲ正フスル」とい

う「政教一致」論ではさきの田中や千家ほかと同じ立場に立ちながら、しかしそこでの「教（国教）」を「皇国固有ノ教法」（三条の教則を指すと考えてよいであろう）という限定的な形で捉え、それを神官・僧侶などの宗教者ではなく「在廷府県ノ百官」や「国郡各区ノ戸長」・「保長伍長」などのいわば世俗的な行政機構を通じて、すなわち「非宗教的な教化活動」によって実現するよう求めていることである。「日本宗」ともいうべき日本固有の宗教を「国家公認の公的な宗教＝国教」と定め、神社神官を通じてそれを強権的に布教させるという、前者の考え方との違いは明白であろう。しかし、同時に注意しておく必要があるのは、この建白書を提出した久我とさきの千家などとではその危機意識のあり方や、状況認識において基本的に異なるところがなかったということである。千家ほかの建白書については安丸氏が的確な総括を行っていて、「文明開化による日本の富強の実現は、自明の正当性をもった課題であり、そのためには権利についても民衆を啓蒙し、その愚蒙を啓かなければならないが、しかしそれは無制限的な欲求の噴出であってはならない。神祇官を再興して国教を確立し、国教を体と智識の開発を用とする、体用あい持つ「真文明真開化」を実現しなければならない、というのが千家たちの立場であった(83)」と指摘している。それは、久我らが「（人民の）自主の権利」を認めつつ、しかし「共和政治」や「易世革命」へと至るのを防ぐためには、「神祇官ヲ再興シ、敬神ノ大義ヲ明ラカニ」する必要があるとするのと、本質的に異なるところがない。両者の「国教」概念の理解やその実現方法には明らかな違いが見られたが、実態的には極めて近似したものがあったと考えられるのである。

この「国教」の定立を求める神官層を中心とした運動は、明治八年（一八七五）十一月教部省から神仏各管長に対し「信教の自由」の口達が発せられることで一つの決着が図られることとなった。「神仏各宗共信教ノ自由ヲ保護シテ之ヲシテ暢達セシム…而シテ其教法家ハ信教ノ自由ヲ得テ行政上ノ保護ヲ受クル以上ハ、能ク　朝旨ノ所在ヲ認メ、啻ニ政治ノ妨害トナラサルニ注意スルノミナラス、務テ此人民ヲ善誘シ治化ヲ翼賛スルニ至ルヘキ、是レ教法家ノ政府ニ報スル所以ノ義務ト謂フヘシ」というもので、田中や千家らの求めた「神道」を国家公認の公的宗教とする道が明確に封じられたことを意味していた。その理由としては、本願寺を中心とする真宗各派の大教院からの激しい離脱運動の展開と、知識人やジャーナリズムなどを含めた「信教の自由＝政教分離」を求める大きな世論の盛り上がり、そして何よりもこうした中で理論的に追いつめられた神官や神道家たち自身が、「神道」を宗教とするのはむしろ好ましくないと判断するに至ったこと、さらには条約改正問題を抱えた政府自身が諸列強との関係からも「信教の自由」を宣言しておく必要があると判断したこと、などが挙げられるであろう。同じく阪本氏が紹介した、明治七年六月十七日の熊谷県大内青巒の建白書は、そうした神官や神道家たちの考えを示すその典型的な一例ということができる。

夫レ神道ハ祭典祀事ノ盛礼ニシテ、則チ我　皇上ノ祖先ニ追孝シタマヒ及ヒ臣民ノ天下ニ功労アリ人民ニ恩徳アル霊魂ヲ慰ムルノ道ノミ、若之ヲ以テ宗教トナサハ、唯其衆神教ナルノミナラス、之ヲ雑神教ト謂フ可キ歟、…夫レ我カ　皇上ノ祖先ヲ祭祀敬崇スルヲ以テ宗教トナサハ、畏コクモ我カ歴世　皇帝ノ聖霊ヲ彼ノ幽冥不滅ナル信スル者ハ之ヲ信シ、信セサル者ハ却テ之ヲ嘲笑スル、諸宗法教ノ神仏等ニ同シトスル乎、我カ穆々タル　皇上ヲ他諸宗教ノ法王宗主等ニ比セントスル乎、何ソ忌憚ナキノ甚シキヤ、…且夫祭祀ハ天下ノ礼典ナレハ、官社ハ天下ニ令シ、国社ハ国ニ令シ、府県社ハ其府県下ニ令シ、人民共ニ之ヲ奉セシムルヘシト雖𪜈、モシ之ヲ以テ宗教トナサハ民ノ信否ニ任セサルヲ得ス、強テ之ヲ信セシメント欲スモ、其思想ニ信ナクンハ、之ヲ如何𪜈スル能ハス、況ヤ宗教ハ一神ヲ奉スルヲ以テ最トスルハ耶蘇教ノ独一真神ヲ奉スル、仏教ノ一弥陀ヲ奉スル、其民心ニ入ルノ深キヲ見ルニ足ル、今我神道ヲ以テ強テ宗旨トナスモ一ノ雑神教ニ過キサルノミ、　方今諸教弘布ヲ競フノ時ニ当テ、之ヲ以テ国体ヲ維持ストナサハ、人民モシ之ニ信ナク却テ彼ヲ信スルアラハ、国体已ニ維持スヘカラストナス乎、嗚呼、我国体タル豈区々タル宗教ノ能ク之ヲ安危スヘキ者ナランヤ、希クハ祭典祀事ノ盛礼ヲ以テ大政ヲ荘厳シ、彼ノ神道ヲ以テ宗教トナスノ謬妄ヲ釐正アラハ、則国体維持ノ稗補ニ幾カラン歟、(85)

いま一つ、「信教の自由」の口達が発せられた背景に、真宗側からの歩み寄りと妥協があったことにも注意しておく必要がある。明治八年（一八七五）一月に真宗各派の大教院からの分離が許可され、同年五月に大教院も解散されることとなるが、そうした展望が見え始めた明治七年五月、島地の主張には藤井氏が第二期から第三期への変化という転換が生まれてくる。第二期には「未開の宗教」だとしていわば全面的に否定された「神道」（＝「宗教としての神道」）に対し、それとは異なる「神道」のあり方（＝「純粋の神道」）が提示され、それを積極的に受け容れ支持するという、新たな主張が展開される。吉岡徳明の「教職分合弁」を逐一論駁した「教職分合弁ヲ駁ス」がそれである。

純粋ノ神道ハ即チ朝政ニシテ、今古暫ク名ヲ異ニスルノミ。奚ゾ之ヲ奉ゼザランヤ。近世一種ノ神道者流、仏ヲ誹シテ虚妄邪偽トシ、自ラ讐視スル者ノ如キ、豈能ク相容ル、者ト云フベケンヤ。…夫皇統ノ一系連綿天壌ト共ニ窮リ無キ、宇内万邦ノ曾テ比例ナキ所、外人ト雖モ、猶之ヲ感歎ス。況ンヤ皇朝数世ノ恩頼ニ薫育セラル、臣民ヲヤ。教ニ儒仏アリ、学ニ漢洋アリト雖モ、誰カ之ヲ奉戴セザル者アランヤ。若神道者流、区々ノ説ヲ信ゼザレバ皇室ヲ尊戴セズト云ハヾ、方今儒仏漢洋ニ従事スル人ハ之ヲ軽侮スル者トスル歟。嗚呼皇室ヲ以テ己ガ家説ト位ヲ同ウセシム。豈軽侮ノ極ニ非ズヤ。且之ヲ以テ家説ヲ弘伝スルノ先鋒トシ、官威ヲ仮テ不服ヲ制シ、自己ノ欲ヲ逞ウセントス。私論モ亦甚シ。夫教ハ制ノ至ラザル所ヲ論ジ、政ノ及バザル所ヲ正ウシ、其ノ心ニ信有テ而シテ其ノ行ニ実アリ、其ノ内ニ慎ミテ而シテ後其ノ外ニ篤シ。彼専ラ権ヲ以テ制シ威ヲ以テ伏スルハ政尚之ヲ暴政ト云フ。然ルヲ況ンヤ、教ニシテ至尊ヲ挟ミ、官威ヲ仮リ以テ不服ヲ圧誣セントス。奚ゾ之ヲ教ト云ハンヤ。我恐クハ、他日皇室ノ大患ヲナス者ハ、此ノ徒ノ私論圧制ニ原セン。教ヲ知リ政ヲ知ル者、如何ゾ此ニ見ルナキヤ。是実ニ言フニ忍ビズ、而シテ亦言ハザルニ忍ビズト云フ所以ナリ。(86)

ここに示された島地の論理は伝統的な真俗二諦論そのものであり、その点からいえば、福島寛隆氏(87)らの指摘するように、この前後を通じて島地の「神道」理解に基本的な変化はなく、ただ力点の置き方が変わったに過ぎないと考えることもできなくはない。しかし、筆者はやはり藤井氏の理解に従うべきであろうと考える。その理由の一つは、例えば三条教則の第一条「敬神愛国」について、第二期では「所謂敬神トハ教也、愛国トハ政也。豈政教ヲ混淆スルニ非ズヤ。…所謂敬神トハ本邦一州ニ局ルノ神ナルカ、将万国普造ノ神ナルカ、臣未ダ其ノ会意ヲ詳ニセズ。…今本邦ノ神ヲ以テ説ントスルニ、昔事何人カ之ニ労事シ、亦何人カ教ヲ立ツルヤ。已ニ立教ノ人ナク、開宗ノ祖ナシ」(三条教則批判建白書(88))

として、いわば全面的に否定する方向で議論を展開していたのに対し、第三期になると、「元来敬神ト云ハ、我ガ奉ズル所ノ宗教所尊ノ霊体ニ帰敬スルヲ以テ当然トス。然ルニ当今官ヨリ敬神愛国等ト掲出セシ者ハ、各宗所奉ノ仏菩薩ヲ指スニ非ズ、全ク我国固有ノ祖先ノ諸神ヲ云フノミ。…此制ヲ設クルノ意、実ニ皇統無窮ノ国体ヲ維持センガ為ナリ。今ノ皇室ヲ重ンズル者ハ、皇室ノ基ク所即チ祖先ノ神ヲ敬スベシトスル、亦必シモ理ナキニ非ズ」（明治八年執筆の三条弁疑(89)）と、まったくその評価が逆転してしまっていて、そこに明らかな断絶と転換とを認めざるをえないからである。二つに、より重要なのは、第三期の黙雷には明確に二つの「神道」概念が使い分けられ、その上に立って「宗教としての神道」に対する批判が展開されていると考えられるからである。

明治五年を画期とする、国家権力を背景とした「神道」の「宗教」化（＝事実上の「神道」の「国教」化）にともなって、真俗二諦論の否定はもちろん、真宗や仏教そのものが存亡の危機にさらされる中、島地は西欧的な「宗教」概念を用いて必死の抵抗を試みた。第二期の島地が専ら事実上の「国教」たる「宗教としての神道」に照準を合わせ、それを徹底的に追及・批判しようとしたのは、こうした緊迫した状況を背景とするものであった。それが、明治六年から七年にかけて、「信教の自由＝政教分離」論の大きな盛り上がりとともに、神官・神道家内部においても二つの相異なる「国教」論や「神道非宗教」論が提起・展開されるなど急速に情勢が転換していく中、島地としてもそれにふさわしい新たな議論の展開が求められることとなった。それが第二期から第三期への転換と「純粋の神道」論の提起、そして真俗二諦論の再構築であったと考えられるのである。神官・神道家の中に楔を打ち込み、彼らの共感をも得ることによって、真宗教団としての自立性を守り、大教院からの離脱をよりスムーズに実現しようとする意図によるものであったと推察される。黙雷自身に即していえば、第一期から第三期への転換（回帰）は、「神聖ノ道」という極めて漠然としたものから、「政教分離」の理念の上に立った「純粋ノ神道」への理論的深化の過程でもあったと評価することができるであろう。

いずれにしても、明治八年における「信教の自由」の口達と大教院の解散にともなって事態は大きく転換した。その内容としてとくに重要なのは次の二点である。

まず第一は、「神道の（宗教としての）国教」化の道が封殺されたことにより、これ以後「国教」の語が基本的には「国家公認の公的宗教」の意味ではなく、いま一つの世俗的な社会的規範としての「日本固有の教法」の意味で用いられるようになったことである[90]。しかし、それはある意味では教導職設置以前に逆戻りしたともいうことができるものであって、「国教」の表現こそ用いていないが、「国家神道の成立」（第一段階）そのものがまさにそうした第二の意味での「神道の国教」化にほかならなかったと考えることもできる。

では、果たして本当に明治四年以前に逆戻りしたといえるのであろうか。もちろんそれはありえない。明治九年一月の教部省達[91]によって改めて「神道」が仏教とは区別された一個の「宗教」として認定され、明らかに異なる二つの「神道」概念（「宗教ではない神道」＝「（純粋の）神道」と、仏教と比肩される「宗教としての神道」）が明確に併存することとなったからである。西欧的な「宗教」概念の定着にともなって、この矛盾（二つの「神道」概念の併存）をどう解決するのかが改めて問われることになったと考えられるのである。

第二の重要な転換は、大教院からの離脱に成功した真宗・仏教側にあった。宗教・教団としての自立性を守り抜いた島地など真宗・仏教側の「歴史的勝利」が、同時に新たな形での国家権力への従属という、深刻な「敗北[92]」をも意味していたことである。真俗二諦論の立場から、真宗・仏教教団としてその上部に「（純粋の）神道」（＝社会的規範としての「日本固有の教法」）が位置することを改めて公式に認めたことは、キリスト教を含む日本の諸宗教すべての天皇制権力への屈服（世俗権力によるコスモロジーの独占と、その世俗権力への諸宗教の従属体制＝安丸氏のいう「日本型政教分離[93]」）に道を開くものとして、その後に重大な問題を投げかけることとなったからである。

これを「国家神道」の成立という観点から整理するならば、神社と神社祭祀の権力的再編成を通じてその基本骨格と方向性の定まった「国家神道」（第一段階）が、「信教の自由」論争とその決着を通じてキリスト教や仏教などの諸宗教の上に立つ宗教システムへと大きく飛躍と展開を遂げ、その体制的な確立（第二段階）へと歩みを進めたと評価することができるであろう。

3　新たな「宗教」概念と「神道非宗教」・「神社非宗教」論の成立

前項では、やや結論を急ぐ形で明治八・九年以後二つの「神道」概念が併存することになったと述べたが、しかしそれは論理的にそうだということであって、社会的あるいは一般的には「信教の自由」の口達などもあって、むしろ「神道」は仏教などと肩を並べる一個の「宗教」として理解されるようになったというのが実際であり、中島氏のいう「宗教としての神道」もむしろこれ以後にこそ本格的に展開していくことになったと考えられる。そしてその結果が大教院に代わって新しく建設されることとなった神道事務局神殿の祭神をめぐって「神宮派」と「出雲派」とが果てしない論争に明け暮れる、いわゆる「祭神論争」へと繋がったのは中島氏の指摘の通りである。この論争が明治十四年（一八八一）二月三～十九日の神道大会議と同二十三日の勅裁によって決着を見たこと、そこでは「朝憲ヲ以テ祀ルノ祭神」と「宗教ノ本尊」とが明確に区別され、さらにこれを受ける形で明治十五年（一八八二）一月に官国幣社の神官・教導職の分離、そして同六月に神宮教会・出雲大社教会など「神道六派」の特立が認められたことなどは、ともに周知に属するところである。

ところで、この官国幣社の神官・教導職の分離について、中島氏はそれが「神道は宗教にあらず、国家の宗祀である」とする「国家神道体制の論理」の具体化であり、祭神論争の解決を基点としてそれが推進され、また神社から教会・講社が分離された（＝教派神道の成立）のにともなって「国家神道体制の柱としての神社神道」がここに成立した、と指摘している。[94] ここに示された理解は、その大筋においてほぼ今日の通説的な位置を占めるものと判断してよいと考えられるが、[95] しかしこうした理解には次の二つの点で重大な疑問を抱かざるをえない。その第一は、「神道は宗教にあらず、国家の宗祀である」とする「国家神道の論理」がここに初めて成立したとしていること、そして第二にそれを「神社神道」として捉えていることとである。

まず第一の点についていうと、ここには看過しえないいくつかの重要な問題が含まれていて、そのすべてに触れることはできないが、[96] とくに重要だと思われるのは次の二点である。その一つは、やや揚げ足取りの形となって恐縮であるが、「神道は宗教にあらず、国家の宗祀である」とする理解の妥当性、すなわち「神道は宗教にあらず」と「（神社は）国家の宗祀である」の両者はそれぞれ別の範疇に属する事柄であって、これを一つに繋げること（＝「神道は国家の宗祀である」とする理解）は事態の正確な把握を混乱に導くものといわなければならない、ということである。そして二つに、より重要なことは、「神道は宗教にあらず」、「（神社は）国家の宗祀である」とする理念そのものはすでに明治四年の「国家神道」の成立期（第一段階）に定立されていたものであって（ことさら「神道は宗教にあらず」と宣言してはいないが）、この時期になって初めて成立したものでは決してない、ということである。むしろ問題とすべきは、なぜここにおいて改めて「神道は宗教ではない」、「神社は国家の宗祀である」と強調しなければならなかったのか、そのことの意味をどう考えるのかということにこそあろう。この点で留意すべきは、さきに「信教の自由」論争と関わって指摘しておいた二つの「神道」概念（「宗教ではない神道」＝「（純粋の）神道」と、仏教などと比肩される「宗教としての神道」）の併存という問題が祭神論争を契機として一つの決着を見た、すなわちこれ以後、少なくとも理念上は「神道」は「宗教」ではないとされるに至った、ということである。その点で、中島氏が祭神論争のみからこの理念の成立を導き出しているのはやはり一面的だといわなければならず、「信教の自由」論争と祭神論争の両者を通じて、改めてこの理念が再確認されるに至ったと考えるべきだということになろう。

次に、第二の点に関しては、「神社神道」という概念が何を意味しているのかということとが問題となる。これは「教派神道」とは区別されたそれとは別の「神道」を指し、中島氏が「神道は国家の宗祀である」と理解するところから導き出されたもの、あるいは村上氏以来の通説的な理解に従った、そのいずれかと考えられるが、ともに検討を要するところであろう。第一節でも少し触れたところであるが、村上氏の「国家神道」理解はＧＨＱのいわゆる「神道指令」に基盤を置き、いわばその広義の解釈に基づいて構築されたものであった。そして、村上氏の学説の批判的検討を通じて進められてきた今日に至るまでの「国家神道」論研究では、中島氏を含めてともに「神社神道」の概念を用い、とくに近年では「神社神道」こそが「国家神道」の本質であり、むしろ「国家神道」は「神社神道」の意味で（狭義に）理解すべきだとする共通認識が広がってきていると考えることができる(98)。しかし、筆者はこうした理解に重大な疑問を抱かざるをえない。それは、さきにも述べたように、村上氏のこうした理論構築の大前提に「神道は自然発生的な日本固有の民族的宗教」だとする一種の「常識」が存在していて、「神社神道」の概念も「皇室神道」や「教派神道」などと同じく、「日本固有の民族的宗教たる神道」が「神社」という場を通して、あるいはそれを媒介として具体化・顕在化したものとする理解と推察され、そうした理解自体に重大な疑義が存するからである。ここでこの点に立ち入って論じる余裕はないが、こうした「神道」理解が基本的には柳田国男氏に発するごく近年に属することについては、次節において改めて論じることとする。

さて、以上の点を踏まえて改めて中島氏の「神社神道」論について考えると、問題の環は「教派神道」と「神社神道」とをどのような連関において捉えるかにあるということができよう。そして中島氏の場合、「復古神道の中に未分化なまま融合している二つの要素」の分化・顕在化としてそれが捉えられていることは明らかであろう。しかし、第一項でも指摘しておいたように、この問題の捉え方自体に疑問がある。何より問題なのは、もし中島氏の論理に従うとすれば、神社を母体とした「教派神道」の分出がなぜ伊勢神宮と出雲大社の二社だけなのか理解できない。その布教範囲が全国的であったか否か、あるいは祭神論争の当事者であったか否かはともかく、「宗教としての神道」の発展にともなって、全国各地の多数の神社が教会・講社を成立させていたことは中島氏自身が詳細に明らかにしたところだからである。これに対し、筆者は国家的イデオロギーとしての本質を持つ「神道」そのものの「宗教」化としてこそこの問題を捉えるべきだと指摘しておいたが、神社としては伊勢神宮と出雲大社の二社だけから「教派神道」が分出されたのは、この両社が「復古神道」論の根幹に関わる天皇神話に直接基盤を置く拠点的な神社（祭神はそれぞれアマテラスとオオクニヌシ）であったからにほかならず、この両社の教会を「宗教としての神道（＝教派神道）」として切り離す[99]ことによって、改めて「神道」一般をそれとは異なる、本来の「宗教ではない神道」（＝「（純粋の）神道」＝社会的規範としての「日本固有の教法」）に総括し直すことが可能になったものと考える。そしてそうした点からいえば、「信教の自由」論争を通じて提起された二つの「神道」概念の併存という問題は、祭神論争の終結をもって基本的には「教派神道」と「神道」一般（これ以外に社会的通念としての「日本固有の宗教」としての「神道」が考えられる）という形で一つの決着を見たと評価することができるといえよう。

こうして明治十四年の祭神論争の終結及び翌十五年の官国幣社の神官・教導職の分離を経たのちの宗教界では、少なくとも理念的には「神道は宗教ではない」とする認識が広く共有されることとなった。但し、神官・教導職の分離が官国幣社に限られ、府県社以下の民社がそれから除外されたことからもうかがわれるように、社会的通念として、また一般的には依然として「神道」を仏教などと対比される「日本固有の宗教」とする認識が広がっており、だからこそ繰り返し「神道は宗教ではない」ことが強調され続けなければならないことにもなったのであった。[100] 祭神論争当時はその一方の旗頭として縦横に「宗教としての神道」論を展開した出雲大社の総師千家尊福も、明治二十一年（一八八八）二月の意見書ではまったく手の平を返したように以下のように述べている。

神道ハ祖宗以来伝ワル所ノ大教ニシテ、皇室ト密着ノ関係ヲ有シ、敬神尊皇ノ道ヲ講明シ、忠君節義ノ精神ヲ感化養成スルヲ本義トスル者ナリ。然ルニ神道講明ニ従事スル者自カラ神道ヲ以テ信仰ヲ自由ニ任スル宗教トシ、皇室トノ関係ヲ薄クスルガ如キハ、豈思ハザルノ甚シキ者ナラズヤ。…抑明治五年教導職ヲ置カレシ以来神道ハ宗教部内ニアリト雖ドモ、熟国勢ノ変遷上ヨリ考フレバ宗教ノ部分ニ置クト否トハ将来国家ノ利害得失ニ関スル実ニ甚シキ者アリ。深ク考慮セザル可ラズ。何トナレバ向来耶蘇教ヲ公許シ、神道・仏道ト同一ノ保護ヲ与ヘラル、ニ至ルベキハ、欧洲各国ト交際ヲナスニ付テ勢ノ止ムヲ得ザル所ナリ。然レバ神道ヲ以テ宗教トシ、彼ト同一ノ地ニ置クトキハ、該教ノ信者ハ内外人民ニ論ナク恐ラクハ祖宗始メ国家有功ノ神祇ヲ尊敬共奉セザルノ風ヲ来シ、終ニ信者ノ軋轢ヲ生ジテ、云フ可ラザルノ国害ヲモ醸スベシ。仍テ神道ハ宗教外ノ者トシ、信教ノ何タルヲ問ハズ国民ノ本分トシテ尊奉セザル可ラザル者トスルヨリ得策ハナカルベシ[101]。

こうして明治十四・五年以後、官国幣社などの上層神社を中心として、この「宗教ではない神道」（＝社会的規範としての「日本固有の教法」）をいかに理論的に体系化し、その体制的整備を図っていくのかが改めて課題とされることとなった。そしてそれは、これとパラレルな関係にある「宗教」概念そのものの確定と連動するところであって、Religion の訳語としての西欧的な「宗教」概念の定着と並行しながら「神道非宗教」論、さらには

「神社非宗教」論もまた定着していった（＝「国家神道」の体制的な確立）のであった。

Religion の訳語としての新たな「宗教」概念の成立については、磯前順一氏がおよそ以下のような点を明らかにしている。[102] ①明治十年頃まで宗教は西洋文明と一体のものとされ、プラクティス（非言語的な慣習行為や儀礼的行為）的なものを下位に置く形でキリスト教に基軸を置くビリーフ（概念化された信念体系＝教義）中心的な「宗教」概念が成立した、②進化論の伝来にともなう宗教と科学との対立により、明治十年代後半には宗教が西洋文明から切り離されるとともに倫理とも分離され、「宗教」は非科学的なものとして合理的な倫理の下位に置かれ、その訳語も「宗教」に固定化された、③明治二十年代初頭の国家と宗教との対立にともなって、それまで「教」として一括されていたものが個人的自由の裁量に委ねられる私的領域の「宗教」と、国民的義務とされる公的領域の「道徳」とに分離され、「宗教」は「道徳」の下位に立つものとされた、④この「道徳」は西洋的概念である倫理とは区別された天皇制に関わるイデオロギーのことで、天皇制との密接な繋がりを持つ神道の教義的体系化に失敗した政府は、プラクティス的な神社神道がビリーフ中心的な「宗教」概念に合致しないことを逆手にとって西洋的な「宗教」概念の埒外に置くこととし、それが非宗教的な「道徳」とされたのであった。

この磯前氏の指摘は、キリスト教や仏教（とくに真宗）など特定の教祖と教義体系を持つ信仰のみを「宗教」とする、近代日本における特異な「宗教」概念の成立過程、及びその間を通じて宗教の持つ二つの要素（ビリーフとプラクティス）が個人的自由の裁量に委ねられる私的領域の「宗教」と国民的義務とされる公的領域の「道徳」とに分離され、前者が後者の下位に立つ形で定着したことなどを明らかにした点で、極めて重要な問題提起だと評価することができる。しかし、これらの諸概念と「神道」との関わりという最も重要な論点に関しては、残念ながら必ずしも説得的とはいえないように思われる。その理由の一つは、さきに中島氏の論考に即して指摘したように、磯前氏もまた「神社神道」の概念を用いて議論を展開していて、必ずしも正確に問題を捉え切れていないと考えられること、二つに何より問題なのは、そこで想定されている「神道（＝神社神道）」の内容と実際の「神道」とがズレを持っていると考えられることである。こうした問題が生じる背景には、村上氏以来の「通説」の持つ重みとともに、とくに磯前氏の場合プロテスタント（＝西欧）的な「宗教」概念の捉え方という、方法論的な問題もあるのではないだろうか。日本の「宗教」や「神道」概念を神社や神祇信仰の問題を含め、それ自体に即して内在的、かつ歴史的に分析・解明する方法を鍛えることも必要なのではないかと考える。

さて、問題は磯前氏が明らかにした「宗教」概念の固定・限定化と「神道」概念とがどのように関わり合い、そして「国家神道」が定着・確立していったのかということであるが、この点でとくに重要なのは次のことであろう。まず第一に、磯前氏は西欧的な「宗教」概念が限定・確定されるのを受けて「神道」概念が定まったという、一種の段階論で両者を捉えているが、実際はそれとは異なり、両者は相互に連動する、パラレルな関係にあったのではないかということである。

第二は、なぜそうなったのかということで、先述のように、「信教の自由」論争と祭神論争の過程を通じて二つの「神道」概念が鋭く対立し、そして社会的規範としての「神道」概念が定着した、それが「宗教」概念の定着と連動しており、従ってそこでは「神道」は「宗教」ではない（＝「神道非宗教」）という形を取ることになった、ということである。

そして第三に、新たな「宗教」概念を媒介として「神道」概念が「公的領域の道徳」という、より明確な形に整えられるのにともなって、改めて神官はその直接的で基幹的な担い手と位置づけ直され、従って神社もまた「宗教」ではない（＝「神社非宗教」）ということになり、それが明治十七年（一八八四）八月の府県社以下すべての神官と教導職との分離、さらには明治二十四年（一八九一）七月の神官奉務規定の改正による神官・教導職の完全分離へと帰結した、ということである。

こうした国家と宗教に関わるその基本的な枠組みは、明治二十二年（一八八九）二月に発布された大日本帝国憲法によって法的にも確認されたところで、翌年十月の教育勅語と合わせ、「国家神道」はここに体制的な確立を見たと考えることができる。そしてそれは、少なくとも理論的枠組みとしては明治四年段階で成立した「国家神道」(第一段階)と本質的には異なるところがなく、そのより整備・発展、そして理論体系化されたものにほかならなかったと評価することができる。近代日本の「国家神道」はこうして体制的に成立(＝確立)することになったと考えられるのである。

第三節　柳田国男「固有信仰」論の歴史的位置

1　「国家神道」の再編成と神社整理

前節では「神道」概念のどのような変化の中で「国家神道」が体制的に確立したのかという、いわば言説論の観点から極めて大雑把な検討を試みた。しかし改めて考えてみる必要があるのは、「国家神道」の理解をめぐって、なぜ「神道は宗教ではない」・「神社は宗教ではない」という極めて消極的ないし受動的な形でその本質規定がなされなければならなかったのか、そのことの持つ意味をどう考えるのかということである。この点について、従来はさきの磯前氏の研究に代表されるように、Religion の訳語としての新たな「宗教」概念の成立を歴史的前提とし、それとの対応関係において「国家神道（＝神社神道）」が成立したからにほかならないと考えられてきた。

一方、右のような理解とも関わって、「国家神道」の成立を日清・日露戦争後の帝国主義成立期まで押し下げようとする見解が中島氏から提示され[104]、宮地氏との間で鋭い論争も展開された[105]。しかし、結局のところ「論争」といえるほど内容的に深められることもないまま論争は立ち消えとなり、かえって「国家神道」とは何なのかがますますわからなくなってしまったというのが現状である。

中島氏が提起した主な論点は次の三つである。①明治八年（一八七五）～同十四年（一八八一）は「神道国教」化政策の崩壊期に当たり、「信教の自由」・「政教分離」の理念を踏まえ、国家及び地方庁が「神社神道」を単なる一つの宗教として、特別の関係を持たないようにする「放任状況」をその重要な特徴とした。②明治十五年（一八八二）の神官・教導職の分離から同二十七年（一八九四）までは「国家神道」の成立期に当たり、「神社は宗教にあらず国家の祭祀である」との建前のもとに、「神社神道」を「信教の自由」・「政教分離」原則の枠外に置き、国家及び地方庁との結びつきを通じて「国家神道（体制）」が成立していった。③しかしこの時期「国家神道」の論理が実際に実現されたのは伊勢神宮だけであって、府県社以下はもちろん官・国幣社にもそれは貫徹しなかった。それが明治二十七年（一八九四）の日清戦争から日露戦争後にかけて、すべての神社を取り込んだ「国家神道（体制）」が日本帝国主義のイデオロギー政策の一環として確立することとなった。

この中島氏の指摘で最も注目されるのは、明治憲法制定前後の明治十〜二十年代を国家が神社に対する財政的支援を縮小、ないし打ち切るなど、国家と神社との関係が著しく希薄化した時期（＝神社政策の不活発期）と捉え、「国家神道」の本格的な成立をその後の日清・日露戦争以後に求めていることである。[106]こうした理解が、明治十七年の神官・教導職の分離、あるいはその後の明治憲法の制定と教育勅語の発布をもって「国家神道」の体制的確立と捉えてきた従来の通説的理解と大きく異なるのは明白で、この両者をいかにすり合わせるのかが改めて問われるところであるが、寡聞にしていまもってその作業が進められたことを筆者は知らない。[107]そこで、以下、筆者なりの理解を提示し、諸賢のご批判を仰ぎたいと考える。

さて、この問題について考える上で、予め注意しておく必要があるのは、第一に前節で検討した「信教の自由＝政教分離」論や祭神論争が展開される直接的な契機として、留守政府による教部省・大教院の設置という、極めて特異な政治的状況が存在したこと、第二に国家による神社への財政的支援とその多寡は「国家神道」にとって必ずしも本質的な問題とはいえないと考えられることである。

まず第一の点から考えると、先述のように明治五年の教部省・大教院設置は留守政府内部の保守的な薩摩派官僚によって主導されたもので、福羽美静の教部省免官に示されるように、それまでの維新政府の宗教政策の転換を意味するものであった。そしてこれにはいま一つ注目すべきことがあった。それは、同年八月三日に大隈重信ら同じ留守政府の主流・肥前派官僚の主導によって「学制」が頒布され、右の宗教政策とは逆に極めて急進的な文明開化主義をその特徴としていたことである。この主智主義的な「学制」の内容や開化の行き過ぎに対しては、早くから木戸孝允・西村茂樹らが厳しい批判を展開し、忠孝仁義の精神の育成を学校教育に強く求めていたところであるが[108]、「学制」の見直し作業が具体的な形で開始されたのは明治十年（一八七七）になってから、そしてそれが伊藤博文の手になる「教育令」として公布されたのは明治十二年（一八七九）九月二十九日のことであった。

これよりさき、明治十一年八月から十一月にかけて東山・北陸・東海の三道を巡幸し、教育視察を行った明治天皇は、帰京後、元田永孚に米国流の自由主義教育の弊害と徳育第一主義による国民教育の立て直しが必要との感想を伝え、そうした観点から元田に「教学大旨」と「小学条目二件」を起草させ、内務卿伊藤博文と文部卿寺島宗則に示して「教育令」の修正を求めた。それは「教学大旨」の以下のような文言からも明らかなように、儒教的な徳育主義教育の実施を強く迫るものであったといえる。

教学ノ要、仁義忠孝ヲ明ニシテ、智識才芸ヲ究メ、以テ人道ヲ尽クスハ、我祖訓国典ノ大旨、上下一般ノ教トスル所ナリ、然ルニ輓近専ラ知識才芸ノミヲ尚トビ、文明開化ノ末ニ馳セ、品行ヲ破リ、風俗ヲ傷フ者少ナカラズ、然ル所以ノ者ハ維新ノ始首トシテ陋習ヲ破リ、知識ヲ世界ニ広ムルノ卓見ヲ以テ、一時西洋ノ所長ヲ取リ、日新ノ効ヲ奏スト雖ドモ、其流弊仁義忠孝ヲ後ニシ、徒ニ洋風是競フニ於テハ、将来ノ恐ルル所、終ニ君臣父子ノ大義ヲ知ラザルニ至ランモ測ル可カラズ、是我邦教学ノ本意ニ非ザル也。故ニ自今以往、祖宗ノ訓典ニ基ヅキ、専ラ仁義忠孝ヲ明カニシ、道徳ノ学ハ孔子ヲ主トシテ、人々誠実品行ヲ尚トビ、然ル上各科ノ学ハ、其才器ニ随テ益々長進シ、道徳才芸、本末全備シテ、大中至正ノ教学天下ニ布満セシメバ、我邦独立ノ精神ニ於テ宇内ニ恥ルコト無カル可シ。(109)

これに対し伊藤は、井上毅に「教育議」を起草させてこれに反論し、ひとまずは原案通り「教育令」が公布されることとなったが、しかしその後も天皇や元田ら宮廷派の官僚による教育への介入・干渉が行われ、それが明治十三年十二月二十八日の「教育令」の改正

（＝「改正教育令」の公布）、さらには明治十四年五月四日の国民道徳の鼓吹、国民精神の涵養を謳った「小学校校則綱領」の公布、同年六月十八日の尊皇愛国の志気の振興を謳った「小学校教員心得」の公布などとなって現れ、その最終的到達点として明治二十三年（一八九〇）十月三十日の「教育勅語」が位置していた。

さて、この国民教育のあり方をめぐる議論で注目されるのは、一つには、それがいずれも明治五年の留守政府の宗教・教育政策に端を発していること、すなわち天皇制ナショナリズムの国民への注入のための国民教化政策が専ら保守的な宗教政策に委ねられる一方、教育政策がこれとは対照的な極めて急進的な文明開化主義を採用したところから、本来あるべき統一的で一貫性のある国民教化政策の推進が困難となり、ともにその抜本的な軌道修正が求められるに至ったこと。二つには、留守政府の政策のもたらした混乱がとりわけ深刻で顕著だったのは前節で検討した神社・宗教政策（＝「国家神道」政策）の分野であって、明治十～十三・四年の祭神論争に象徴されるように、神社神官が期待された国民教化機能を十分担いえないことがいっそう明白となるのにともなって、教育政策の持つ重要性が改めて鮮明となっていったこと。そして三つには、「教育令」の公布をめぐって国家権力内部で鋭い論争の展開された明治十～十四年（それは奇しくも祭神論争と重なる）が維新政府にとっては近代国家の建設に向けたかつてない規模の広がりと深さとを持つ深刻な試練の時期に当たっていたこと、すなわち明治十年（一八七七）前後に続発した西南戦争を頂点とする数々の士族反乱や地租改正反対の農民一揆、さらには西南戦争終結後に本格化した自由民権運動の大きな高揚など、政府としてもこうした政治・社会情勢の変化に対応した国家支配体制の構築やそれにふさわしい国民統合のための新たな政治戦略の再構築が強く求められるところだったことである。明治十四年の政変と地租軽減、及び十年後における国会開設の詔の発布とそれに向けた憲法制定のための本格的な取組みなどは、ともにこうした課題に応えようとする政策意図の表れであったと評価することができる。

そして重要なのは、この間の政策的な軌道修正と国家戦略の再構築の過程を通じて、「国家神道」をめぐる状況にも大きな変化が生まれたことである。その第一は、天皇制ナショナリズムの国民への注入のための国民教化政策の基軸がそれまでの宗教から教育の場へと大きく転換・移動したこと、第二は、近代国民国家の形成にともなって、国民教化そのもののあり方が大きく様変わりしたこと、すなわち国民の側の主体性を無視して一方的に特定の価値観を権力的に押しつけるというのではなく、むしろ国民の自主性・自立性を養い、引き出しつつ、主体的に国家への帰属を促す必要性が強く意識されるようになり、(110)そうした点でも宗教ではなく、教育の場を通した国民教化が中心的な位置を占めるに至ったこと、そして第三に、その結果として「国家神道」に課せられた国家戦略上の比重が明治初年に比べれば相対的とはいえ大きく低下し、財政事情の厳しさもあって神社への公的・国家的な財政的支援が大きく後退するに至ったと考えられることである。「信教の自由」論争から祭神論争に至る間の神社・神官の混乱した状況、そして期待された国民教化に十分な成果が上がらない現実、それこそが右の政策転換を促す一つの大きな要因になっていたと考えられるのである。

神官・教導職の分離に関わる明治十四年十二月二十二日の内務省伺に、「神官ハ総テ教導職ニ兼補スヘキ旨、（明治）五年第二百二拾号公布ノ趣モ候処、元来神官ハ司祭ノ職分、即チ社頭ニ奉祀シ祭式公務ヲ処弁スルノ官ニシテ、教導職ハ宗教者ニ付スルノ職名ナレハ、固ヨリ其性質ヲ殊（異）ニシ混同ス可カラサル者タリ。蓋五年ノ法律ハ政教分劃ノ制未タ密ナラサルノ致ス所ニシテ、一般神仏宗教者ヲ同視スヘキ今日ニ在テ、尤モ其宜ヲ失スル者ト云フヘシ。…自今神官ト神道教導職ヲ区分シ、其取扱ヲ変更シ、宮中神官・伊勢神宮ヲ始メ官国幣社ニ至ル迄、司祭ノ官ヲ設ケテ別ニ其所轄ヲ定メ、其教導職ハ依然本省之ヲ監シ、霊魂安着ヲ説キ、教院ヲ設ケ教徒ヲ結ヒ葬儀ヲ行フ等、総テ単純ノ宗教者ヲ以テ之ヲ待チ、各宗ト更ニ別異ノ観ヲ為サヽル様相成候ハヽ、条理井然、政教分劃ノ道相立チ、時勢ニ適シ公議ニ副フヘシ」[11]とあって、教導職がもはや本来の趣旨とは大きく異なり、「三条の教則」などとはまったく無縁な「単純ノ宗教者」とされているところに、それは如実に示されているといえよう。さきに第二点として、「国家による神社への財政的支援とその多寡は「国家神道」にとって必ずしも本質的な問題」とはいえないと指摘したのは、こうした意味においてのことである。

もちろん、改めて指摘するまでもなく「国家神道」そのものの重要性が喪失したわけでは決してない。明治憲法や教育勅語をその根底で理念的に支えていたのはほかならぬ国家的祭祀・儀礼体系としての「国家神道」であり、それによって担われるコスモロジーであった。元始祭以下の祝祭日や神武天皇遥拝式などを中心として編成された年中行事としての神社祭式は、官国幣社はもちろん府県郷村社においても基本的に変わることなく全国津々浦々の神社で執り行われ、それが近代日本国家のイデオロギー的骨格を形作っていた。その意味からすれば、教育勅語を含む明治憲法体制の成立による「国家神道」の体制的確立とは、明治初年（「国家神道」成立の第一段階）とは異なり、過度な形で「国家神道」に課せられていた天皇制ナショナリズムの国民への注入（＝国民教化）の機能が直接的、かつ主要には教育の場に移されることにより、より安定的に本来の思想的・宗教的機能を果たさせる体制が整ったことを意味するものであったということができよう。国民教化は直接的には教育の場を通じて行い、「国家神道」はそれを理念的に支えるコスモロジー、及び国家的儀礼の場として機能させ、それによって天皇を中心とする安定した国家支配体制を構築・堅持するというのが、明治憲法体制下における政府の基本戦略にほかならなかったと考えられるのである。[112]

いま一つ、中島氏が提起した問題について考える上で留意すべきは神社の階層性の問題である。明治四年における「国家神道」の基本的枠組みと方向性の定立では、皇祖神伊勢神宮を頂点とするヒエラルヒッシュな神社の階層区分とともに、神社はすべて「国家の宗祀」であるとする一般理念が定められたが、しかしとくに府藩県郷村社以下の民社に関してはその実態把握も十分できておらず、そもそも「神社」とは何なのかという定義さえ明確でないのが実情であった。維新政府による神社取り調べは明治初年から開始されたが、その調査形式が一つの明確な姿を現すのは明治三年（一八七〇）閏十月二十八日の「大小神社」取り調べに関する太政官布告[113]で、「社」号をもって神社の統一表記がなされた。そして明治十二年（一八七九）六月二十八日の内務省達[114]によって『神社明細帳』の雛形が示され、以後この『神社明細帳』所載のもののみが「神社」として公式に認められることとなった（それ以外は無格社[115]）。

すなわち、明治政府による神社の掌握・統制は、具体的にはまず第一に、神社取り調べを通じて社殿・拝殿・鳥居などの諸施設を持つ「神社」を確定し（それ以外の圧倒的多数を占める民衆の素朴な信仰対象としての小祠を「無格社」＝非「神社」として切り捨て）、その上で第二に、これら『神社明細帳』所載の神社を改めて「国家の宗祀」として再編成するというものであって、中島氏のいう「神社政策の不活発期」とは決して「放任状況」をその特徴としたのではなく、むしろ逆に厳しい財政措置を媒介として、あるいは厳しい財政状況を口実として官国幣社と府県郷村社、とりわけ府県郷村社を文字通り「国家の宗祀」へと組み替えていく、そのための強権的な政策の展開された時期であったと考えられるのである。

一方で「信教の自由」を称えながら、あるいはそれを逆手に取ることによって、現実には神社を「国家の宗祀」化へと追い立てていく、それこそが中島氏のいう「神社政策の不活発期」の実態であったということができよう。それは「神社政策の不活発」どころか、「国家神道」の体制的確立に向けた最終的な仕上げの過程にほかならなかったといえる。いずれにしても、「国家神道」は伊勢神宮と官国幣社などの上層神社を基軸に据え、府県郷村社をそれに倣わせ、そしてそれに合致しない民衆の素朴な信仰対象である圧倒的多数の小規模神社を切り捨てる方向性の中でこそ体制的な確立をみた（第二段階）と考えられるのである[116]。

では、中島氏のいう日清・日露戦争後における「国家神道の成立」とはどのように考えればよいのか。結論的にいって、それは日本の資本主義化と日本帝国主義の成立にともなう「国家神道」の新たな展開（＝再編成・再構築、第三段階）として捉えるべきものであろう。そしてそれを促した要因として、基本的には次の三点を指摘することができよう。

その第一は、中島氏の指摘する神官層の階層的結集と、その力を背景とした神社に対する公的国家的な支援を求める政府・議会への組織的で積極的な働きかけである。「神道」の「宗教」化（＝「宗教としての神道」の成立と発展）と「信教の自由」原則の成立にともなって、神社のみに対する公的国家的な支援が次第に大きく削減される中、神社の維持・経営の危機に直面した神官たちは、改めて自ら「神社は宗教ではない」・「神社は国家の宗祀である」との論理に基づき、それを逆手にとって神社への公的国家的な保障を強く求めていく。その中心部隊となったのが、明治二十年代前半から始まって三十一年（一八九八）十一月に全国的な組織として結成されることとなった全国神職会であった。

中島氏も指摘しているように、この組織の持つ重要性は、①府県郷村社を含め、すべての階層の神職が全体として「神社は宗教ではなく、国家の宗祀である」との認識を共有するに至ったこと、②この組織が主体となって「神社改正之件」構想の撤回や明治三十三年（一九〇〇）一月の社寺局の神社局と宗教局への分離（＝神社局の新設）、さらには明治三十九年（一九〇六）四月の官国幣社国庫供進金制度の実施などを実現していったことなどである。

明治初年の「国家神道」成立期（第一段階）及び「信教の自由」論争や祭神論争以後の体制的確立期（第二段階）においても、基本的にはいわば国家の側から一方的に「神社は国家の宗祀である」と宣言され、その体制作りが権力的に強行されたのに対し、ここでは文字通り神職自身が自主的・主体的に「神社は国家の宗祀である」との主張を展開して国家政策の転換と「国家神道」の再構築・再編成を求め、そしてそれを実現していったのであった。

「国家神道」の再編成を促した要因の第二として重要なのは、日本の資本主義化と日本帝国主義の成立にともなう、それまでとは質を異にする新たな社会矛盾の激化（貧富の差の拡大や労働運動、社会主義思想・運動の成立と発展、植民地住民の反発と抵抗など）に対応して、政府としても従来とは異なるより徹底した形で「日本国民」の思想的・精神的な国家的統合を推進する必要があり、国民道徳＝社会的規範としての「国家神道」の再編強化が国家主義教育の推進と合わせて、そのための極めて有効な手段と意識されるに至ったと考えられることである。(117)

そしてその具体的な契機として、また「国家神道」の再編成を促す第三の要因としてとりわけ重要なのは、中島氏も指摘するように、日清・日露戦争という本格的な対外戦争（帝国主義的侵略戦争）を通じて、かつて経験したことのないまさに国家的な規模での多数の戦死者が発生したことであった。神葬祭などの個々人の冥福を祈る葬祭儀礼とは明確に区別された、国家・天皇のために命を捧げた死者（「日本国民」＝帝国臣民）への公的国家的な形での鎮魂を「国家の宗祀」という資格において執り行う、そしてそれと繋げる形で地域内住民のすべてを氏子（＝帝国臣民）として再編・掌握することを通じて、各神社をその地域固有の産土神として再定立していくこと。府県郷村社を含むすべての神社が、文字通り「国家の宗祀」として機能する体制はこうして実現されていったのであった。日清戦争後の明治二十九年（一八九六）に氏子制度が再編成され、氏子は一戸一神社に限るとされたのも、そのための重要な布石であったと考えられる。

日露戦争後の明治三十九年（一九〇六）八月からは、対外戦争遂行のための態勢作りとして進められた地方改良運動と結ぶ形で大規模な神社合併（合祀）が推進され[118]、地域民衆の素朴な信仰対象としての神社とはまったく異質な、国家権力による国民の思想的・精神的統合のための国家的儀礼体系としての「国家神道」が改めて体制的に整備される。それは、再編・再構成された「国家神道」の一つの到達点であると同時に、その後のアジア・太平洋戦争の終結（敗戦）に至るまでの、「日本国民」（植民地住民を含む）[119]への神社崇敬強制の起点をなすものでもあったと評価することができよう。

最後に、本項の最初に提起した問題（なぜ「国家神道」の理解をめぐって、「神道は宗教にあらず」、「神社は宗教にあらず」という極めて消極的ないし受動的な形でその本質規定がなされなければならなかったのか）について、簡単にまとめておくこととしよう。

予め結論を述べるならば、それは「国家神道」が理論的にもまた実態的にもそれだけ深刻な矛盾を抱えていたことを示すものにほかならないといえるであろう。しかし、同時にその意味合いや論点の比重が時期に応じて変化していったことにも注意しておく必要がある。

まず第一期（明治四年までの「国家神道」の基本的枠組みの成立期）では、それとして明示され、あるいは理論的に整備されているわけでもないが、「神道非宗教」・「神社非宗教」が維新政府の一貫した主張ないし認識であり、「国家の宗祀」化を進めるための国家的イデオロギーに基づく神社の権力的再編成が強力に推進された。宗教施設、そして民衆の素朴な信仰対象としての神社の歴史的伝統が一方的、かつ権力的に否定され、神社は天皇の統治権を支える国家的儀礼・国民教化の場へと転換を余儀なくされたのであった。

第二期（明治五年から明治二十二・三年に至る「国家神道」の体制的確立期）は「信教の自由」論争や祭神論争が展開された明治十四年頃までの前半とそれ以後の後半とに分かれるが、前半は「国家神道」の抱える矛盾が露となり、それを克服すべくいわば目的意識的に「神道非宗教」・「神社非宗教」が称えられ、そしてそれを梃子として改めて「国家神道」

の体制的な整備・確立が進められていった。露になった矛盾とは主に次の三点である。

①大教宣布運動が実際には神社神官を主体とする宗教活動として展開されたところから「神道」の「宗教」化が進み、二つの「神道」概念の併存が顕在化するに至った。②新しく「宗教」とされた「神道」（日本固有の宗教＝神社信仰）が特定の教祖や教義体系を持たないなど、仏教やキリスト教に対して「未開の宗教」という位置を占めるのみならず、もしそれが「宗教」だとすれば、日本国民の全体を無条件的、かつ一元的に掌握・統制できないことが明白となった。③同じくもし「神道」が「宗教」だとすれば、「神道」による国民の統合は仏教やキリスト教などの諸宗教に対する「信教の自由」を侵すこととならざるをえず、現実に内外からの厳しい批判にさらされたなど。こうした本質的な矛盾を抱えて成立したのが「国家神道」であり、「神道非宗教」・「神社非宗教」はいわばそれらの矛盾を覆い隠すためのスローガンにほかならなかったということができる。

これに対し第三期（日清・日露戦争後の「国家神道」の再編成期）は、第一期・第二期を通じ国家権力によって翻弄され続けた神社・神官自らが一致団結し、むしろ「神道非宗教」・「神社非宗教」、とくに「神社非宗教」のスローガンを逆手に取って自らの地位の向上と安定を図ろうとしたところに特徴がある。しかし、それは「国家神道」の抱える矛盾をいっそう深刻なものとするばかりか、神社の持つ本来の宗教的性格が根底から否定され、民衆統治のための国家的イデオロギー機関としてのみ機能させられるという、神社にとってはまさに自殺行為に等しい意味を持つと同時に、あろうことかついには国民を帝国主義的侵略戦争に駆り立てるための基幹的で積極的な役割さえ担わされる（その成立過程からしても、またそれが陸・海軍所管で宮司が陸軍大将、運営費が陸軍省予算であったなどの点においても、他の一般の神社とは大きく性格を異にする特殊神社＝靖国神社がその最も中心的・拠点的施設として機能したことは改めて指摘するまでもない）ことにもなったのであった。

2　柳田国男「固有信仰」論の提起とその意味するもの

「国家神道」の再編成にともなって、民衆の素朴な信仰の対象であった多数の神社が大規模な合祀を通じて権力的に抹殺されていった明治末年以後、柳田国男氏は南方熊楠などとともに国家の強制的な神社合祀に強く反対する一方、「民間信仰」＝「固有信仰」論を提起して厳しく「国家神道」を批判した。この柳田氏の「固有信仰」論は戦前における「国家神道」批判としては最も厳しいものであったと評価することのできるものであるが、しかし戦後を含むその後における「神道」概念の転換と今日における「神道」概念のありようという点からするならば、極めて深刻な問題をはらむものでもあったといわなければならない。こうした観点から、柳田氏の提起した「固有信仰」論とはいったい何であったのかについて、若干考えてみることとしたい。

柳田氏が日本の「神道」についてまとまった形で考えを述べた最初は、大正七年（一九一八）の『丁酉倫理講演集』一・二月号に掲載された「神道私見」[120]においてである。この大正七年は、柳田氏がそれまで柿崎正治に従って使用してきた「民間信仰」に代えて「固有信仰」の用語を初めて用いたとされる年で[121]、「神道私見」で示された認識は、近世国学に対する評価などの一部を除いて、基本的にはその後においても変わることなく[122]、主要な論点はすでにこの段階で提示されていたといえる。

柳田氏の「固有信仰」論はその後に発表された『日本の祭』（昭和十七年刊）・『神道と民俗学』（昭和十八年刊）や『先祖の話』・『祭日考』（ともに昭和二十一年刊）、『山宮考』・『氏神と氏子』（ともに昭和二十二年刊）などによって、さらに深め広げられることとなるが、その具体的な内容については川田稔氏の研究[123]に委ねることとし、ここではとくに留意すべき論点についてのみ検討を行うこととする。

柳田氏の「固有信仰」論について考える場合、とくに注意する必要のある問題として次の五点を指摘することができるであろう。その第一は、「固有信仰」論の全体が再編・再構成された「国家神道」そのものに対する最も鋭い批判になっているということである。川田氏の整理[124]に従って主な論点を列挙すれば、およそ次のようになろう。

①「国家神道」の理論的支柱をなす国学系の「復古神道」は『延喜式』以前の古文献に基づいて構築されたものであって、「現実の民間信仰」すなわち人々の村の氏神に対する信仰を表現しているものとはいえない。②「国家神道」では、『古事記』・『日本書紀』その他の古文献に記された神々や、あるいは過去の実在の著名な人格を神と定めて祀っているが、本来各地の氏神は祖霊の融合体として特定の名を持たず、氏族名や土地の名を冠している場合でも、名を呼ぶことを忌み禁じられているのが一般的であって、「古い国民の信仰」を表現したものとはいえない。③「国家神道」では、氏神がつねに神社に座すとして神殿そのものを重視するが、本来氏神は神社ではなく近くの山の頂にとどまり、時を定めて祭の時々に里に降りてくるもの。清浄な土地に臨時の仮屋を建て、依代としての神木に神を招き降ろすというのが本来の姿である。④「国家神道」では、官選の神官・神職が神祭りを行うよう定めているが、祭主役は氏子の中から特定の家系によって、あるいは輪番で頭屋を務めるというのが本来のありようである。⑤「国家神道」の儀礼では、巫女の役割が副次的なものとなり、神の託宣や神語りに代わるものとして祝詞が読み上げられ、その内容も記紀を初めとする古文献にベースを置いたものとなっているが、神の依座としての巫女に神が憑依し、その口を通して神の言葉を託宣として伝えるというのが本来の姿である。⑥「国家神道」では、神社に対する人々の態度は名の知られた神々や祖先、また

は偉人に対する尊敬の表示であって、宗教ではないとされるが、人々の氏神に対する内面的態度は、何らかの超越した力を持つ神への祈願と感謝を基礎とした明確な信仰であり、当然宗教と呼ぶべきものであるなど。ここに示された諸論点は、明治政府によって権力的に構築された「国家神道」が民衆の素朴な信仰の実態とは大きくかけ離れたものであることを、信仰の実態に即して具体的、かつ多面的に明らかにしたものであり、その点において「国家神道」（とくに第三期）に対する最も厳しい批判になっていると評価することができる。

しかし第二に注目すべきは、右に見たような、「国家神道」に対置される「固有信仰」（＝神道としての氏神信仰）こそが「神道」の本来のあり方だとして、これを同じく「神道」と捉え、かつそれが日本民族固有の信仰として原始・古代以来現在に至るまで連綿と保持され続けてきたと評価していることである。すなわち、柳田「固有信仰」論の最も大きな特徴は、「独りでに此国に発生して大きくなり、又弘まつて来たにちがひない」信仰[125]が日本の「固有信仰」であり、それこそが本来の「神道」だとして、「時代の変化を超えて超歴史的に存在する自然発生的な日本民族固有の信仰」＝「神道」と捉えているところにあるといえる。これを、これまで本章で検討してきた「国家神道」との関係で考えると、柳田氏が提起したのは要するに宣長・篤胤的な「日本固有の宗教＝神道」論の観点からの

「国家神道」批判であって、民衆統治のための国家的イデオロギーという、「国家神道」の最も本質的で深刻な問題は完全に視野の中から抜け落ちてしまう論理構造になっているといわなければならない。

柳田氏の「固有信仰」論が「国家神道」に対する最も厳しい批判であったことは疑いないところであるが、しかしそれを同じく「神道」と捉えることによって、客観的には「国家神道」の持つ民衆統治のための国家的イデオロギーという、より本質的な問題から完全に目をそらす役割を果たすと同時に、超歴史的な民族固有の信仰というそれ自体厳密な検討を必要とする問題の提起を通じて、ある意味では「国家神道」以上にはるかに深刻な問題を私たちに突きつけることにもなったと考えられるのである。

注目される第三は、右の点と表裏をなす問題として、さきのような「国家神道」に対する痛烈な批判も決して天皇には向かわず、皇室それ自体は否定さるべきものではないとして、アプリオリに日本の「神道」と不可分、一体のものと評価されていることである。

宮中のお祭は村のお祭とよく似てゐます。中間の神社のお祭は色々やかましい儀式があつたりして違つてゐるが、宮中のお祭と村々の小さなお宮のお祭とは似てゐる。これではじめて本当に日本は家族の延長が国家になつてゐるといふ心持が一番はつきりします。民間の年越の祭とか収穫の感謝の祭とか、自然のお祭といふものを、宮中と同じやうにやつてゐる(126)…。

……………………………………………………………………

日本固有の宗教に欠けて居つたやうに見えるのは、ハイエラーキーの力であります。併し是とても御承知のやうに近世に於ては京都の吉田家、其以前に於ては神祇官と云ふものがあつてある程度まで全国に支配力を及ぼして居り、又畏多いことでありますが其背後に常に皇室がありまして、大昔から今日に至るまで神祭の範を全国に示されて居るのであります。此度の御大礼（大正天皇即位礼…井上）の際でも、若しくは皇室祭祀令の中に現はれて居ります平日の祭の御式を見ましても、之を祖先崇拝若しくは偉人崇拝だけには見られぬことが沢山あります。例へば年々新嘗の前に行はせられる鎮魂祭を見ましても、単に鎮魂の行事がありますばかりでなく、其前に神籬を立て、八柱一柱の神を天から御迎へする、斎田卜定の儀式に於きましても、此が為に先づ庭上に神の御降りを乞ひ、式終つて又神に御上げ申すのであります。其他一々例を申すは諄うございますが、皇室の御祭は多くは全国の神祭の模範になつて居るのでありま す(127)。

天皇が宮中で行う祭と村の氏神の祭は同一のものであり、それは天皇・皇室が範を示し、国民がそれに倣っているからにほかならない。日本の国としての統一がこれによって保たれ、それは「国初」(国の始まり)以来、現在に至るまでまったく変わることがない。ここに示された柳田氏の理解は、戦後の象徴的天皇制論の先取りともいってよいものであるが、しかし宮中の祭と村の祭が本当に同じものといえるのか、両者はどのように関わり合っているのか、何よりも「天皇・皇室が範を示し国民がそれに倣っている」とどうしていえるのか、それらの具体的な根拠はいっさい示されることなく、いわば当然のこととして一方的に議論が展開される[128]。天皇を中心とした国づくりを進め、それを広く国民の間に周知徹底させるためにこそ、必死になって「国家神道」を構築しようと試行錯誤を重ねた明治政府。柳田氏はそれへの厳しい批判を通じて、しかし実際には明治政府・国家が追求しようとした目標をいとも簡単に別の形で、しかも何らの論証を行うこともなく論じて見せた。それが柳田氏の提起した「固有信仰」=「真の神道」論にほかならなかったと考えられるのである。

注目される第四の点は、柳田氏が自らの学問を「新国学」と位置づけ、宣長・篤胤的な近世国学の継承・発展を強く意識していたことである。内野吾郎氏の整理によると、柳田氏が自らの学問(民俗学)を「新しい国学」と称した最初は昭和十年(一九三五)八月に刊行された『郷土生活の研究法』においてで、柳田氏の「新国学」論は「昭和六、七年頃から戦争の前後にかけて次第に醸成され、戦後に「新国学談」の刊行によって、具体的に提唱された[129]」と見るべきものであるという。

今の農村の動揺苦悶の底にも、善し悪しは別として、古い信仰の名残のあることは、これを認めずには居られぬであらう。…やはり上代信仰の問題を度外におくことは出来ない。これを要するに今日郷土史の研究によつて明らかにしようとして居るのも亦一面世に隠れたる御国振りであつた。我々の三大人が出でて道を説かれたまでは、誰一人日本に国学といふ学問が新たに唱へらるゝ余地あることを信ずる者がなかつた。その国学の偏へに盛んになつた時世には、次に第二の新国学の改めて必要を生ずべきことを認める者のなかつたのも是非がない。併し学問が世を救ふべきものであるならば、今はまたこの方式の御国学びが入用になつてきて居るのである[130]。

……………………………………

二つの学問（神道史と民俗学…井上）の対立など、いふことは、決して永遠のものでは無いと私は信じて居ります。…たとへ民俗学の主要なる目的が、国の神道の推移を跡づける点に於て一致して居ても、尚且つ別箇第二の学問であることを否むわけには行きませぬ。…即ちいやしくも史学といふからには、必ず文字に表はされたものだけを、証拠にしなければすまぬといふ今までの考へ方を改めて、先づ知りたいといふことを先に立て、書物で学べぬとならば其以外の方法でも、とにかくに今までは断念して居

たことが、少しづゝでも判つて来れば嬉しいといふ心持にはやがてなれるのでありま
す。[131]

近世国学の中にある文献至上主義の誤りを正し、民俗学の方法に基づいてこれを補うことによって再構築する、換言すれば「所謂神ながらの道」を民俗学の方法によって「帰納」すること[132]、それが柳田氏のいう「新しい国学」であり、具体的には神道史と民俗学との接合によって「国の神道の推移を跡づける」ことにほかならなかった。柳田氏は、民俗学の方法によってこそ本居宣長や平田篤胤らが打ち立てた「国学」をさらに発展させ、隆正流の「復古神道」に代わる「真の神道」論を構築することができると考えていたのであって、方法論的にはともかく、「神道」についての理解や捉え方は宣長や篤胤ら（とくに宣長）と本質的に異なるところがなかった。さきに第一点として指摘した厳しい「国家神道」批判が他方で第二・第三点のような深刻な問題を抱えていたというのも、要するにそれは柳田氏の目指すものが宣長流の国学的「神道」論の復権にほかならなかったことと密接に関わっていると考えられるのである。

最後に、第五点として注目されるのは、戦前から戦後にかけて柳田氏のスタンスに基本的な変化が認められず[133]、むしろ戦後における天皇制や「神道」・神社の存亡の危機に際してその活動が極めて自覚的かつ積極的となったこと、そしてそこでの中心的なテーマがや

はり「新国学」だったことである。敗戦の四日前に当たる昭和二十年（一九四五）八月十一日の柳田氏の日記『炭焼日記』に、「いよ〳〵働かねばならぬ世になりぬ[134]」と記されていたことはよく知られているところであるが、それが「新国学談」シリーズ三冊の刊行であった。その第一冊として、「解説」に「昭和二十一年紀元節日」の日付をもって刊行された『祭日考』の次の一文は、そうした柳田氏の問題意識をよく示している。

是からさき神道はどうなつて行くか、どうなるのが民族全体の為に、最も幸福であらうか、それは微力で直ちに決しられないとしても、少なくともそれを考へるのに、どれだけの予備知識を持つて居なければならぬか、少なくともその最後の問題に、答へようとするのが自分の最近の仕事であつた[135]。

当時最も身近にいた堀一郎氏が、岳父柳田の様子を記した次の一文からもそのことがよくうかがわれる。

戦争末期から終戦後にわたる学問は、もはや愛国以上の、切端つまった憂国の熱情が、神道研究の上にほとばしった感が深い。しかもそれは、決して単に専門神職のための神道研究、理論や考証の学としての神道研究ではなかった。実に精神的混迷のなかに投げ出されている一般民衆に、自己と民族に内在している価値を見出させ、それに自信と誇りを実証的裏付けをもって与えようと試みた研究であったことは、見逼してはならないように思う[136]。

そして「新国学談」シリーズの第三冊『氏神と氏子』が、昭和二十一年（一九四六）七月二十五日～二十七日の三日間、その存廃が最も強く危惧されていた靖国神社で開催された文化講座で行われた講演をまとめたものであったことからも知られるように、そこに示された柳田氏の「神道」説は「戦後占領軍の描く〈神道像〉にぴったり一致する…そして当時の神道界――具体的には神社本庁や國學院――が最も要望していた[137]」ものだったのであった。内野氏が、「かくて〈柳田学〉とその学派は、神道界でも高く再評価され、一層脚光を浴びることになった。柳田先生の身辺は急にいそがしくなった。あるいは先生自身の予想や思わくを遥かに超えて、戦後急速に再び社会の表面に登壇することになった[138]」と指摘しているのは、この間の事情をよく伝えるものということができるであろう。

さて、以上に指摘した柳田氏の「神道」＝「固有信仰」論が担った歴史的意義という点で最も重要、かつ注目すべきは、そこで提起された「神道」概念（「自然発生的な日本固有の民族的宗教」）が「国家神道」解体後の戦後日本において、あらゆる分野や階層の人々からあたかも疑う余地のまったくない真理であるかのように受け止められ、急速に一個の社会的「通念」として広まり、定着していったことである。そしてその背景には、次のような事情があったと考えられる。

まず第一は、戦前から戦時中にかけて柳田氏の提起した「固有信仰」論が「国家神道」に対する最も厳しい批判として存在し、またこれ以外に体系的な形で「国家神道」を批判する宗教論が存在しなかったこと。第二に、敗戦にともなう「国家神道」の解体と神社そのものの深刻な危機の中で、柳田氏自身がこの危機を救うべく積極的な活動を展開するとともに、ＧＨＱや神職・神社界もまたこの柳田氏の理論によって戦後日本宗教の新たな展望を開こうとする共通の認識の上に立っていたこと。そして第三に、戦前・戦時中の「国家神道」に対する強い怒りやそれへの激しい反発もあって、国民一般もまた柳田氏のこの理論にとくに大きな違和感を覚えることもなく、むしろスムーズにこれを受け入れていったと考えられることである。こうして、二十一世紀を迎えた今日にあっても、この社会的「通念」は歴史学の専門研究者の間でも広く共有されるという状況を生み出しているのである。(139)

しかし、学問的な見地からして、果たしてこの社会的「通念」（＝常識）はそれにふさわしい確かな根拠を持っているといえるのであろうか。そうではないと筆者は考える。まずもって留意すべきは、柳田氏の「固有信仰」論自身がさきに第二〜四点として指摘したような重大な問題を抱えていて、「国家神道」論批判そのものに大きな限界と問題があると考えられることである。にもかかわらず、黒田俊雄氏の重要だが、しかし極めて不十分な問題提起[140]を除いて、この「神道」概念の問題が本格的に検討されることはまったくといってよいほどなされないまま今日に至ってしまった。とくに問題だと考えられるのは、村上氏をはじめとして「国家神道」の科学的な究明を試みようとする研究者自身が安易に柳田氏のこの「神道」概念に依拠するという、大きな自己矛盾を抱えてきたことである。これでは「国家神道」についての理解や分析が大きな混迷に陥るのも当然ということになるのではないか。第一節で検討した「神道国教」化政策という通説的な問題の捉え方なども、こうした観点から改めて抜本的な再検討を試みる必要があろうと考える。

むすび

以上、本章ではこれまでに蓄積されてきた諸先学の研究に導かれながら、「国家神道」の成立から解体に至る過程について、まことに大雑把で冗長な検討を試みた。近代史を専門的に研究しているわけでもない筆者が大上段に振りかぶって「国家神道」を論じ、諸先学の研究に一々批判がましいことを指摘するのは如何なものかと、何度も執筆を躊躇ったところであるが、前近代を含む日本の神社史の全面的な解明のためには欠かすことのできない重要なテーマだと考え、あえて意を決しまとめることとした。膨大な数にのぼる諸先学の研究については、当然のことながら可能な限りそのすべてに目を通すよう努めたところであるが、力及ばず見落とした重要な研究も少なくないであろうと考える。そうした本稿の不備に対しては、今後も引き続きこれを克服するよう努めることで補っていきたいと考える。

さて、ここでは本章で論じた内容そのものを改めてまとめることは省略し、副題として掲げた「神道」概念の転換についてのみ若干の補足を行うことを通して、本章の意図するところをいま少し明確にするよう努めることとしたい。

検討を加えるべき問題の一つは、第一節で若干の検討を行った維新政府の宗教政策についてである。筆者は「神道国教」化政策という通説的理解に疑義があるとして私見を述べたが、本稿に対する批判・疑問の最大のものも、恐らくはこの点にあるといえよう。そしてその際の重要な論点の一つに、「宗教」や「教」の概念が未分化なこの時期に、ことさら「宗教」と「国家的イデオロギー」とを区別することにどれほどの有効性と意義があるのか、という点があろう。

筆者も「宗教」や「教」の概念が未分化だということに異議があるわけではなく、ただその本質を「宗教」という観点から捉えるのか、それとも「国家的イデオロギー」という観点から捉えるのかでその評価が大きく異なること、また日本における特異な「宗教」概念が「国家神道」の成立過程と深く関わり合っていることをとくに強調したかったのである。

その背景には、①本書第二章までに指摘したように、日本歴史に即してみた「神道」の概念が柳田氏的なそれではなく、本来民衆統治のための「国家的イデオロギー」としてこそ理解すべきであるとの理解と、②維新政府の宗教政策を歴史的にどう評価するのかという問題があった。②についてのみ若干の補足をすれば以下の通りである。

維新政府の宗教政策に関しては第一節でも少し触れたところであるが、近世幕藩制以来の歴史的伝統の上に、従来以上に強力な世俗権力による宗教・宗教勢力への支配と統制（＝宗教の政治への従属と一体化）という点にその歴史的特徴があった。そしてそれは、近世幕藩制権力が組織された武力と「鎖国」政策という、いわば「物理的な力に基づく宗教統制」であったのに対し、開国と先進諸列強からの政治的圧力にさらされた維新政府にあっては、「文明開化」政策と一体となった国家・天皇権力の絶対性の強調という、「より観念的な形での宗教統制」へと移行せざるをえず、それが世俗権力によるコスモロジーの独占とそれを踏まえた宗教・宗教勢力への直接的な権力的介入・統制となって現れたことによるものであった。世俗権力（＝維新政府・国家）による政策的な「神仏分離」の強行や、「国家の宗祀」化という形での神社そのものの質的転換、同じく「三条の教則」に基づく国民への一方的で権力的な価値観の押しつけなどというのは、ともにその具体的な現れにほかならなかった（その最終的到達点が「日本型政教分離」といえよう）と考えられるのであって、それは特定の宗教を国家公認の宗教と定め、その信仰を国民に強制するというものとは次元や性格が異なるのではないか、と考えたのである。

その際、とくに重要だと考えたのは、神社や神社信仰そのものが権力的に大きく歪められたという事実であって（この点を鋭く指摘したのは柳田氏であった）、従来は暗黙のうちに神社や神官は専ら「国家神道」の成立に協力する「加害者」として評価する傾向が強かったように思われる。しかし、基本的には神社や神社神官もまた宗教・宗教者としては「被害者」というべき立場にあった[14]（それは仏教やキリスト教などと同じく、加害者としての責任を免れるということを意味するものではもちろんなく、とくに第三期における主体的・積極的な「国家神道」再編成への荷担は、それが本来の神社信仰の自己否定であったことを含めて、とりわけ深刻な総括を必要とするとしなければならないであろう）のであって、こうした観点から国家と宗教との関係を総体として捉え返す必要があると考えたのである。

第二の問題は、第二節でとりあげた「宗教としての神道」の成立（＝「神道」そのものの「宗教」化）の理解をめぐってである。この問題は、右に指摘した「神道」の本質をいかなるものとして理解するかとも密接に関わるところであるが、本章における最も重要な論点の一つであると同時に、また強い批判や疑問が提起されるところでもあろう。

筆者がこの点をとくに重要だと考えたのは、「神道国教」化政策の理解をめぐってその時期区分が論者によって大きく異なり、いつまでをそれに当てるのか、その根拠が極めて曖昧であること、そしてそのことがひいては「国家神道」とは何であったのかを極めて理解困難なものへと導く大きな要因になってしまっていると考えたからである。筆者が二つ(ないし三つ)の異なる「神道」概念を提起したのも、同じ意図に基づくものである。その概念の当否を合わせ、ご検討願えればと考える。

最後に第三点として、「国家神道」の「成立」をどう考えるかという問題がある。これまた右に指摘した「神道国教」化政策をいつまでと見るのかとも関わって、大きく意見が分かれ、かつ極めて曖昧なものとなってしまっているのが現状である。要するにこれは「国家神道」とは何であったのかの概念規定が明確でないところに起因するものといえよう。そして筆者は、そうした困難をもたらす大きな要因の一つが「神社神道」という、これまた極めて曖昧な概念設定にあると考え、神社と「神道」との関係を改めて問い直す形で「国家神道」概念の再定立を試みた。その結果、「国家神道」は少なくとも明治四年段階でその基本骨格が成立していること(第一段階)、しかしその段階では国民教化という維新政府が最重要とした課題に十分応える体制が整っておらず、また明治五年における留守政府の成立という特異な政治状況などもあって、学校教育を含めたトータルな形での国民教化体制は明治二十年代初頭の明治憲法と教育勅語の成立を待たねばならなかったこと（第二段階、体制的確立）、さらに日清・日露戦争後の日本の本格的な資本主義化と日本帝国主義の成立にともなって、それがさらに再編成されることによってより強力な形で「国家神道」が再構築された（第三段階）と考えた。この再編成された帝国主義段階の「国家神道」は、ある意味では第一段階で成立した「国家神道」の完成形態といえなくもないが、基本的には明治憲法体制（「国家神道」はその不可欠で重要な一角を構成する）の変容形態（帝国主義段階の「国家神道」）として捉えるべきであろうと考えた。

以上、まことに不十分ではあるが、本章での考察において意図したところの補足になればと考える。諸賢の厳しいご批判、ご教示をいただければ幸いである。

注

（1）「国家神道の成立」（『日本宗教史講座』第一巻所収、三一書房、一九五九年）など。

（2）『国家神道』（岩波新書、一九七〇年）など。

（3）「国家神道をめぐる覚書」（『近代日本の宗教言説とその系譜』所収、岩波書店、二〇〇三年）。

（4）「民衆宗教の宗教化・神道化過程―国家神道と民衆宗教―」（『日本史研究』五〇〇、二〇〇四年。『増補改訂版幕末民衆思想の研究』文理閣、二〇〇五年再録）。

（5）前掲注（3）。

（6）「国家神道の確立過程」（國學院大學日本文化研究所編『近代天皇制と宗教的権威』所収、同朋舎出版、一九九二年）。

（7）「「明治憲法体制」の確立と国家のイデオロギー政策―国家神道体制の確立過程―」（『日本史研究』一七六、一九七七年）。

（8）村上重良氏のみは、「国家神道」を「国教制度」と規定し、明治維新から敗戦に至るすべてが「神道国教」主義であったとしていて、基本的には「神道国教」化政策が挫折したとは考えていない。

（9）「国家神道形成過程の問題点」（安丸良夫・宮地正人編『日本近代思想大系5　宗教と国家』所収、岩波書店、一九八八年）など。

（10）「神道国教化政策崩壊過程の政治史的考察」（『ヒストリア』一〇四、一九八四年）。

（11）『明治維新と宗教』第四章「神道国教制の形成」（筑摩書房、一九九四年）。

（12）「近代転換期における宗教と国家」（安丸良夫・宮地正人編『日本近代思想大系5　宗教と国家』所収、岩波書店、一九八八年）、「国家神道と歴史のコンテクスト」（国際文化工房編『神道セミナー国家神道を検証する―日本・アジア・欧米から―』所収、神道国際学会、一九九九年）など。

(13) 前掲注(7)。

(14) 前掲注(3)。

(15) 「明治初期の宗教意識」(『國學院大學日本文化研究所紀要』四九、一九八二年)など。

(16) 宮崎幸麿編『勤斎公奉務要書残編』一。

(17) 伊達光美『日本宗教制度史料類聚考』明治期法令一三八、太政官布告三三三号。

(18) 安丸良夫・宮地正人編『日本近代思想大系5 宗教と国家』(岩波書店、一九八八年)四〇頁。

(19) 注(18)四六~七頁。

(20) 「一九世紀日本の宗教構造の変容」(『岩波講座・近代日本文化史2 コスモロジーの「近世」』所収、岩波書店、二〇〇一年)。

(21) 『国家と祭祀』(青土社、二〇〇四年)。

(22) この問題は、桂島宣弘『幕末民衆思想の研究—幕末国学と民衆宗教—』(文理閣、一九九二年)や阪本是丸『国家神道形成過程の研究』(岩波書店、一九九四年)、武田秀章『維新期天皇祭祀の研究』(大明堂、一九九六年)などが早くから指摘してきたところである。

(23) 前掲注(18)五~六頁。

(24) 前掲注(18)七~九頁。

(25) 加藤隆久『神道津和野教学の研究』(国書刊行会、一九八五年)一〇七頁。

(26) 桂島宣弘「幕末国学の転回と大国隆正の思想」(『幕末民衆思想の研究—幕末国学と民衆宗

教―』所収、文理閣、一九九二年）参照。

(27) 前掲注(20)二二〜三頁。

(28) 玉懸博之「幕末における「宗教」と「歴史」」（『東北大学文学部研究年報』三一、一九八一年）。

(29) 前掲注(21)。

(30) 黒住教については、原敬吾『黒住宗忠』（吉川弘文館、一九六〇年）などを参照のこと。

(31) 但し、隆正の場合「愚夫愚婦ヲヨクイヒサト」す手段とはいえ、「聖行神道」の中に「易行神道」を含めている点は注意を要するところで、政治的イデオロギーと宗教とが極めて未分化な状況にあったことを示すものといえる。近世以来の伝統の上に立った世俗権力による宗教の政治的利用、及び近世「神道」、とくに平田派神道の影響などが、その背景として考えられよう。この問題については改めて後述する。

(32) 大久保利通が「和漢西洋之学術折衷し不抜之皇道揆今稽古其基本ヲ闡明する之豪傑出る事有而始而　王政一新之根軸ハ相立候」（日本史籍協会編『大久保利通文書』二、四九四頁）と述べている「皇道」も隆正のいう新「神道」に当たるものであったといえよう。隆正の目指した「新神道」は、その後「神教」の名でその具体化が図られたが、それについては次節で改めて論じる。

(33) 西田長男氏も「明治維新政府の宗教政策（一）―その概略―」（『神道及び神道史』二八、一九七六年）において、同様の理解を示している。これに対し羽賀祥二氏の場合は、これらの一般的な理解とは異なり、宣教使が布教しようとした教義内容と関わって「天皇教権を核とする国家宗教体制」＝「神道国教制」が考えられている。それは、キリスト教に対抗して天照大神を天主に比定することによって「国家自らがこの「神道宗門」を立教・組織・宣布する体制―国家的宗教権力の確立」（前掲注(11)一八一頁）を志向するものであった、とされる。

(34) 前掲注(21)、辻本雅史「国家主義的教育思想の源流」（『近世教育思想史の研究―日本における「公教育」思想の源流―』所収、思文閣出版、一九九〇年）など参照。

(35) 明治四年十月、渡米直前の岩倉具視が在日英国代理公使アダムスに対して、「天皇陛下は天照皇大神からのたえることのない血統の御子孫であらせられ、従って神性を有する御方であらせられると日本の国民が信じることは絶対に必要なことである」（前掲注(18)三一四頁）などと語っているのは、このことを示している。こうした考えが宗教的な「神観念」と一体的なものであることはいうまでもないが、しかしそれは後述のように宗教ではなく、コスモロジーの問題として捉えるべきものであって、国民に対し世俗的な天皇制権力への絶対的服従を求めることにこそその基本があったと考えなければならないであろう。

(36) 安丸良夫『神々の明治維新―神仏分離と廃仏毀釈―』（岩波新書、一九七九年）、本願寺史料研究所編『本願寺史』第三巻（浄土真宗本願寺派宗務所、一九六九年）、圭室文雄『神仏分離』（教育社歴史新書、一九七七年）など。

(37) この点は、前掲注(15)論文において藤井氏が指摘するところでもある。

（38）明治元年四月十日の「神仏分離」実施を慎重にすべき旨の太政官布告二二六号、同六月二十日の「神仏分離」は廃仏毀釈にあらざる旨の真宗各派への諭達（御沙汰五〇四号）など。ともに田丸徳善・村岡空・宮田登編『日本人の宗教Ⅳ　近代日本宗教史資料』（佼成出版社、一九七三年）所収。

（39）岩倉具視の腹心の一人宇田淵の上書にも、「社人輩此機会ニ乗し恣ニ僧徒を凌轢し、己が利を成就せんと欲する者亦不ㇾ少、是等之輩畢竟皇国之大道を不ㇾ知、徒ニ瑣末之事ニ拘泥し、其頑陋僧徒ニ比するニ五十歩百歩と謂べし、宜く意を加へ誡励して其弊習を改めしむべし」と見える（徳重浅吉『維新精神史研究』立命館出版部、一九四一年再版、四七六頁。本史料は、日本史籍協会編『岩倉具視関係文書』八に収められている）。

（40）寺院・僧侶への厳しい施策の背景には、宮地氏のいう財政的な問題（士族授産と士族帰農のため、社寺地、とりわけ無檀無住の寺院地を入手しようとする狙い。前掲注（9）五六九頁）や、阪本是丸氏のいう僧侶らの「富国強兵」のための兵役逃れの問題（「日本型政教関係の形成過程」、井上順孝・阪本是丸編『日本型政教関係の誕生』所収、第一書房、一九八七年、一三～四頁）などもあったことは注意を要する。

（41）藤井貞文氏が、「初期維新政府の政策基調が祭政一致にあって、政教分離へと帰着すべきものであった」として、「神道国教」化政策という捉え方に異議を唱えたことは先述した通りであるが（前掲注（15）参照）、この「祭政一致＝政教分離」という問題の捉え方は国家権力による強権的な神社の再編成と、それを媒介とする宗教（神社・神祇信仰）の国家権力への屈服・癒着・従属を的確に捉ええない点で、再検討の必要があろうと考える。

(42) この問題は、近代日本における政治と宗教との関わりに極めて特異で深刻な問題を提起することにもなった。一般に、前近代社会から近代への転換（＝「近代化」の過程）は、共同体からの個人の自立（＝近代的「市民」の形成）と宗教の内面化を媒介とする世俗権力の宗教との分離（＝政治権力の非「宗教化」）を共通の特徴とするとされるが、共同体を社会的基盤とする宗教（＝神社信仰）が権力的にその中心に据えられ、かつその宗教が国家的イデオロギーとしての特徴を持つ天皇神話をその「教義」としたところから、近代日本にあっては世俗権力による宗教的機能の吸収と宗教の世俗権力への癒着・従属（＝政治と宗教との未分離）を本質的な特徴とすることになったと考えられるからである。同時にまたこの問題は、キリスト教や真宗教団などにおいて戦後深刻に総括された戦争責任問題に神社・神官層がどう関わるかという、極めて深刻な問題を提起していると考えなければならない。しかし、これを学問的な作業として進めるためには、ここに至るまでの神社それ自体の歴史を的確に総括しておくことが不可欠であることはいうまでもない。残念ながら、神社史研究の現状はなおそれに遠く及ばないといわざるをえず、今後に残された重要な検討課題の一つといえるであろう。

(43) 前掲注(35)六〜八頁。

(44) 前掲注(17)明治期法令一一二六号。

(45) 宮地氏は、これによって「各地の神社とその祭神が従来本質的な属性として有していたそれぞれの地域民衆との深い精神的紐帯や土着性・郷土性といったものは、急速に国家的・天皇制的なヒエラルキーに従属させられていくか、あるいは抹殺させられていった」（前掲注(9)五六七頁）と的確な指摘を行っている。

(46) 阪本氏が、「近代神社制度の整備過程―明治初期の神社行政をめぐって―」上・下（『國學院大學日本文化研究所紀要』五四・五五、一九八四年）において安丸氏の前掲注(36)著書を批判したのに対し、安丸氏が前掲注(12)『宗教と国家』所収論文においてこれに反論を加えた。

(47) 前掲注(40)九頁。

(48) 安丸氏前掲注(12)『宗教と国家』所収論文四九六頁。

(49) 前掲注(9)。

(50) 阪本是丸氏は、明治四年九月に提出された神祇省建議を引いて、この構想こそ「神道国教化政策」にほかならないと指摘している（前掲注(40)二三～五頁）。それは「高天原の主宰神のみならず、天地創造の主宰神でもあり、今上天皇の遠祖神である…天照大神を氏神杜に勧請することによって天照大神と氏神を直結し、すべての人民を天照大神の信仰と天皇への崇敬へと動員する体制を構築しようとしたものであった」という。アマテラスを中心とした宮中賢所と全国各地の氏神社とを結ぶ、文字通り全国民的な規模での信仰体制の構築を、阪本氏は「神道国教化政策」と理解しているのである。しかし、筆者はやはりこれを「神道国教」化と捉えることには疑問を抱く。これは大国隆正流の「復古神道」論に基づいてすべての神社を全国的、かつ抜本的に再編成することであって、「神道」を「国教」化するというのとは意味が異なると考えるからである。むしろ、この神祇省建議こそ慶応四年三月十七日太政官符案の目標としたところ、すなわち「国家神道」が目指した一つの理想的な完成形態（＝理念型）として理解すべきなのではないだろうか。そしてこうした問題の的確な把握と評価のためにも、「神道」の概念と神社の歴史的性格についてのさらに踏み込んだ検討を進めていくことが必要ではないかと考える。

(51) かつて村上氏が提起した広義の概念を新たな形で復活させようとする島薗進氏に対して、それは「天皇制ナショナリズム」そのものと理解すべきだと批判した林淳氏の見解（「島薗進氏の近代宗教史研究に寄せて」『南山宗教文化研究所研究所報』一二、二〇〇二年）を、基本的には筆者も支持したいと考える。

(52) この点が明確でないため、「国家神道」の本質をどう理解するか、その成立をいつと考えるか、そして天皇制ファシズムと「国家神道」との関わりをどのように考えるか、などの点をめぐって混乱が生じることになってしまったのではないかと考えられる。

(53) 安丸氏も「神道という自生的な宗教」（前掲注(12)『宗教と国家』所収論文五一八頁）と指摘している。

(54) 本節では、論点を明確にするため、あえて問題を単純化する形で考察を進めた。しかし、例えば初期維新政府の中にあって、平田派の国学・神道家が一定の重要な役割を果たしていたことは改めて指摘するまでもないところであって、現実の政治過程が実際には紆余曲折に満ちた、そしてそこに相矛盾する多様な考え方の併存していたことも当然ながら考えておかなければならない。本節のテーマを「政策基調」と限定して掲げた所以である。なお、維新政府の政策基調が一貫して「神道非宗教」論の上に立って展開されたものだとする理解は早くから認められる。例えば『東京日日新聞』明治十三年（一八八〇）二月三日の論説に、「明治政府ハ維新ノ初ヨリ曾テ神道ヲ宗教トハ認メラレサルナリ、…治教ハ固ヨリ宗教ニ関繫ナキヲ以テ、政府ハ祭祀ヲ司トルノ神官モ、宗教ヲ専トスルノ僧侶モ、倶ニ教導職ニ任シタルノミ、以テ教導職トハ治教ヲ宣布スル為ノ名ニシテ、宗教ヲ宣布スル為ノ名ニ非サルヲ知ルニ足レリ」（前掲注（4）桂島氏「増補改訂版」三二五頁）などとあるのは、これを示すものといえよう。

（55）藤井貞文「宣教使の研究」（『國學院雑誌』四九―五・六、一九四三年）、阪本是丸「明治初年における国民教導―宣教使に関する覚書―」（神社本庁教学研究室編『神社本庁神道教学研究会報告』昭和五十七年度）、及び前掲注（9）宮地氏論文など。

（56）常世長胤『神教組織物語』（前掲注（18）『宗教と国家』所収三七二頁）にも「長崎ニハ教場ヲ置キタレド、長次官因循シテ他府県ニ派出シテ教場ヲ開カシムル事モナク、官員ヲ遊バシメテ置タル」とあって、布教所が長崎に限られていたことなどがうかがわれる。

（57）村上重良『正文訓読　近代詔勅集』（新人物往来社、一九八三年）五八頁。

（58）前掲注（33）でも触れたように、羽賀氏は宣教使の説く教義内容から「神道国教制」を捉えていて、具体的には宣教権判官（兼神祇大祐）小野述信の神学思想＝神道教が「反キリスト教・反仏教の「宗教」を確立することを目的とするものであった」（前掲注(11)一六六頁）と指摘している。しかし、それは宣教使による神道派の対キリスト教という意味での神道教学理解の一つの意見であって、羽賀氏自身も認めているように、大久保利通や江藤新平・三条実美など維新官僚の認識とは必ずしも一致していなかった。こうした点からしても、宣教使の基本任務が本来「反キリスト教・反仏教の「宗教」を確立すること」にあったとするのは困難だといえよう。

(59) 前掲注(20)島薗氏論文四七頁。

(60) 常世長胤が、『神教組織物語』（前掲注(18)『宗教と国家』所収、三七八頁）において「吾国ノ神道ハ則国体ノ依テ起シ根原ニシテ、天下ヲ治ムル大道ナレバ、教法ニハアラズ、之ヲ明ニスルハ、治国平天下ノ政道ナリ、豈貴国ノ教法ヲ拒ム為ニ設テスル処ニアランヤ、卜古典ヲ引出シテ例ヲ弁ジタランニハ、皇祖ノ大典ヲ地ニ落スノ憂ハアルベカラズ」と指摘しているのも、一つの参考となろう。但し、この世俗権力によるコスモロジーの独占という問題が、自立的な宗教の最も根幹に関わる重大な問題を含んでいたことも明らかであって、前掲注(42)でも指摘したように、近代日本における政治と宗教との本質的な未分離（世俗権力による宗教的機能の吸収と宗教のそれへの従属）という問題を惹起することになったと考えておかなければならない。後述する森有礼などの啓蒙主義的な立場からの「信教の自由」論の提起はこのことと密接に結び合っていた。

(61) 前掲注(9)宮地氏論文など。

(62) 前掲注(12)『宗教と国家』所収安丸氏論文など。

(63) 「はじめに」で述べたように、磯前氏が宣教使と教導職とを区別することなく、一括して「教化を担う官吏」と捉えているのも疑問の存するところである。

(64) 前掲注(40)阪本氏論文、小川原正道『大教院の研究―明治初期宗教行政の展開と挫折―』(慶應義塾大学出版会、二〇〇四年)など参照。維新政府の反主流、ないし非主流派によって構成される留守政府が岩倉使節団との約定に反して多くの問題を手がけたことは周知のところである。明治五年二月の兵部省廃止と陸海軍省の設置、同八月の「学制」頒布、同十一月の太陽暦の採用、同十二月の徴兵令制定など。それらの政策はいずれも大隈重信・江藤新平らの肥前出身官僚が主導権を握った急進的な文明開化政策という特徴を持っていて、この点で薩摩派官僚によって主導された復古主義的な宗教政策は特異な位置を占めるものであったと評価することができる。阪本氏が前掲注(40)論文において、「教部省は岩倉使節団の同意はおろか、当の留守政府内部の同意さえ得ないままに設置を強行された」(四一頁)と指摘しているのはこのことを示している。

(65) 明治六年一月三十日の教部省達(前掲注(17)明治期法令二八八)において、「神道」が仏教などと肩を並べる一個の宗教と規定されたのは、その一つの現れということができよう。遠藤潤「「神道」からみた近世と近代」(『岩波講座・宗教3　宗教史の可能性』所収、岩波書店、二〇〇四年)参照。但し、遠藤氏の論考では「国家神道」の問題が位置づけられていない。

(66) 明治七年五月「(教部改正)建議」(『島地黙雷全集』一、本願寺出版協会、一九七三年、五一頁)。

(67)「大教宣布運動と祭神論争―国家神道体制の確立と近代天皇制国家の支配イデオロギー―」(『日本史研究』一二六、一九七二年)。

(68) 前掲注(64)。

(69) 前掲注(12)『宗教と国家』所収論文。

(70) 小野祖教「神道教学の諸問題」(『明治維新神道百年史』五所収、神道文化会、一九六六年)参照。

(71) 前掲注(18)二五頁。

(72) 中島氏が引用している『教義外大社事実雑録』の「明治五年神祇省ヲ廃シ、始メテ神道教導職ヲ置カレ、神官・僧侶同ク教導職ニ補セラレシヨリ神道本教モ亦宗教ノ姿トナレリ」(五二頁)にいう「神道本教の宗教化」こそ、「神道そのものの宗教化」にほかならないと考えるべきものであろう。

(73) 神社や神祇信仰そのものを「神道」とする理解は、近世以来の「神道」(=神祇道)理解の上に立ってすでに「神仏分離」が進められる中で生まれていた。慶応四年閏四月、津和野藩が新政府に提出した五箇条の伺いの一つに、「自国庶民ニ至迄、志次第、葬式之式ハ仏法ヲ転ジ、古典ニ基キ、神道ニ為レ致、邪宗調之儀ハ、役方ニテ厳重ニ為二取糺一度事」(『明治維新神仏分離史料』続編下)などとあるのは、その一例ということができよう。これは、「古典に基づき、神道に致させ」とあるように、『日本書紀』用明、即位前紀などに「仏法」と対比して

「神道」が記されているのを、近世における排仏論の展開や幕末・維新期における「神仏分離」の現状に引きつけ、仏教とは異なる日本固有の宗教＝神社・神祇信仰＝「神道」と理解したものと考えられる。こうした通俗的ないし一般的な「神道」理解は、教部省・大教院の設置を契機として登場する「宗教としての神道」ともちろん同じではないが、しかしそれに繋がるところがあったのも、疑いのないところといえよう。

(74) 安丸氏は、島地が欧州留学によって、①宗教と政治の異次元性、②一神教を最高の発展段階とする宗教進化主義、③ヨーロッパ近代文明の基礎に宗教が存在していることを学んだ、と指摘している（前掲注(12)『宗教と国家』所収論文五四二頁）。

(75) 「真宗教団が神社非宗教論に立脚して国家神道の成立を促した原動力」（阪本是丸「国家神道についての覚え書」『現代のエスプリ』二七九、一八〇頁、一九九〇年。『近代の神社神道』弘文堂、二〇〇〇年再録）、すなわち「真俗二諦論」の立場から「信教の自由」論を提起した島地黙雷などの真宗教団こそが「国家神道」を成立させた張本人だとする、問題の本質から大きく逸れた本末転倒した理解（同様の理解は、葦津珍彦『国家神道とは何だったのか』〈神社新報社、一九八七年〉にも示されている）が提起されてくるのも、安丸氏らに認められるこうした通説的な問題の立て方そのものに起因するところも大きいのではないだろうか。

(76) 「真俗二諦論における神道観の変化―島地黙雷の政教論のもたらしたもの―」（井上順孝・阪本是丸編『日本型政教関係の誕生』所収、第一書房、一九八七年）。

(77) 前掲注(66)一一頁。

(78)磯前順一「近代における「宗教」概念の形成過程」(『近代日本の宗教言説とその系譜』所収、岩波書店、二〇〇三年、三四頁)。

(79)前掲注(12)『宗教と国家』所収安丸氏論文。

(80)『朝野新聞』明治十四年十二月九日の論説「国教とは何ぞや」において批判の対象とされた「国教」もその一例といえよう。ここには「国教トハ果シテ何ノ謂ゾヤ。曰ク、其邦主権者ノ信奉スル宗教、即チ是レノミ。然レバ何ガ故ニ之レヲ帝教又ハ王教ト謂ハズシテ、却ツテ之レヲ国教ト謂フカ。曰ク、主権者ノ信仰スルモノハ即チ最上無比ノ宗教ト見做シ、以テ之レヲ国民ニ強勧セントスレバナリ」(前掲注(18)二七〇〜一頁)と見える。

(81)前掲(12)『宗教と国家』所収論文五四六〜七頁。

(82)「祭政一致をめぐる左院の「政教」論争」(『國學院雑誌』八二―一〇、一九九一年)二〇〜一頁。

(83)前掲(12)『宗教と国家』所収論文五四七頁。

(84)前掲(18)『宗教と国家』所収「宗教関係法令一覧」四六八頁。

(85)前掲注(82)二五〜六頁。この史料は、一般にはその後『教義新聞』に掲載された明治七年八月二十九日の記事(前掲(18)『宗教と国家』四九〜五〇頁)として知られている。

(86)前掲注(66)二八〇、二八五〜六頁。

(87)「神道非宗教論と真宗―靖国神社問題は真宗にとって何であるか―」(福島寛隆他編『神社問題と真宗』所収、永田文昌堂、一九七七年)など。

(88) 前掲注(66)一七頁。

(89) 前掲注(66)三七六～七頁。

(90) のちに「国教樹立」をめぐって伊藤博文と鋭く対立したとされる「教育勅語」の起草者元田永孚の場合も、「今　聖上陛下、君と為り師と為るの御天職にして、内閣其人あり、此時を置(措)て将に何の時を待たんとす、且国教なる者亦新たに建るに非ず、祖訓を敬承して之を闡明するに在るのみ」(海後宗臣『元田永孚』一四二～三頁、文教書院、一九四二年)と述べていて、「(宗教としての)神道の国教」化を求めていたわけではない。元田のいう「国教」とは、『幼学綱要』が頒布された二日後の明治十五年十二月五日に文部卿代理九鬼隆一が府県学務課長に与えた訓示「修身ヲ教授スルニハ、必ズ皇国固有ノ道徳教ニ基キテ、儒教ノ主義ニ依ランコトヲ要ス」(井上久雄『近代日本教育法の成立』三五八頁、風間書房、一九六九年)にいう「皇国固有ノ道徳教」のことにほかならなかったと考えられるのである。

(91) 前掲注(17)明治期法令四七五。

(92) 前掲注(87)『神社問題と真宗』Ⅱ資料、島地黙雷「三条弁疑」解説(三一六頁)。

(93) 前掲注(36)『神々の明治維新』二〇八～九頁。

(94) 前掲注(67)。

(95) 前掲注(9)宮地氏論文五九三頁。

(96) 例えば、「国家神道体制」という「体制」概念で「国家神道」は捉えられているが、果たしてこれは「体制」という概念にふさわしいものなのか疑問の存するところである、など。

(97) 佐々木聖使氏が指摘しているように（「神道非宗教より神社非宗教へ—神官・教導職の分離をめぐって—」『日本大学精神文化研究所教育制度研究所紀要』一六、一九八五年）、「神道非宗教」論から「神社非宗教」論への展開こそが解明されなければならない課題だといえよう。

(98) 前掲注(3)九九頁。

(99) それは、「神道扶桑派」・「神道大成派」など、一個の教義体系を持つ「教会派（教団）」を合わせ、いわゆる「教派神道六派」という形で成立したものであり、その後新たに別派特立が認められた黒住教・金光教などを含め、その全体を「三条の教則」に示された一つの枠組みの中に組み込むものであったことは、とくに民衆宗教について考える際には留意を要するところである。「国家神道」とは、「宗教ではない神道（純粋の神道）」を基軸に「教派神道」をも巻き込む形で成立したものであったと考えられるのである。

(100) 桂島氏が前掲注(4)論文で紹介している、明治十四年頃成立の金光教の『御道案内』に見える「本朝は元神道なるを、後儒道仏法　頑に何宗彼宗のと分隔ども、此の御道は天ケ下神儒仏世界一統皆氏子」などとあるのも、そうした一般社会の状況を示す一例ということができよう。

(101) 前掲注(18)八三〜四頁。

(102) 前掲注(3)及び「近代における「宗教」概念の形成過程」（前掲『近代日本の宗教言説とその系譜』所収）など。

(103) これは戦後、そして現在の日本をも規定しており、日本人の多数が自らを「無宗教」と考える大きな要因の一つとなっている。阿満利麿『日本人はなぜ無宗教なのか』(筑摩書房、一九九六年)参照。

(104) 前掲注(7)。

(105) 宮地氏が「近代史部会報告批判」(『日本史研究』一七八、一九七七年)という形で中島氏を批判したのに対し、中島氏は「「国家神道体制」研究の発展のために―宮地正人氏の批判に接して―」(『日本史研究』一八四、一九七七年)としてこれに反批判を加えた。

(106) 阪本氏も、前掲注(22)著書などにおいて基本的に同様の理解を示している。

(107) 安丸氏も前掲注(12)『宗教と国家』所収論文の末尾において、中島氏のこの問題提起に触れてはいるが(五五四~八頁)、しかし正面切って論じているわけではなく、またそれに代わる見解が提示されているわけでもない。

(108) 本山幸彦『明治国家の教育思想』(思文閣出版、一九九八年)八五頁以下。明治教育のその後の変遷については、以下いずれも本書による。

(109) 注(108)一五二~三頁。

(110) 教育問題を重視した伊藤博文の要請を受けて文部大臣に就任した森有礼が、「学制」的主智主義でも元田的な徳育主義でもない、いわば第三の道ともいうべき国家主義をその目標としたこと、そしてその内容が「当時の民衆になお強く残存している封建的共同体への帰属意識を解体し、解体された個々の人々の意識を、国家の枠組のなかで国民として再編成し、国家発展の基盤である実業と生産活動の担い手に再生」することにあったとされること(前掲注

(108)二一四頁）もそれを示していよう。前掲注(90)で触れた、伊藤が元田などの強く求める「国教樹立」を拒否したとされるのも、こうした脈絡においてこそ理解すべきものといえるであろう。

(111)　前掲注(18)四八〇～一頁。

(112)　明治憲法と教育勅語発布直後の明治二十四年（一八九一）一月に起こった内村鑑三不敬事件と翌二十五年三月の久米邦武筆禍事件は、体制的な確立をみた「国家神道」とは何であるかを明確に示す出来事であると同時に、これらの事件を通じてそれらの理念がいっそう鮮明になっていったと評価することができよう。小沢三郎『内村鑑三不敬事件』（新教出版社、一九六一年）、宮地正人『天皇制の政治史的研究』第二部第二章「近代天皇制イデオロギーと歴史学―久米邦武事件の政治史的考察―」（校倉書房、一九八一年）など参照。

(113)　前掲注(17)明治期法令九九。

(114)　内閣記録局編『法規分類大全26　社寺門』（原書房、一九七九年復刻）一七五頁。

(115)　桜井治男「明治初年の「神社」調べ」（『明治聖徳記念学会紀要』復刻一三、一九九四）、同「明治初年の神社調査期における地域神社の様相―明治4年鳥羽藩『神社取調』の分析から―」（『神社本廳教學研究所紀要』二、一九九七年）など参照。

(116)　西垣晴次氏は、「（明治期に）国家の宗祀＝国家神道の体系のうちに位置づけられていたのは、官国幣社であり、地域住民の生活に密着した郷社、村社などは国家神道の体系のうちには位置づけられていなかった」のが、「大正初年に至って郷社、村社まで国家神道のうちに組み込まれ位置づけられた」として、明治末年の神社合祀の重要性を指摘している（「国家神道と地域社会」、五来重他編『講座・日本の民族宗教1　神道民俗学』所収、一九七九年）。この指摘は、神社の階層性という点でも注目すべきものがあり、郷村社を含むすべての神社の「国家の宗祀」化の完成という点では指摘の通りとも考えられるが、西垣氏も指摘しているように明治二十四年八月の内務省訓令一七号「官国幣社神職奉務規則」（前掲注(18)『宗教と国家』所収「宗教関係法令一覧」四八八頁）で、官国幣社一般の神職の職務が「国家ノ宗祀ニ従事シ国家ノ礼典ヲ代表スル職務」と定められたこと、及びこの間を通じて「神社」の概念が明確になるとともに、「神社は国家の宗祀である」とする一般理念が定着していったこと、そして何よりも教育と宗教との有機的な連携のもとに天皇を中心とする安定した国家支配体制を維持していくという国家的イデオロギー構造が整えられたことなどから、明治憲法と教育勅語の成立する明治二十年代前半をもって「国家神道」の体制的確立期とすることは認められるところと考える。

(117)　前掲注(108)第九章「独占資本主義への傾斜期における明治国家の教育思想」参照。

(118)　米地実『村落祭祀と国家統制』（御茶の水書房、一九七七年）、森岡清美『近代の集落神社と国家統制』（吉川弘文館、一九八七年）など参照。

(119)　明治三十四年（一九〇一）に官幣大社台湾神社が創建されたのを初めとして、これ以後植民地の各地に多数の神社が創建され、植民地支配政策の重要な一角を担うこととなった。

(120)　『定本柳田国男集』（筑摩書房、一九六二～四年、以下、『定本』と略す）一〇巻。

(121) 鈴木岩弓「柳田国男と「民間信仰」」(『東北民俗学研究』五、一九九七年)。

(122) 内野吾郎氏は、この当時の柳田氏の「国学」や「神道」に対する理解が極めて不十分で、その後戦時中から戦後にかけて大きく変化していったとしているが(『新国学論の展開—柳田・折口民俗学の行方—』創林社、一九八三年)、民俗学的な手法を取り入れた近世国学への評価を除いて、「国家神道」に対する理解やスタンスそのものは基本的に変わるところがなかったと考えるべきであろう(後掲注(123)川田氏著書参照)。河野省三氏との間で行われた論争(本書第一章注(20)参照)が極めて挑発的で激しい口調であったというのも、神社合祀などに対する怒りの現れとして理解すべきであって、「神道」そのものに対する理解の不十分さということではないと考えるべきものであろう。

(123)『柳田国男—「固有信仰」の世界—』(未來社、一九九二年)。

(124) 同右第二章「柳田国男の固有信仰像」第四節「氏神信仰と国家神道」。

(125)「氏神と氏子」(『定本』一一巻四八〇頁)。

(126)「民俗学の話」(『定本』二四巻五〇三頁)。

(127)「神道私見」(『定本』一〇巻四三五頁)。

(128) 岩本由輝氏も、「柳田民俗学は事実の発掘を生命としており、それゆえに実証的合理的であるが、こと皇室に関するとき、そうした実証性は示されないまま、「宮中のお祭は」云々といった形で処理している」(『柳田民俗学と天皇制』二四頁、吉川弘文館、一九九二年)として、「こと天皇あるいは天皇制の問題にふれるとき、〝口にするのも畏れ多い〟といった非学問的な政治的発言をしたり、実証を抜きにして「常民には畏れおおい話ですが皇室の方々も入っておいでになる」(「座談会　日本文化の伝統」における発言)と強弁する体質には、民衆の歴史を社会の全構造のなかで位置づけて書きあげるという点において、…なお超えることのできない限界があった」(同三〜四頁)と指摘している。

(129) 前掲注(122)一七九頁。

(130) 「郷土生活の研究法」(『定本』二五巻三二七〜八頁)。

(131) 「神道と民俗学」(『定本』一〇巻三二九頁)。

(132) 「日本の祭」(『定本』一〇巻一七四頁)。

(133) 林淳氏は、川田稔氏が前掲注(123)著書において、柳田の「固有信仰論構築の目的」が国家神道批判にあったとしたことを批判し、「柳田の固有信仰論は、戦後の日本社会において伝統的な価値観を保つことを国民に訴えることを目的にして構築された」(「固有信仰論の学史的意義について」、脇本平也・田丸徳善編『アジアの宗教と精神文化』所収三七七頁、新曜社、一九九七年)と指摘しているが、やはり一面的な評価というべきであろう。川田氏の理解の問題点は、林氏の指摘したことにあるのではなく、本稿で指摘した第二〜第四の問題を的確に捉えていないところにこそあると考えるべきなのではないだろうか。

(134) 「炭焼日記」(『定本』別巻四、二三五頁)。

(135) 「祭日考」(『定本』一一巻二七九〜八〇頁)。

(136) 堀一郎「「新国学談」のころ」(『定本』一一巻「月報」七頁)。

（137）前掲注（122）二三四頁。

（138）同右。

（139）「最新の研究成果を…凝集した」とされる永原慶二監修『岩波日本史事典』（岩波書店、一九九九年）でも、「神道（しんとう）」は「日本の民族宗教」と説明されている。

（140）黒田氏の「神道」についての問題提起の意義とその問題点については、本書序章を参照されたい。黒田氏の問題提起を真正面から受け止める形で「国家神道」論を展開した羽賀祥二氏が、まことに難解な「神道」概念を用い、そのことによってかえって「国家神道」論研究に混乱をもたらすことになった（前掲注（11）論文など。前掲注（58）参照）というのも、本を正せば黒田氏の不十分な「神道」理解に起因するものであって、その影響は極めて深刻だと考えざるをえない。

（141）前掲注（75）葦津氏著書参照。

結章　日本の「神社」と「神道」

はじめに

一般に、日本の宗教や日本人の持つ宗教観に認められる顕著な特徴の一つとして、「宗教の博物館」ともいわれる多種多様な宗教の存在とその平和的共存、及び特定の宗教・宗派や信仰にこだわらない融通無碍さ（＝無節操性）と寛容性の問題が、圧倒的多数の国民の「無宗教」の自称と合わせ指摘されることが多い。こうした、日本や日本人の持つ極めて特徴的な宗教や宗教観のあり方については、従来から種々の「日本文化論」などとして論じられ、そこでは共通して日本文化や宗教の持つ独自性を支え、規定するものとして、日本に固有の宗教施設である神社及びそれと密接に関わる「神道」の存在が、日本仏教のこれまた特徴的なあり方とも関わって注目されてきた。

しかし、それほど大きな注目を集めるにもかかわらず、神社に関する学問的な研究はまことに低調で、戦後歴史学・宗教史研究の中にあって最も遅れた研究分野の一つといわなければならない現状にある。とくに問題だと考えられるのは、この大きな研究の立ち遅れとも関わって、十分な学問的検証を経ない理解や考え方が、一種の社会的「常識」として今日にまで至ったことである。中でもとりわけその影響が大きく、深刻だと考えられるのは次の二つの点である。

一、神道（シントウ）は自然発生的な日本固有の民族的宗教である。

二、同じく神社は原始社会に起源を持つ自然発生的な日本固有の宗教施設である。

この神社と神道の理解をめぐる問題は相互に密接に結び合っていて、その科学的な解明のためには、それぞれについての正確な理解と同時に、この両者をいかなる関係において理解すべきなのかが別途慎重に検討されなければならない。こうした観点から、本章ではこれまで三章にわたって述べてきたところの総括をかねながら、とくに重要と思われる論点のいくつかについて、その概要を述べることとする。従って、その内容は第一章～第三章と重複するところが多く、論証を省略しながら論述を進めるところもあることを予めお断りしておきたい。

第一節　「神道（シントウ）」の成立とその歴史的性格

1　「神道」の呼称

今日私たちは一般に日本の「神道」を「シントウ」と読み、そのことに何らの疑問も抱いていない。しかし、一歩退いて冷静に考えてみれば、これはどう考えても「シントウ」とは読めない。いったいいつから、なぜ「シントウ」と称するようになったのか。

周知のように、「神道」の語は中国から導入され、元来は「シンドウ」と読まれたと推測される。これは各種の『漢和辞典』などが共通して指摘するところで、例えば白川静『字通』[1]は「しんどう（だう）」として、「神明の霊妙な道。また、墓前の道。〔易、観、彖伝〕天の神道を観るに、四時忒（たが）はず。聖人、神道を以て教へを設け、天下服す」と記している。漢音表記に拠ったものといえるであろう。では、この濁音表記から、いつ清音表記である「シントウ」へとその読みが変わったのか。

管見に及んだ範囲において、「神道」を「シントウ」と清音で表記したことが確認できる最も早い確かな事例は、慶長八・九年（一六〇三・四）に刊行されたイエズス会の『日葡辞書[2]』である。そこには「Xintō. シンタゥ（神道）Camino michi.（神の道）神（Camis）と神（Camis）に関する事」とあって、すでにこの当時「神道」は「シントウ」と清音で読むのが一般的であったことが知られる。そして天正十八年（一五九〇）刊の『饅頭屋本節用集[3]』にも清音表記で「シンタウ」と記されていて、清音表記の定着・一般化が少なくとも天正年間頃までは遡るものと推察される。

問題は、いつからそのように変わったのかということにある。この点で注目されるのは、応永二十六年（一四一九）に執筆された良遍の『日本書紀巻第一聞書[4]』である。その冒頭部分に次のように記されている。

一神道名字事、神道ト不レ読神道ト清ムテ読レ之事直ナル義也、直ナルト者只有ノ任ナリト云意也、然間伊勢社壇ヲハ神道ノ深義ヲ表シテ不レ切二茅茨一不レ削二榱椽一舟車不レ厳衣服無レ文文、又或書不レ鳴二笛鼓一不レ交二朱丹一文、意云、伊勢社壇ニ於テ茅根ヲキラス、丸木ノ榱椽懸テ、笛鼓ヲ以テ神楽ヲ不レ成事深義可二師伝一矣、

文中の「神道」・「神道」は唱点表記によるもので、前者が濁音、後者が清音表記を示すことは改めて指摘するまでもない。すなわち、ここには「神道（ジンダウ）と読まず神道（シンタウ）と清(す)んでこれを読む事直なる義也、直なるとは只有りの任なりと云意也」とあって、従来は「ジンドウ」と濁って読んできたが、「シントウ」と濁らずに読むべき

だと指摘されているのである。これによって、少なくとも十五世紀初頭頃まで、「神道」は「ジンドウ」もしくは「シンドウ」と濁って読むのが一般的であったことがうかがわれる。このうち「ジンドウ」に関しては、『今昔物語集』巻七第三「震旦預洲神母、聞般若生天語」[5]にも次のように記されていて、本朝のことではないが、仏教と対比される土俗的な信仰ないしその信仰対象そのもの（＝神）が「ジンドウ」と呼ばれていたことが知られる。

今昔、震旦ノ預洲ニ一人ノ老母有ケリ。若ヨリ邪見深クシテ、神道ニ仕ヘテ三宝ヲ不信ズ。世ノ人挙テ此レヲ神母ト云フ。三宝ヲ嫌ムガ故ニ、寺塔ノ辺ニ不近付ズ。若シ道ヲ行ク時ニ僧ニ値ヌレバ、目ヲ塞テ還ヌ。

この「ジンドウ」という表記は、仏教関係者が一般的に用いたとされる呉音表記によるものと推定され、さきの良遍の場合も基本的にこれと同じであったと考えてよいであろう。以上、音韻という一般的には記録に残りにくい性質の問題ということもあって、事例として必ずしも十分とはいえないが、少なくともこれによって、中国から「神道」の語が伝来した古代以来、十五世紀初頭頃までは「シンドウ」ないし「ジンドウ」と濁音で読むのが一般的であったのが、室町・戦国期から近世初頭にかけて「シントウ」という清音表記に変わり、それが今日広く認められているように一般化していったものと推定することができよう。

こうした「神道」の呼称をめぐる濁音から清音への転換が、その意味内容の変化と表裏一体の関係にあったことはいうまでもないところで、ことさら「清浄さ」が強調されていることからもうかがわれるように、仏教や仏教思想に対する「神道」の持つ独自性や優位性の強調がその転換の理由であったと推測される。そしてその一般化の画期としては、後述するように、戦国期の文明年間（一四六九～八七）における吉田兼倶による「唯一神道」論の提起と「吉田神道」の成立が重要で、これが一つの具体的な契機となって、「神道＝シントウ」という、今日私たちがとくに大きな疑問を持つこともなく用いている清音表記の呼称が広く一般化していったものと考えられる(6)。

これに対し、濁音表記ではない清音表記としての「シントウ」の成立に関しては、それがいつまで遡るのか現状ではなお明確でないが、さきの良遍の記述や注(6)で述べた近世における神祇関係の下級宗教者が依然として、またそれを一種蔑むような意味を込めて「シンドウジャ」と濁音表記で呼ばれる場合があったところなどからすると、「神道」教説の仏教思想からの自立・優位性がとくに強く意識されるに至った時期、すなわち本地垂迹説に対していわゆる反本地垂迹説などが唱えられた時期のことではないかと推測される。兼倶によって理論体系化された根本枝葉果実説は鎌倉末期、正中二年（一三二五）成立の

『鼻帰書』(7)においてすでにそれが確認できるから、鎌倉後期におけるモンゴル襲来を契機とする「神国思想」の高揚などの中で、濁音表記である「ジンドウ」や「シンドウ」に代えて、あえて清音表記による「シントウ」の呼称が意識的に創出されたと考えることができるのではないだろうか。今後における重要な検討課題の一つといえるであろう。

2 「神道」の意味するもの

日本における「神道」の史料初見は、周知のように『日本書紀』の三つの記事で、ともに中国での用例に従って、仏法と対比される「在来の信仰」というニュアンスを持っていた。そこには次のように記されている。

ア 天皇信二仏法一、尊二神道一。（用明、即位前紀）

イ 尊二仏法一、軽二神道一。斮二生国魂社樹一之類、是也。（孝徳、即位前紀）

ウ 詔曰、惟神惟神者。謂下随二神道一亦自有中神道上也。我子応レ治故寄。（大化三年四月壬午条）

しかし、「神道」の語が導入された当時の日本には中国の儒教や道教などのように、仏教と比肩されるような一個の体系性を持った宗教が存在しなかったこと、そしてまた仏教そのものの教義内容も十分に理解されず、「蕃神」「他神」などと称して、大きな霊力を持つ新しいタイプのカミ、ないし整備された儀礼の体系などと理解されたこともあって、漢然と仏教とは異なる在来の伝統的な神まつりの「カミ」そのもの、あるいはその「カミのありよう」、「カミの働き」などの意味で理解されたものと考えられる。[8] 次に掲げた史料も、さきの『日本書紀』の場合と同じく、日本の古代におけるそうした「神道」理解を示す一例ということができよう。

弘仁七年七月癸未。勅。風雨不レ時。田園被レ害。此則国宰不レ恭二祭祀一之所レ致也。今聞。今茲青苗滋茂、宜下敬二神道一大致中豊稔上。庶俾二嘉穀盈レ畝黎元殷富一。[9]

この「神道」の語義は、『日葡辞書』が「神と神に関する事」と述べていたように、古代・中世を通じて基本的に変わるところはなかったと考えられるが、その内容は実際には古代から中世への移行にともなって大きく転換していった。中世的な顕密主義と顕密体制の成立にともなって、仏教思想によって理論武装した神祇信仰が、その教義的な位置を占める古代天皇神話に対する独自の思想的な解釈を通して、神話上で活躍する「神国」の神々やそのありようを指して「神道」と呼ぶようになったと考えられるからである。以下に掲げたのは、そうした事例の中の主なものである。

それ我が国は神国なり。宗廟相並んで、神徳これあらたなり。…しかれば即ち、かつは神道の冥助に任せ、かつは勅宣の旨趣を守つて、早く平氏の一類を亡ぼして、朝家の怨敵を退けよ。[10]

八幡大菩薩者、昔是本朝之聖皇、今亦宗廟之霊神也、…所レ仰之吾神者、今上聖主之祖宗也、…夫神道之垂迹者、為レ奉レ護二国家一也、神徳之倍増者、依レ被レ重二宮寺一也、[11]

大日本は神国なり。天祖はじめて基をひらき。日神ながく統を伝へ給ふ。我国のみ此事あり。異朝には其たぐひなし。此ゆへに神国といふなり。…ことさらに此国は神国なれば、神道にたがひては一日も日月をいたゞくまじきいはれなり。…我国は神国なれば、天照太神の御はからひにまかせられたるにや。[12]

他国之神明と我朝之神道と、化導に同異あり。和光同塵の利生は、神国おほきに勝給へるゆへなり。[13]

また、中世には縁起書の作成という形で各神社の祭神についての独自の神話解釈が進められ（仏教思想に基づく古代天皇神話の組み替え＝中世日本紀）、そうした多様な教説もまた「神道」と称された。吉田兼倶が『唯一神道妙法要集』[14]において「神道」の類型区分を行い、「一ニハ本迹縁起ノ神道。二ニハ両部習合ノ神道。三ニハ元本宗源ノ神道。故ニ是ヲ三家ノ神道ト云ふ」と指摘した、その第一、第二のものがこれに当たる。これについて兼倶は次のように説明している。

問ふ。本迹縁起ノ神道トハ何ゾ哉。

答ふ。某ノ宮、某ノ社に化現、降臨、勧請以来、縁起の由緒ニ就きて、一社の秘伝ヲ構へ、口決の相承ヲ以テハ、累世の祀官ト称ス。将亦本地の法味ヲ修しテハ、内清浄の理教ニ准へ、祭祀の礼奠ヲ捧げテハ、外清浄の儀式ニ備フ。是れヲ本跡縁起ノ神道ト云ふ。又ハ社例伝記の神道ト云フ。

問ふ。両部習合ノ神道トハ何ぞ哉。

答ふ。胎金両界ヲ以テハ、内外二宮ト習ヒ、諸尊ヲ以テハ、諸神ニ合はス。故ニ両部習合ノ神道ト云ふ者乎。

一方、同じく顕密主義の成立にともなって、寺院や仏教（＝「仏道」）と対比される神社祭祀そのもの（＝神祇道）もまた「神道」と称されることがあった。

当寺（鰐淵寺…井上）者、最初、西天鷲嶺之艮隅欠而浮浪流来於、素盞烏尊築留玉フ、故ニ曰二浮浪山一矣、麓ニハ建二霊祇利生之大社（杵築大社…井上）一、定二諸神降臨之勝地一、峯ニハ構二権現和光之社壇一、示二仏天影向之結界所以一、夜半毎ニ大明神飛滝之社前運レ歩、護二仏法一持二国家一成二明誓一玉フ、爰以杵築与鰐淵二而不レ二、而並仏道・神道暫モ無二相離ル事一、[15]

これは「神祇道」の略称、もしくは中国での本来の用例に従ったものと推定され、さきに示した『日本書紀』の用例の展開形態ともいうことができる。但し、こうした用例は実際には量的にもごく限られていて、右に指摘した天皇神話上の神々やそれらについての思想的解釈こそが中世における「神道」概念の基本であったと考えられる。いずれにしても、「神道（シンドウないしジンドウ）」が日本独自の具体的な意味と内容を持つようになったのは中世になってからのことで、その意味から日本の「神道」は中世に至って本格的に成立したということができよう。

この「神道」の内容は、顕密体制が崩壊する中世末から近世にかけていっそう明確なものとなっていった[16]。その起点は、先述した吉田兼倶による「唯一神道」論の提起と、それを踏まえた全国的な規模での神社や神官の掌握と統制（＝「吉田神道」の成立）にあると考えられる。その歴史的な特徴は、①教相判釈に基づく自律的な教義体系と密教・道教儀礼などをも取り込んだ独自の儀礼体系の構築、②この教えが仏教の渡来以前にクニノトコタチからアマテラスを経て卜部（吉田）家の祖先（＝アマノコヤネ）に伝えられたとする新たな系譜の構築、③吉田神社境内に全国の神社の祭神を合わせ祀る大元宮斎場所を建築し、自ら「神道管領長上」・「神道長上」と称して全国の神社・神官に「宗源宣旨」や「神道裁許状」を発給したことなどの点に求められる。そして、これを機に「神道」は明確に異なる二つの意味を持つに至った。一つは中世以来の伝統の上に立つ天皇神話に対する思想的解釈とその理論体系（＝「唯一神道」）、いま一つはその「唯一神道」論を踏まえた神社祭祀そのもの（＝神祇道）である。

後者の事例としては、吉田家が自称した「神道管領長上」や「神道長上」などの称号、あるいは寛文五年（一六六五）の神社条目（いわゆる諸社禰宜神主法度）第一条にいう「神祇道」（「諸社之禰宜神主等、専学㆓神祇道㆒」[17]）を、文化八年（一八一一）十一月二十八日の尾張藩社家法度の第二条で「神道」（「社家之輩無㆓油断㆒神道を学ひ」[18]）と読み替えていることなどを挙げることができる。

また前者の例としては、先述した吉田兼倶の『唯一神道妙法要集』や、その「吉田神道」に対する反批判の書『神祇類要』（上「神道之事」[19]）に見える次の一説などを挙げることができよう。ここには二つの「神道」が並列して記載されている（「天照大神の教導」＝「（唯一）神道」と「神祇道」＝「神道」）。

抑、神道といふハ、我国天神・地祇の道なり、故に神祇道といひ、神道といふ、其元本を申せは、当時吉田家に伝へ来れる神代のまゝの唯一神道と申て、大織冠鎌足公の仰られたる、以㆓天地㆒為㆓書籍㆒、以㆓日月㆒為㆓証明㆒の道にて、天照大神の教導、高皇産霊尊より児屋根命に伝へたまへる神籬・磐境といへる道の璽し、今の世までも此神

宝を吉田家に伝へて、唯一宗源神道と称し、宗源殿といへる神殿に安置し奉

吉田兼倶によるこの新たな「神道」論の提起は中世「神道」の総括であると同時に、その後における展開の新たな歴史的起点を記したものとして、極めて重要な位置を占めるものと評価することができる。そして、日本における「神道（シントウ）」（「ジンドウ」や「シンドウ」と意識的に区別された「シントウ」）もここに至って本格的に成立、ないし定着していったと推測することができる。この点で、荻生徂徠が「神道ト云コトハ、卜部兼倶ガ作レルコトニテ、上代ニ其沙汰ナキコトナリ[20]」、同じく太宰春台が「今の世に神道と申候は、仏法に儒者の道を加入して建立したる物にて候。此建立は真言宗の仏法渡りて後の事と見え候。吉田家の先代卜部兼倶より世に弘まり候と見え候[21]」などと指摘しているのはまことに興味深い。一個の理論的な体系性を持つ「神道」理論（＝教説）やそれに支えられた儀礼体系の成立と、清音表記としての「シントウ」の呼称の定立とは表裏一体の関係にあったことが推察されるのである。

さて、近世幕藩制の成立と展開にともなって、「神道」の概念はさらに明確なものとなっていった。とくに「神道」教説は、儒学思想による理論武装を通じてより体系的な思想体系へと発展し（林羅山の「理当心地神道」、吉川惟足の「吉川神道」、山崎闇斎の「垂下神道」など）、そして中期から後期には、国学の成立にともなうその理論的組み替えを通して本

居宣長や平田篤胤などによる「復古神道」が成立し[22]、ここに今日の社会的通念とされる「日本の神道」の原型（仏教が渡来する以前から、もともと日本にのみ存在していた「神の道」＝「神道」とする理解）が成立することとなった。これに対し、神社祭祀（＝神祇道）としての「神道」は本来の「道の教え」ではないなどとして各方面からの厳しい批判にさらされ、そして「吉田神道」自身の抱える矛盾や近世中期以後における吉見幸和以下の厳しい批判などもあって次第に追い詰められ、幕末期における国体論の登場とも関わって、やがては天皇統治権・祭祀権の中に吸収され、消滅していった[23]。吉見幸和や幕末期の津和野藩校養老館の国学教授岡熊臣の次のような指摘はともにこれを示すものであり、近代における「国家神道」の成立はこうした脈絡の中でこそ理解することができると考えられる。

> 神道は、天皇の行ひ給ふ祭政を、百官の輩命を奉りて勤むるのみ。仍て臣下として神道を行ふと云べからず。…神祇の官人及び諸社の神職を任じて、祭事を勤しめ、太政官にては、文官武官を任じて、政事を勤しむ。…俗学の輩（吉田家を指す…井上）、神を祭のみを神道と心得るはあやまり也。祭政の二つともに神道ゆへ、神職の者も文武の官人も、共に官職位階を給りて、天皇の道を守り、是を勤任す[24]。

> 神道と称ふるものは、禰宜、神主等が行ふ祭祀神事のみと申す事の様に存じ候ふ族の

み之有り候。笑止千万の事に候。時世に神道と申し候は、天皇の天下を治め給ふ大道の事にて、ただ御国其の儘の治乱盛衰を押し込めて、世間に行はれゆく人道と称ふる名目と御心得なさるべく候[25]

幕末期の後期水戸学で提起された国体論によって新たな理論化を遂げた、大国隆正や福羽美静などによって代表される津和野派国学の「復古神道」論（アマテラスによって示された「政治的・道徳的教え」としての「神道」＝「天皇の天下を治め給う大道」＝「皇道」）は、近代天皇制ナショナリズムの理論的支柱として極めて重要な位置を占め、明治初年以後それが「国家神道」として具体化されていった[26]。

「国家神道」に関しては、今日もその理解をめぐって種々の考えが提示されているところであるが、以上に述べたことからも明らかなように、次のように理解するのが妥当といえるであろう。すなわち、国家（天皇）への国民の一元的な統合と天皇の統治権を正当化する、国家的イデオロギーとしての本質を持つ「神道」教説（＝津和野流「復古神道」論）を、日本固有の宗教施設である神社と結び合わせ、それを媒介とすることによって（＝神社祭祀の「神道」教説への吸収と統合）、「日本国民」の精神的・思想的一元化を推進しようとした、近代日本に特有な神社と「神道」の理論的・制度的再編成としての国家的宗教システム、ということである。そして、ここにいう「神社祭祀の「神道」教説への吸収と統合」とは、慶応四年（一八六八）三月十三日太政官符案[27]の、「皇国内宗門、復古神道ニ御定被二仰出一、諸国共産土之神社氏子且人数改被二仰付一候事、但仏道帰依之輩ハ私ニ取用候儀不レ苦候事」などの規定からうかがうことができる。この太政官符案は、これまで一般に明治初年における維新政府の宗教施策が「神道国教」化であったこと示す論拠として理解されてきたものであるが、その理解には疑問があり、「産土社」を媒介とすることによって、「日本国民」と「復古神道」とのア・プリオリで運命的な結びつき（＝天皇及び天皇支配の正当性・絶対性とその絶対的権威を「日本国民」が認め、受け入れること）を強調するところにこそ、この官符のねらいはあったと考えるべきものであろう。但し書きに明記されているように、それは明確に「私」の、「個人的で主体的な信仰」を超えた、それとは性格や次元の異なる問題として位置づけられていると考えられるからである。

　こうして、明治四年（一八七一）における「国家神道」の基本骨格の成立（「復古神道」論に基づく神社の権力的再編成＝伊勢神宮〈及び宮中の皇霊殿〉を頂点とした中央集権的でヒエラルヒッシュな神社制度の成立とすべての神社の「国家の宗祀」化）、及び翌五年の教導職の設置を契機とする「信教の自由」論争を踏まえた、Religion の訳語としての新たな「宗教」概念の定立などと連動しながら、改めて「神道」は仏教やキリスト教などのような教祖や教典を持たないことが確認されるとともに[28]、そのことを逆手に取る形で維新政府の当初からの方針であった「神道非宗教」論、及びその上に立った「神社非宗教」論が定着し、他方における学校教育との有機的な連携（国民教化政策の基軸の宗教から教育の場への移動）を踏まえて、その整備・確立が推進されていった（＝「国家神道」の体制的確立[29]）。さらに明治末年の日清・日露戦争後には日本帝国主義の成立に対応する形でその再編成が行われ、アジア・太平洋戦争の終結に至るまでの「国家神道」が最終的に整えられていった（＝「国家神道」の再編成[30]）。

これに対し、大正年間（一九一二～二六）以後、柳田国男氏は国家権力と一体となったこうした「国家神道」のあり方は日本本来の「神道」とは大きく異なるとして「民間信仰」＝「固有信仰」論を提起し、「国家神道」を厳しく批判した。柳田氏が提起したこの「神道」＝「固有信仰」論は、アジア・太平洋戦争の敗戦にともなう「国家神道」の解体の中で、戦後の象徴的天皇制の問題とも関わって改めて大きな注目を集め、こうして今日の一般的な社会通念とされる「神道（シントウ）は教祖や教義を持たない自然発生的な日本固有の民族的宗教である」との理解（＝大いなる誤解）が定着するに至った[31]。

柳田氏の「固有信仰」論は、本来戦前の再編成された「国家神道」論に対する批判として提起されたものであり、現実にその最も鋭い批判の一つであったことは疑いないところであるが、柳田氏が自ら「新国学」と称して本居宣長らの学問の継承・発展を目指したことにも示されるように、天皇制権力との対決を避けたところから、「神道（シントウ）」の持つ民衆統治のための国家的イデオロギーという、最も本質的で重要な歴史的特徴を見誤ることにより、学問的にも重大な疑義と問題とを抱える今日の「神道」概念が成立することになったと考えられるのである。

第二節　「神社」の成立とその歴史的展開過程

1　「神社」の歴史的性格

最初に提起したいま一つの問題、「神社は原始社会に起源を持つ自然発生的な日本に固有の宗教施設である」とする点に関しては、近年の古代史や建築史研究の前進などによって、その再検討の必要性が改めて明確となってきた。近年の研究で明らかとなってきたのは次の点である。①常設の神殿を持つ「神社」の一般的な成立は、古代律令制国家（日本における最初の本格的な国家）の成立期に当たる七世紀後半（それは、「日本」という現在に至るまでの国号や「天皇」号の成立なども軌を一にしている）の天武朝期のことで、それ以前には遡らない。②「神社」の一般的な成立は官社制と一体のもので、天武十年（六八一）正月の律令国家による修造（＝建築）命令に重要な画期が認められる。③それは在来の信仰との間に明らかな飛躍・断絶と重層性とを持っている、など。(32)

この七世紀後半の天武朝期における「神社」の成立という問題は、その歴史的性格について考える上に極めて重要ないくつかの問題を提起している。

その第一は、「神社」という「日本固有の宗教施設」が寺院との対抗関係において成立したという「神社」と寺院建築との相関関係のみならず、恒常的な神殿に祭神を祭って信仰の対象にする（従来は、これとは異なって、山の頂や海の彼方に住む人間の目には見えない神を時と処に応じ依代に憑依させて招き降ろし、臨時の祭殿などを設けて祀り、祭礼の終了とともに神は再び山や海に帰っていくものとされた）という、その信仰形態そのものが仏教や寺院を前提としているということである。これは第一次的な「神仏習合」というべきものであって、「神社」や神社祭祀（＝神祇信仰。「神祇」という概念もまた、「神社」の成立とともに独自の意味を持つに至った）の成立そのものが「神仏習合」の起点にほかならなかったことを意味している。

第二に、仏教の伝来から一世紀以上を経た「神社」の成立には、対仏教・寺院とは別のより直接的な契機が考えられなければならず、この点で重要なのは、それが官社制として成立したということにある。①律令法と一体となって導入された先進文明の一つとしての鎮護国家の仏教と、その宗教施設である顕著な異国情緒を漂わせる寺院建築（緑の瓦と礎石建物、朱塗りの柱などによって特徴づけられる）。②これに対し、律令法を超越する存在として位置づけられた天皇の持つ原始首長制的性格とそれを支える「神祇（神社祭神としての天神・地祇）」祭祀、及びその宗教施設である日本古来の伝統的な建築様式に基づく「神社」建築（同じく、掘立柱と白木づくり・茅葺きなどによって特徴づけられる）。この①・②の両者は日本の律令制支配にとってともに不可欠のものであり、それらを統一するものとして天皇が位置した。そしてこの特異な位置を占める天皇の存在とその支配を正当化し、理念的に支えたのが同じく天武天皇の命によって編纂された『古事記』・『日本書紀』などの古代天皇神話にほかならなかった。祭政一致の理念に基づく天皇の「神社」祭祀はそれを直接的かつ具体的に担保する場、ないし機能として極めて重要な位置を占めたのであり、官社制（鎮護国家仏教としての官寺制に対応する）という形での国家的神社制度はまさにそのための宗教システムにほかならなかったと考えられる。

このように、「神社」が官社制として成立したことは、「神社」そのもののあり方に極めて本質的で重要な特徴を刻印することとなった。とくに重要なのは次の三点であろう。その第一は、「神社」の持つ重層性である。官社制という形での「神社」の成立は、神祭りのための宗教施設を、改めて(a)国家の加護と統制の下にある一部の公的・国家的な有力神社（＝官社）と、(b)それ以外の、圧倒的多数を占める私的な信仰の対象としての小規模神社（＝非官社）という、二つのグループに大きく区別・分類することとなった。そして、(b)グループでは、国家の加護と統制の外に置かれたこともあって、常設の神殿を持たないなど、厳密には「神社」といえないものも多かったが、それらも「非官社」という形で等しく「神社」と見なされたところから、明らかに性格を異にする二つのタイプの神社がこの後長く併存することとなった[33]。第二に、とくに(a)グループの神社（官社）では、天皇権力を支える意味から天皇神話との密接な関わりが重視され、そこから転じて天皇神話そのものが「神社」や「神祇」信仰に固有の、教義に準ずる位置を占めるようになったことである。そして第三に、これらの点を踏まえて、寺院・仏教と神社・神祇信仰との間で宗教的な機能の分担が行われると同時に、「神仏隔離」の原則もまた明確となっていった（但し、それが具体的な形で顕在化し、制度的な調整が図られるようになるのは第二次的な「神仏習合」を経た九世紀になってからのことであった[34]）。

では、寺院と異なる「神社」独自の特徴とは何なのか。この問題は、八世紀以後における第二・第三次の「神仏習合」（教義内容や信仰形態などの融合。従来はこれをもって「神仏習合」と理解されてきたが、再検討の必要があろう）を通じてさらに明確となっていったものであるが、古代・中世の神社を中心として見た場合、極めて抽象的な形ではあるが、結論的にいっておよそ次の四点を指摘することができるであろう。その第一は、人間・社会集団の共同利益を、それ自体として擁護することを主要な課題とすることである。これは、そもそも「神社」が原始社会以来の共同体祭祀の伝統の上に、共同体から自立ないし離脱・脱落した個々人の精神的救済を主要な課題として体系化された仏教や寺院との対抗関係において成立、ないし整備されていったことに基づくものと考えることができよう。第二は、現世利益の実現である。これまた仏教の持つ本来的な輪廻と来世救済の思想、及び日本仏教との融合過程における機能分担を通じて、より明確になっていったものと考えられる。第三は、現世における世俗の社会秩序との緊密な連携と一体化。これは、右に指摘した第一と第二の二つが結び合うことによって、より鮮明になっていったものと考えることができる。そして第四は、階層性である。「神社」の持つ本来的な重層性が右の第三の特徴と結び合うことで、世俗的な社会秩序の中における階層性として顕在化したもので、この点にこそ神社や神社祭祀の寺院・仏教との最も顕著な違いを見出すことができるであろう。

2 「神社」の歴史的展開

以上のような特徴を持つ神社は、その後どのように展開していったのか。ここでは、古代における平安仏教の成立や陰陽道・修験道・天皇直轄祭祀の成立などを経た、中世以後の各時代の概要と、その主な特徴についてのみ概観しておくこととする。

まず古代から中世への移行にともなう神社の変化[35]という点で、とくに重要なのは次のことであろう。その第一は、天台本覚思想と密教をベースとした顕密主義、顕密体制の成立にともなって、寺院と神社との一体的な関係が成立し（＝第三次の「神仏習合」）、理論的には仏教思想（＝本地垂迹説）に基づいて「神仏習合」的な神社景観が整えられたことである。神官と並んで、あるいはそれ以上に社僧が神社の祭祀や維持・管理に重要な役割を果たす社官組織や、神社境内における仏教施設の出現などは、いずれも神仏同体論に基づく新たな「神仏習合」の展開の中で生まれてきたものであり、それこそが「神も仏もとくに区別することなく、時と処によって使い分ける融通無碍な多神教」といわれる、現在にまで至る日本特有の宗教（＝日本の宗教）の基本骨格が成立したことを意味していたということができる。第二に、それと並行して神社の新たな階層性が明確となり、またその上に立って、顕密体制に対応する新たな国家的神社制度が成立したことが注目される。新たな階層性とは、中世の神社が基本的に異なる次の三つのタイプに分類されるに至ったことをいう。

(a)国家権力の一翼を担い、またそのイデオロギー支配機関としての機能を果たす二十二社・一宮（王城鎮守・国鎮守）などの有力神社。

(b)個々の封建領主権力と結んで、荘園・公領制による地域民衆支配の一翼を担った荘郷鎮守などの中小神社。

(c)民衆の素朴な信仰の対象となった、その他の零細な神社や小祠。

このうち、(a)と(b)は古代の官社、(c)は非官社の類型に対応し、(a)タイプの神社を中心として二十二社・一宮制（王城鎮守・国鎮守制）と呼ばれる中世的な国家的神社制度が整えられた。『類聚既験抄』が「諸国一宮事。国々擁護霊神也。日本者神国□」[36]といい、また永万二年（一一六六）三月二十二日の散位足羽友包起請文[37]において、「王城鎮守十八大明神」・「当国鎮守山王七社王子眷属建部兵主三神大明神（＝近江国一宮建部神社）」・「当御庄大井小井等大明神」の三者が、王城鎮守―国鎮守―荘郷鎮守という体系的な形で記されていることなどに、それが示されているといえるであろう。

中世から近世への移行にともなって、神社のあり方や神社制度も大きく転換した[38]。

その第一は、中世村落の自治的結合の発展や戦国期における持続的な「イエ」の成立、あるいは荘園制の解体や兵農分離による領主層の村落からの撤退などにより、直接村落や民衆に支えられた多様なレベルの村落の鎮守や氏神が成立したことである。

第二に、顕密体制の崩壊と近世幕藩制や「吉田神道」の成立などにともなって、仏教・

寺院とは区別された「神祇宗門」という形で、神社・神官のみを独自に管理・統制する体制が整えられ、寺院の本末制度にならって「神道管領長上」吉田家（のちには白川家も）による全国的な規模での、一元的な本所支配が成立・展開していったことが注目される。

そして第三に、日本の宗教とはその論理構造やコスモロジーを異にするキリスト教との接触を経て、改めて武力を背景とする世俗権力の海禁政策（「鎖国」）によってこれを排除した幕藩体制のもとで、宗教勢力の世俗権力への従属が決定的となり、その宗教政策が葬送儀礼と一体となった形で寺院・仏教を中心に進められたこともあって、現世中心主義的思考とそれに支えられた神社の祭礼が大きなにぎわいを示し、寺院と神社との機能分離・分担がいっそう明確となっていったことである。

近代への移行にともなって、神社のあり方はさらに大きく転換した[39]。

まず第一に、国体イデオロギーに基づく「復古神道」論の理念に基づいて、権力的な形で「神仏分離」と神々の再編成が強行され、寺院とは明確に区別された神社景観や、皇族や国家の功臣を祀る従来にない新たなタイプの神社（湊川神社や靖国神社を初めとする別格官幣社など）が多数登場するとともに、それ以外の神社はすべて天皇神話上の神々を祭神とするものへと強権的に統一されていったことである。

第二に、皇祖神（天祖）アマテラスを祀る伊勢神宮を頂点として、官国幣社・府県社・

郷村社という、中央集権的でヒエラルヒッシュな国家的神社制度が整えられる一方、明治十年代の神社取調べや明治末年の日露戦争後の大規模な神社整理と統合（神社合祀）を通して、民衆の素朴な信仰に支えられた圧倒的多数の零細神社（無格社＝非「神社」）が否定・抹殺されていったことが注目される。

そして第三に、このようにして整備・体制化された「神社」が「国家の祭祀」、すなわち「国家神道」を支える国家的儀礼と国民道徳涵養の場（＝国民への天皇制ナショナリズム注入のための非「宗教」的施設）として機能することにより、神社が本来持っていた民衆の素朴な信仰対象というものとは著しく異質なものへと転換させられていったことである。

もちろん、こうした国家権力による一方的で権力的な神社再編がそのまま貫徹したわけではなく、民衆の側のさまざまな知恵や抵抗によって形骸化させられた側面も見落としてはならないが（合祀神社の再興など）、しかし体制的には、近代国民国家の形成にともなう「国家神道」の成立とその体制化、さらには日清・日露戦争後におけるその再編成の過程を通じて、神社や神社祭祀のあり方が大きく変質を遂げ、新たな「歴史的伝統」が権力的に創出されていったことは否定できないところといわなければならない。

むすび

以上、本章では「神道」と「神社」のそれぞれについて、その成立から近代に至る歴史過程を極めて大雑把な形で概観してきたが、改めてこれを振り返ってみると、この両者が相互に密接な関わりを持つと同時に、歴史上のいくつかの重要な画期の存在することが判明する。最後に、そのうちのとくに重要と思われるいくつかの点について述べ、むすびとしたい。

まず歴史的な画期という点からいえば、①七世紀後半の古代律令制国家の成立にともなう「神社」の成立、②十一・十二世紀の顕密体制の成立にともなう神と仏とが一体となった「日本の宗教」と「神道（シンドウ・ジンドウ）」の成立、③十五～十七世紀の顕密体制の崩壊と「吉田神道」の成立、及び「神道（シントウ）」の呼称の定着（一般的成立）、④十九世紀の近代国民国家の成立にともなう「国家神道」の成立の四つが極めて重要な位置を占めており、中でも①と④の二つが日本の宗教構造の歴史的転換に決定的ともいってよい重大な影響を与えたと考えることができよう（神仏が一体となった「日本の宗教」の成立という点では②も重要）。

次に「神社」と「神道」との関わりという点からいえば、「神社」が最初から階層性を持って成立したこと、そしてそのうちの一部の上層の有力神社が絶えず国家権力との緊密な関係を保ちながら、世俗の社会秩序擁護という顕著なイデオロギー的機能を担ったことと、天皇神話がそれらの神社において教義に準ずる位置を占めたこととの間に密接な関わりが認められることが注目される。そして、「神社」と「神道」が密接な関わりを持ったという点では②の画期（＝日本における固有の意味を担った「神道〈シンドウないしジンドウ〉」の成立）が、また「神道」が仏教思想などに対抗して一個の「自立的な宗教」ともいうべき様相を呈したという点では③の画期が、それぞれ重要な位置を占めており、とくに③の画期が日本における「神道（シントウ）」（「シンドウ」「ジンドウ」とは意識的に区別された「シントウ」）の一般的な成立＝定着を意味していたと考えられることは、とりわけ注目しておく必要があるといえよう。

④の画期（＝「国家神道」の成立）はそうした歴史的前提の上に立って推進されたものであり、ここに至ってすべての神社が「国家の宗祀」として強権的に再編成されるとともに、天皇神話との直接的な関わりを持たない非官社的な神社（民衆の素朴な信仰対象とされる圧倒的多数の神社＝無格社）が、基本的にはすべて権力的に抹殺されることとなった。明治維新にともなう「国家神道」の成立は、仏教を初めとする諸宗教一般や日本の宗教そのもの

と同じく、しかし何よりも神社に対して、まさに決定的ともいうべき重大で深刻な影響を与えたことに留意しておかなければならない。

そして同時に注意すべきことは、神社の階層性や一部の有力神社と「神道」との密接な関わりという、古代及び中世成立期以来の前近代日本の全体に及ぶこうした歴史的な構図こそが、他方では天皇神話や「神道」との直接的な関わりを持たない民衆レベルの素朴な神社祭祀・神祇信仰と原始社会以来のアニミズム的な信仰形態を、いわば「超歴史的」な形で存続させる条件ともなっていたと考えられることである。柳田氏が提起した「固有信仰」論は、まさにこの側面を捉え、それを本居宣長などの「復古神道」論に依拠しながら、「民俗学」という新たな分析視角と方法に基づいて明らかにしたものであったといえる。しかし、以上に述べてきたことからも明らかなように、それが決して日本の「神社」の歴史的な本質ではないし、ましてや「神道（シントウ）」などでありえないことは明瞭だといわなければならず、こうした複雑に絡み合った連関構造をその総体において正しく捉えきれなかったところに、柳田氏の抱える重大、かつ深刻な歴史的・理論的制約と限界とがあったということになろう。

にもかかわらず、「国家神道」が解体したのちの戦後日本において、「国家神道」に対する嫌悪感や拒否感などとも関わって、この柳田氏の「神道」理論が十分な検証を経ることもないまま、ほぼそのままの形で無批判に受け入れられ、今日にまで至ってしまったこと、そしてその中で最初に提起した二つの社会的「常識」（①神道〈シントウ〉は自然発生的な日本固有の民族的宗教である。②同じく神社は原始社会に起源を持つ自然発生的な日本固有の宗教施設である）が国民一般はもちろん、専門研究者の間においても広く成立してしまったことは、まことに深刻な問題をはらむものといわなければならない。大きく立ち遅れている神社史・宗教史研究の飛躍的な発展を通して、これらの問題を全面的に解明していくよう努めることは、二十一世紀を生きる私たちに課せられた緊要の課題だということができるであろう。

注

（1）平凡社、一九九六年。
（2）土井忠生他編『邦訳・日葡辞書』（岩波書店、一九八〇年）。
（3）中田祝夫『古本節用集六種研究並びに総合索引　影印篇』（風間書房、一九六八年）。
（4）神道大系・論説編『天台神道』上。この史料に関しては札幌大学のファビオ・ランベッリ氏からご教示いただいた。記して感謝申し上げたい。
（5）新日本古典文学大系『今昔物語集』二。

（6）しかし実際には、近世になってからも「シンドウ」などの濁音表記が用いられていたことは、神祇関係の下級宗教者（「神道者」）が「シンドゥジャ」などと呼ばれていたことからも推測することができる（黄表紙・色男住人三文に「神道（シンダウ）ぢゃ」、滑稽本・浮世床〈初・上〉に「神道者（シンダウジャ）」とあるなど）。なお、神道者の社会的実態に関しては井上智勝「神道者」（高埜利彦編『民間に生きる宗教者』所収、吉川弘文館、二〇〇〇年）に詳しい。

（7）神道大系・論説編『真言神道』下。

（8）古代・中世における「神道」の語義に関しては本書第一章第一節を参照されたい。

（9）国史大系『類聚国史』一一、神祇一一、祈禱上。

（10）佐藤謙三校注・角川文庫。伊豆院宣の事。

（11）〔弘安九年（一二八六）〕正月二十三日尚清言上状写（石清水八幡宮文書、『鎌倉遺文』一五七八七号）。

（12）『神皇正統記』（『群書類従』巻二九）。

（13）『日吉社叡山行幸記』（岡見正雄博士還暦記念刊行会編『室町ごころ――中世文学資料集――』）三六六頁。

（14）日本思想大系『中世神道論』二一〇頁。

（15）年月日未詳某書状断簡（鰐淵寺旧蔵文書、『大社町史』史料編古代・中世、一八三七号）。

（16）本書第二章第一節参照。

(17)『徳川禁令考』前集五、二五四五号。
(18)真清田神社史編纂委員会編『真清田神社史』五六七頁。
(19)神道大系・論説編『卜部神道』上、二二六頁。
(20)「太平策」(日本思想大系36『荻生徂徠』)四五一頁。
(21)「弁道書」(井上哲次郎・蟹江義丸編『日本倫理彙編』古学派の部・下)二〇六頁。
(22)本書第二章第二節参照。
(23)近世の吉田神道については本書第二章第三節参照。
(24)『恭軒先生初会記』(日本思想体系『近世神道論・前期国学』)二三七~八頁。
(25)岡熊臣『学本論』巻一(加藤隆久『神道津和野教学の研究』一〇七頁)。
(26)「国家神道」の成立過程に関しては本書第三章第一節参照。
(27)宮崎幸麿編『勤斎公務要書残篇』。
(28)島地黙雷「三条教則批判建白書」(日本近代思想大系『国家と宗教』二四一頁)に、「抑本邦神道ヲ以テ宗旨トセンニ、誰ヲ以テカ開祖ニ当テ、誰ヲ以テカ神人ノ間ニ置ン」とあり、久米邦武「神道は祭典の古俗」(『久米邦武歴史著作集三　史学・史学方法論』二九五頁)に、「教典さへ備はらぬ神道の古俗」とあるなど。
(29)「国家神道」の確立過程については本書第三章第二節参照。
(30)「国家神道」の再編成については本書第三章第三節参照。
(31)柳田氏の学説の内容とその特徴については本書第三章第三節参照。

(32) 本書第一章第二節参照。

(33) この二つのタイプの「神社」の併存という問題は、「神社」成立以前のアニミズム的な「カミ」祭りの伝統が長く神社祭祀の中に温存されることになったという点でも注目されるところである。

(34) 藤井正雄「日本人にとっての神と仏」(『岩波講座・日本文学と仏教8　神と仏』所収、岩波書店、一九九四年)参照。

(35) 本書第一章第三節及び附論参照。

(36) 『続群書類従』巻五八、八五頁。

(37) 石山寺所蔵聖教目録裏文書(『平安遺文』三三八七号)。

(38) 部分的には本書第二章第一節で述べたところであるが、とくに中世後期から近世にかけて神社の構造やその歴史的性格がどのように変化していったのかについては、未だ十分に解明されているとはいいがたい。今後に残された重要な検討課題といえるであろう。

(39) 本書第三章第一・第三節参照。

附論　古代・中世の神社と「神道」

はじめに――問題の所在と課題の設定

本稿は、「歴史における伝統」の問題を前近代における宗教、とくに神社と「神道」との関わりに視点を据え、しかもその成立期に遡って考えてみようとするものである。[1]

こうした課題設定を行う意図は主として次の二点にある。まず第一は、「歴史における伝統」を問い直すための一つの視点、ないし素材を提供することである。「歴史における伝統」を問う場合の不可欠の前提が、「伝統」そのものについての正確な理解にあることは改めて指摘するまでもない。しかし、今日一般に「日本の伝統」と考えられているものの中には、学問的な見地からして重大な疑義を含むものが少なくない。その最も重要な問題の一つとして「神道（シントウ）＝日本固有の民族的宗教」説を挙げることができる。

この「神道」の理解をめぐる問題は、戦前の「国家神道」をどう総括するかということとも密接に関わっており、今日の「神道」理解は、戦前の「国家神道」論のいわば裏返しともいうべき位置を占めているといえる。周知のように、戦前の「国家神道」はReligionの訳語としての特異な「宗教」概念（特定の教祖や教典を持つ信仰（＝いわゆる創唱宗教）のみを「宗教」と見なす）を踏まえ、「神社・神道非宗教」論の上に立って構築されたものであるが、この特異な神社・神道理解に対し、「固有信仰」論を対置し、戦前・戦中及び戦後を通じて一貫して痛烈な批判を加えたのが柳田国男氏であった。しかし、柳田氏のこの「国家神道」批判には致命的ともいうべき重大な弱点と問題点が含まれていたにもかかわらず、そのことが十分に吟味されないまま、戦後は象徴的天皇制論とともに柳田氏の「国家神道」批判がそのまま広く受け入れられ[2]、そしてそれとともに今日の一般的な社会的通念とされる「神道＝日本固有の民族的宗教」説が定着していくこととなったのであった。本稿では、「国家神道」や柳田氏の「固有信仰」論そのものに踏み込むことはせず、もともと日本の「神社」や「神道」がどういうものとして成立したのか、それが柳田氏の理解といかに矛盾しているかという点に絞って、若干考えてみることとしたい。

本稿のいま一つの課題は、以上のような観点から、成立期の神社と「神道」との関わりを歴史具体的に検証することにある。

黒田俊雄氏による顕密主義・顕密体制論の問題提起[3]と、それに対する種々の観点からの批判的検討[4]を通じて、日本中世及び古代の宗教構造に関する研究が飛躍的な発展を遂げたことは周知のところであり、今日では少なくとも次の二点についてほぼ大方の合意が形成されつつあるというのが、一つの研究の到達点だと評価することができよう。

一、顕密仏教や仏教思想の社会的浸透を通じて、仏教的世界観や価値観が中世社会における規定的な位置を占めるに至ったこと。「三国世界」観[5]や起請文などに見られる中世的コスモロジー[6]の成立などは、これを示すものと考えられる。

二、しかし、神社や神祇信仰が寺院・仏教などに対し依然として、あるいは改めて独自の位置を占め、また固有の機能や役割を担ったことにも正しく目を向けておく必要があること。「神仏隔離」や「神事優先」の原則[7]の定着・発展などはこれを示すものといえよう。

しかし、(一)に比べ(二)に関してはなお大きく研究が立ち遅れているといわざるをえず、古代とは異なる中世社会固有の神社制度が存在したのか否かさえ、必ずしも明確でないというのが現状である。そしてとりわけ注目しておく必要があるのは、こうした状況の中にあって、神社や神祇信仰の固有の位置・役割と密接に関わる、あるいはそれを支える重要な論点として、依然として(暗黙のうちに)、あるいは改めて(意識的に)「神道＝日本固有の民族的宗教」論が提起されてきていることである。

「神道（シントウ）＝日本固有の民族的宗教」説は戦前・戦時中における柳田国男氏や津田左右吉氏らによる問題提起、あるいは近世国学や「吉田神道」などのそれ以前に遡る長い歴史を持っていて、その総括のためには、別途それ自体に即した慎重な検討が試みられなければならないが、(8) 戦後この問題に新たな理論的展望を開き、そして今日における「神道＝日本固有の民族的宗教」説再構築の理論的武器を提供したものとして、高取正男氏の「神道の自覚化」論(9)が極めて重要な位置を占めていることは、改めて指摘するまでもないところといってよい。古代における「神仏習合」の展開、とりわけ称徳天皇・道鏡政権期における「神仏融合」に対する反発を契機として「神道の自覚化」が進み、日本固有の民族的宗教としての「神道」が明確な形で姿を現した（＝日本における「神道」の成立）、というものである。

これを受けて、近年では例えば高橋美由紀氏が、「わが国の神信仰は仏教の伝来によって、自らの存在を自覚化した…伝統的神信仰の固有性の自覚が、常に仏教との関係のなかで再生されてきた…その固有性の核心にあったのは祭祀の伝統とそれを支えていた祭りの心であった。神道はまず神事（かみごと）としてあったのであり、その神事としての祭祀の強化や時代精神への対応という形で神仏習合は現象した」、「普遍的な教説にさらされたとき、常に自らの固有性の自覚が喚起される。神信仰の歴史としての神道は、そのような日本文化の性格の宗教的表現なのである」[10]などと指摘している。

この議論でとくに注意を要するのは、「神仏隔離」の原則が専ら日本における伝統的な神信仰の一般的な特質として、あるいはそれを「基層信仰」として超歴史的に捉える方向性が示されていることである。[11]そしてそれは、「神社」＝原始社会に起源を持つ自然発生的な日本固有の宗教施設、との理解と表裏一体の関係にあるといえる。しかし、こうした理解や問題の捉え方には多くの疑問があり、明らかに歴史の事実に反すると考えられる。そこで、この問題を古代と中世に即して具体的に考えてみることとしたい。

第一節 「神道」の呼称とその意味するもの

本論に入るに先立ち、「神道」の呼称とその意味が歴史的にどのように変遷して今日に至ったのかを、ごく簡単にまとめておく。[12]予め結論を述べれば、①私たちが今日一般に用いている「神道＝シントウ」という呼称は中世になって新しく成立し、中世末から近世初頭以後に一般化した、②その内容も、今日一般的に理解されているような「日本の伝統的な神祭り」ということではなく、基本的には民衆統治のための国家的イデオロギーとしての本質を持つ、古代の天皇神話に対する思想的解釈というもの。これらの点で、戦後の私たちがごく一般的な常識としている「神道（シントウ）は日本固有の民族的宗教である」とする理解は、二重の意味で誤っているといわなければならない。

　まず呼称について見ると、周知のように「神道」の語は七世紀後半に中国から導入され、『日本書紀』に初めて登場するが、当初は漢音表記に基づいて「シンドウ」と読まれたと考えられる。しかし、仏教僧たちが一般的に呉音表記を用いたところから「ジンドウ」の呼称が生まれ、中世ではこの呼称が広く用いられたようである。これに対し、「シントウ」の読みが確認できる明確な初見は慶長八・九年（一六〇三・四）に刊行されたイエズス会の『日葡辞書』で、この間に「シンドウ・ジンドウ」から「シントウ」へと呼称の転換したことが推測される。この点と関わって注目されるのは応永二十六年（一四一九）の良遍の『日本書紀第一聞書』[13]である。そこでは、「神道（ジンダウ）ト不レ読神道（シンタウ）ト清ムテ読レ之事直ナル義也、直ナルト者只有ノ任ナリト云意也」とあって、この当時はなお「ジンドウ」と濁音で読むのが一般的であったことが知られる。後述のように、中世における「神道」についての種々の解釈（＝「神道」教説）が展開される中、意識的に清音表記としての「シントウ」の読みが創出され、それが中世末・近世初頭以後に定着していったと考えられるのである。

　この「シンドウ・ジンドウ」から「シントウ」への読みの転換は、その意味内容の変化と表裏一体の関係にあった。古代の「神道」は、後述のように「神の権威・力・はたらきや神そのもの」を意味したが、中世への移行にともなって、その神が天皇神話上の神々を指すようになり、そこから天皇神話に対する思想的解釈（＝「神道」教説）もまた「神道」と称されるようになった。「シントウ」の呼称の成立はさきの良遍の主張からも知られるように、仏教思想に対する独自性・優越性の強調に基づくものであったと推測されるのである。

この「シントウ」の読みが広く定着する契機となったのは、戦国期の吉田兼倶による「唯一神道」論の提唱と、それに基づく神祇祭祀の体系化（＝「吉田神道」の成立）にあったと考えられる。こうして、近世には「神道」は①神祇祭祀における儀礼体系としての神祇道と、②教義体系としての「神道」思想という二つの意味で用いられたが、林羅山以下の「儒家神道」、及び本居宣長などの「国学神道」の発展と、「吉田神道」に対する厳しい批判を通じて①が否定され、「神道」は専ら②の意味で理解されるようになった。そして幕末期には後期水戸学における国体論の登場にともなって、「神道」は国家的イデオロギーとして理論的にも整備されていった。津和野藩養老館の国学教授岡熊臣が『学本論』[14]において、「神道と称ふるものは、禰宜・神主等が行ふ祭祀神事のみと申す事の様に存じ候ふ族のみ之有り候。笑止千万の事に候。時世に神道と申し候は、天皇の天下を治め給ふ大道の事にて」と述べているのは、その一つの理論的到達点を示すものといえよう。

近代における「国家神道」は、この国家的イデオロギーとしての津和野流「復古神道」論（大国隆正・福羽美静に代表される）に基づき、神社そのものを「国家の宗祀」として強権的・権力的に組み替え、再編成することによって成立したものであって、柳田氏の「国家神道」批判が問題の本質から大きくズレたものであったことは明白だといわなければならない。要するに、それは天皇制権力との対決を避けたところから生まれたものであったと考えられるのである。

第二節　律令制神祇体系と「神社」の成立

以上のような見通しのもとに、以下、第二のテーマについてその概要を述べることとする。近年における古代史研究の前進にともなって、宗教史分野に関しても、「天皇を中心とする強大な古代専制国家」という理解が大きく修正されつつある。本稿のテーマに即していえば、天皇神話・神祇祭祀（＝天神・地祇の神祭り）・神社の三者が必ずしも十分有機的に結び合っていなかった、という形で総括できよう。以下、そのそれぞれについて簡単にながめておく。

まず天皇神話について。古代日本の「天皇」は天つ神の子孫として、中国の冊封体制から離脱した自立的な小帝国世界の君主（＝皇帝）という理念に基づいて登場した。そしてそれを支えるための天皇神話が創出されたが、『古事記』と『日本書紀』がそれぞれ異なる世界観に基づくものであった（＝多元的な天皇神話）ことからも知られるように、「記紀神話」などと呼べるような統一的で体系的なものではなかった[15]。また、天神・地祇の具体的な内容や基準も極めて曖昧で、統一的な神統譜も成立していなかった。九世紀後半に成立した『先代旧事本紀』が天神の最も中核に位置するアマテラスの弟で、同じく天神であるはずのスサノヲを「地祇」初代としているところに、その問題点が象徴的な形で現れている。天神七代地神五代人王という形で安定した神統譜が成立するのは中世になってからのことであった（これについては改めて後述する）。

次に律令制神祇祭祀について。律令の規定では、「天神・地祇の惣祭」（神祇令）が天皇の専任事項とされ、古代天皇は祭祀王として皇祖神アマテラスを祀る伊勢神宮を初め、全国すべての神社の祭祀権を掌握するものとされた[16]。旧国造層が掌握していた祭祀権の国家（天皇）への吸収に基づくものであった。毎年二月の祈年祭に、全国の官社の祝部を都に集め班幣を行うこととなっていたのはそのためのものである。しかし、実際にはこの祈年祭に天皇が直接関与することはなく（神祇官が執り行う）、またそこに参集する祝部も実際には主に畿内とその周辺地域に限られていたと推定されている。[17] 天皇が祀られる存在（＝現人神）でもあることとの矛盾の現れであったと考えることができよう。

最後に「神社」（官社）について。祈年祭が全国的な規模で十分機能しなかったいま一つの理由は、「神社」（官社）そのものが一般的な形で成立していなかったことによると考えられる。日本の伝統的な神祭りは、必要に応じて神を招き降ろし、臨時の祭殿を設けて祭るというもので、常設の神殿を持たず、従って神社を日常的に維持・管理する専門の神職集団もまた存在しないというのが実態であった。[18]「神宮」と称される一部の国家的な神社を除いて、広く常設の神殿が設けられるようになるのは天武十年（六八一）正月の修造（＝造営）命令以後のことであって、「神社」の名称もまたこれにともなって新たに成立したものであった。[19]

この「神社」（官社）の成立で注目されるのは、次の四点である。①それが伝統的な在来の神祭りに重大な質的転換をもたらしたこと。特定の祭神を祭り、これを日常的な祭祀と信仰対象にするという信仰形態は伝統的な神祭りとは明らかに異質であって、寺院にならった、ないし寺院に対抗して新たに成立したものと考えなければならない。それは、寺院に対する神社建築の顕著な構造的・景観的な対照性からもうかがわれるところで、「神社」の成立そのものが寺院・仏教からの影響によるものであったことを示している。それは第一次的「神仏習合」というべきものといえよう。②しかし、時期的なズレからしても、仏教・寺院の伝来そのものが「神社」を成立させた直接的な要因とは考えられず、律令制神祇祭祀の成立こそがその歴史的起点であったと考えられる（「官社」としての「神社」の成立）。③但し、寺院に対抗して「神社」が成立したとはいっても、それは教義的な意味ではなく、「他国の神」に対する「在来の神」祭りの場という、形式的・形態的な次元のものであったことに注意しておく必要がある。信仰内容に関わる形で「神仏隔離」の問題が顕在化してくるのは九世紀になってからのことであった[20]。古代日本宗教の実態は西山良平氏が指摘しているように、「古代の宗教はそれ自体が一個の全体である。神事や仏事・陰陽は相互に融解し、古代宗教に転生する。したがって、古代の宗教を個別に分解するのは、実際には不可能である。神事や仏事・陰陽は、それぞれの要素の濃厚な「諸部分」である[21]」というものであった。④このようにして成立した「神社」であったから、祭祀や信仰の対象とされる祭神そのものが極めて不安定で、統一性にも欠けていた。阿部武彦氏が明らかにしたように、十世紀になった『延喜式』神名帳によって見ても、人格神を祭神とする神社は全体のうちの一部に限られ、『古事記』や『日本書紀』などに典拠を持つ古典神はさらにそのうちの一部に過ぎなかった[22]。アニミズム的な自然信仰の伝統の上に立つ当時にあって、祭神を特定・固定化すること自体に、多くの困難と混乱をともなっていたことが推察されるのである。

以上のように、七世紀後半の天武朝期に成立した律令制神祇体制は、その理念と現実との間に大きなズレを持ち、その克服が図られなければならなかった。しかし、そうした問題を抱えながらも、律令制神祇体制が成立したことは日本宗教のあり方に決定的ともいってよい重大な変化をもたらすこととなった。その最も重要な一つが「神社」の成立である。これについて、とくに留意すべきは次の三点であろう。

まず第一に、寺院に対抗する形で「神社」という日本独自の宗教施設が成立したことにより、在来の神（「外来」の神を含む）がすべて「神社」に統合されるとともに、これ以後仏教など「外来」の諸宗教に対し、在来の伝統的な信仰の独自性を主張していく、そのための橋頭堡が「神社」という具体的な場と形を持って築かれたことである。「神仏関係」という形での日本の宗教構造はここに成立したと考えられる。

第二に、実際のところ「神社」が「官社」として成立したこと、すなわち「神社」が当初から国家（天皇）の加護と統制の下にある、天皇祭祀権の一翼を構成するものと位置づけられ、従って「神社」と天皇・天皇神話とが密接不可分の関わりを持つものとされたことである。成立期以来、神社祭神の多くが天皇神話に基づいて設定され、そしてそれが拡大・一般化していくこととなったのもこのことによる。そしてそれは、こののち天皇神話となった。

が「神社」・神祇信仰に特有な一種の「教義」としての位置を占めることにも繋がること

第三に、それが官社と非官社という区分に基づいて成立したため、「神社」の中に明らかに二つの異質なものが含まれることになったということである。そして重要なのは、このことから次の二つの特徴が生み出されたことである。①神社が抱える特有の、かつ顕著な階層性。とくに上層の有力神社は、さきに指摘した天皇・天皇神話との関わりということもあって、国家権力と緊密に結び合う、公的国家的な宗教施設という特徴を持つこととなった。②「非官社」（人格神などの特定の祭神が定まらず、常設の神殿を持たないものを含む）もまた神社とされたことから、原始社会以来の伝統の上に立つ在来の信仰（神祭り）そのものがあたかも「神社」の本質であるかのように理解される可能性が開かれた。柳田氏を初めとする「神道＝日本固有の信仰」説は、ここにその重要な根拠の一つを置いていると考えることができる。しかし、それが新たに創出された「神社」という宗教施設の歴史的本質でなかったことは以上に指摘したことからも明らかだといわなければならない。

では、こうした状況の中にあって、古代の「神道」は実際のところどういうものとして存在したのか。「神道（シンドウ）」の語は、中国での用例に従って外来の宗教・思想に対する在来の伝統的な信仰というニュアンスを持っていたが、その後の用例なども含めて考えると、実際には漠然と「神の権威・力・はたらきや神そのもの」を意味した。[23]それは、さきにも述べたように、古代の神祇信仰が仏教と対比されるような独自の教義や儀礼の体系を持っておらず、またそれが構築できる歴史的な段階にもなかったことによる。そしてそれは、『日葡辞書』が「神道」の説明として「神と神に関すること」と述べていることからも知られるように、古代・中世を通じて基本的に変わるところがなかったのである。

第三節　律令制神祇体系の転換

七世紀後半から八世紀初頭に成立した律令制神祇体系は九世紀から十世紀にかけて大きく転換する。ここでは、院政期に成立する中世的な宗教構造と神祇体系の歴史的前提がどのような形で整えられていったのかを見極める観点から、律令制神祇体系の変質と転換のありようについて考える。

律令制神祇体系の転換という意味で最も注目されることの一つは、岡田荘司氏が提起した九世紀から十世紀にかけての天皇直轄祭祀の成立と展開である。[24]岡田氏によると、その起点は平安初期の九世紀前半にあり、嵯峨朝の弘仁年間（八一〇～二四）から清和朝の貞観年間（八五九～七七）にかけて、かつての神祇官に代わって天皇に近い内廷官司や近臣に関与させる天皇直轄の祭祀体制が成立し、祭祀の形態も従来の班幣型祭祀から特定の有力大社を対象とする奉幣型祭祀に転換するという。そして、この律令制祭祀から王朝国家祭祀への転換は、九世紀末の宇多朝以後、天皇近臣組織の制度的確立と並行しながら、賀茂臨時祭を始めとする神社臨時祭、十六社・二十一社奉幣制、一代一度大神宝使制、あるいは神社行幸へと拡充・整備され、そして後三条朝・院政期以後の中世的な祭祀制へと繋がっていくとされる。

この九世紀における天皇直轄祭祀の成立で注目されることの第一は、それが動揺を深めた律令制支配再建のための古代天皇制及び律令的国制の再編と一体のものであったことにある。天皇システムの唐風化として知られているもの(25)で、天皇の機関化と律令官僚機構の整備、すなわち天皇が皇孫命として律令法を超越する宗教的な位置から、世俗的な律令制支配機構の中心へとその地位を転換させることをいう。そしてそれは、律令制支配体制の変質であると同時に、天皇と神との関わり方、あるいは古代宗教そのものの変質とも密接に結び合っていた。

そうした変化をもたらした前提条件として従来から指摘されてきたところをまとめると、およそ次の三点を指摘することができるであろう。その第一は、律令制支配の成立と展開にともなう古代アジア的共同体の解体と、そこに基盤を置いていた神々の荒神化、そしてそうした神々を鎮め、また共同体から離脱・脱落した人々の精神的救済を行うための仏教（教義）の社会的浸透、及びそれにともなう「神仏習合」の展開である。これは第二次的「神仏習合」というべきもので（教義内容に関わる端緒的な神仏の「習合」）、「神仏習合」の理念や用語そのものは中国からもたらされたものであった[26]。第二は、律令制支配の動揺にともなう天皇の仏・仏教への全面的な帰依（聖武天皇による東大寺大仏の建立と「三宝の奴」の自称、法体のままでの称徳天皇の即位など）、及びそれへの反省としての神祇祭祀の再興と神仏関係の調整である。『貞観式』『儀式』などによる「神仏隔離」原則の確認がそれを示していよう。例えば『貞観式』には次のように記されている。

> 貞観神祇式云。凡六月十二月月次。十一月新嘗等祭。前後散斎之日。僧尼及重服奪情従公之輩。不㆑得㆑参㆓入内裡㆒。雖㆓軽服人㆒。致斎幷散斎之日。不㆑得㆓参入㆒[27]。

第三は、仏法などによって新たな霊力を獲得した神々（＝名神）の登場と、それにともなう非官社をも対象とした名神制度の成立[28]である。この名神制度が成立するのは延暦年間（七八二〜八〇六）のことであった。

以上のうち、岡田氏のいう有力大社への奉幣というのは第二と第三に対応するものであり、また天皇についていえば、自らが神として、また神々を統括するものとしてあった天皇が、神や仏によって加護される存在へと、大きく転換していく第一歩（それが確立するのは中世）がここに記されたということができるであろう。

天皇直轄祭祀の成立と律令制神祇体系の変化という点で、第二に注目されるのは官社制の変質。延暦十七年（七九八）の官国幣社制の成立がそれである。

桓武天皇延暦十七年九月癸丑。定下可レ奉二祈念幣帛一神社上。[29] 先レ是、諸国祝等毎レ年入レ京。各受二幣帛一。而道路僻遠。往還多レ艱。今便用二当国物一。

従来、すべての祝部を都に集め班幣を行っていたのを改め、各国内では国司を通して班幣を行うことにした、というものである。官社を官幣社と国幣社に分かつこの制度改変で注目されるのは、①全国の官社が中央政府（神祇官）によって直接統括される官幣社と、直接的には各国国司によって統括され、中央政府はいわば間接的な形でこれを統括する国幣社という、二種類の官社（神社）が成立するに至ったこと、②国司の責任と権限に基づく官社（国幣社）制の成立にともなって、官社制そのものが大きく発展し、官社（神社）の整備・掌握が飛躍的に前進したと考えられることである。[30]

このうちとくに重要なのは②で、時を同じくして始まった非官社をも対象とする名神制を媒介として、九世紀中頃の嘉承（八四八～五一）・貞観（八五九～七七）年間には官社制から神階社制へと神社行政そのものが大きく転換を遂げることとなった。[31] 官社制（＝官国幣社制）の発展にともなって、全国的な規模で「神社」としての組織や形態（常設神殿の成立や祭神の人格神化、神官組織の整備など）が整えられていったことによると考えられる。そしてとりわけ注目すべきは、以上に述べた二つの事柄、すなわち天皇直轄祭祀の成立と、官社制から神階社制への転換及び全国的な規模での「神社」の整備が表裏一体の関係にあったことである。岡田氏は専ら前者の問題に視点を据えて律令制神祇体系の転換を論じているが、後者の問題、すなわち地方神社行政の国司への委任とそれにともなう「神社」制度そのものの整備・発展にも正しく目を向けておく必要があろう。それは、貞観年間における「国例」の成立などにも示されるように、地方政治一般の国司（国守）への委任と、それを媒介とするその限りでの律令制支配の「地方への貫徹」と連動する、その一環であったと考えなければならないからである。[32]

一方、この九世紀中頃は唐の衰退に起因する東アジア世界構造の転換にともなって、「神国思想」や「王土王民思想」が登場し、[33]またこれと前後して「三国世界」観が成立する時期でもあった。[34]新羅との緊張の高まりの中で、かつての「小帝国＝日本」とは異なる、日本列島の国土の閉鎖性を前提とする「神国」・「王土王民」思想が登場した。そして、こうした新たな世界観・国土観、あるいはそれに対応する新たな天皇観の成立にともなって、天皇直轄祭祀もまた新たな展開を示すこととなった。天皇即位の際、中央と地方の有力神社五十社に神宝と幣帛を捧げ奉幣する一代一度大神宝使制の成立と定例化（仁和四年〈八八八〉成立、承平二年〈九三二〉定例化）がそれである。

この制度でとくに重要なのは、①その対象が、ともにその後二十二社・一宮に指定された、ないしそれに準じる勢力を誇った有力神社であること、②これと前後して、九世紀末・十世紀初頭には畿内地域の特定有力神社に毎年定期的に奉幣を行う十六社制が成立したことである（十六社が固定されるのは十世紀前半の承平・天慶の乱後、二十一社制へと拡大されるのは十世紀末、最終的に二十二社制となるのは十一世紀末の永保元年〈一〇八一〉）。すなわち、この両者（一代一度大神宝使制と十六社制の成立）は相互に連動しており、天皇の観念的な国土統治権を前提に、中央の有力神社には天皇自らが、そして地方の有力神社には天皇の代理である国司を媒介としながら、しかし観念的には同じく天皇自らが、直接神々の加護を得るための奉幣を行うという、中央と地方とを結ぶ、一つの新たな神社・神祇祭祀システムが成立したのであった。その最終的な完成形態が中世の二十二社・一宮制（＝王城鎮守・国鎮守制）で、その基本的枠組みがここに成立したと考えられるのである。

第四節　中世的神祇体系と二十二社・一宮制の成立

古代から中世への転換、中世的な神祇体系の成立という観点から見て一つの重要な画期をなすと考えられるのは十世紀前半の承平・天慶の乱である。この乱で注目されるのは、「(第二次的) 神仏習合」によって新たな霊力を獲得した八幡大菩薩や天神などの神々が、地方(東国)に割拠する律令国家への「反逆者」=平将門に「新皇」の称号を与え、これに権威を付与したことにある。そして、こうした危機に直面した中央政府は、この乱の鎮圧とその後の過程を通じて二つの課題の実現を求められることとなった。一つは、新たに登場してきた非官社を含め、すべての神社を国家や天皇を加護するものへと再編成することによって、かつての官社制に代わるより安定した神社・神祇体系を再構築すること、いま一つは、その際とくに全国各地にあってそれぞれ勢力を拡大してきた有力な神々をいかに安定的に国家の側に組み込み、それらが持つ反権力としての危険性を除去するかが重要な問題とされたことである。

ところで、承平・天慶の乱を画期とする宗教構造の転換に関しては、上島享氏が体系的な形で問題を提起し、主に次の三点を指摘している(35)。

一、全国の神々への加護祈願によってこの乱を乗り切った朝廷は、乱後報賽としての神事興隆を行い(全国諸神への神階授与、封戸寄進、石清水臨時祭の創始、神社行幸の嚆矢としての賀茂行幸など)、十世紀末には石清水・賀茂・平野社への神社行幸や石清水臨時祭の恒例化、二十一社制奉幣の確立などを通じて中世神祇体系の基本的枠組みが成立した。その主要な特徴は次の点にある。①一方的に祟りをなす荒魂としての側面を喪失した神々と人間との意思疎通の成立（返祝詞の成立など）。②祭祀主催者としての立場を明確にした天皇と神々との結びつきのいっそうの強化。③国家が直接祀る神社の大幅な縮小（中央の二十一社、地方では一代一度大神宝使発遣対象社など）及び神社や神々間での階層分化の進行など。神事・仏事の興隆を政治の最重要事項と位置づけた長保元年（九九九）の公家新制はこれを具体化したものであり、ここに政治そのものが宗教化するに至ったことが知られる。

二、こうした神祇体系の変化を受けて、十世紀末頃から中世的な仏教秩序が形成され（講経法会の大衆化、顕教と密教の融合など）、そして十一世紀前半からは中央の二十一社の上位社から新たな神仏習合が進行し（社僧組織、神社境内の仏教施設創出など）、六勝寺の創建を機に仏教と神祇とが緊密に結び合った中世的な宗教構造（＝顕密体制）が確立していくこととなった。

三、これに対し各国では、承平・天慶の乱後、国内神名帳が作成されて国衙祭祀の基本台帳が整い、十世紀末より受領による任国支配が強化され（国司神拝や任国の祭祀権掌握など）、そして十一世紀前半から中央有力社の影響を受けて国内主要神社でも神仏習合が展開し、十一世紀末・十二世紀初頭には一宮などを頂点とする国内諸社の階層的秩序と中央と地方とが密接に結び合った国内宗教秩序が構築されていった。

ここに示された上島氏の見解は、黒田氏が提起した顕密体制論を神社祭祀をも組み込むことによって批判的に継承・発展させたものとして重要であり、大いに注目されるところである。しかし、顕密仏教や「神仏習合」の新たな展開とそれにともなう中世的な宗教秩序の形成という大筋に異論はないとしても、こと中世的な神祇体系の成立とその構造や特質という点に関しては、なお検討を要する問題が含まれていると考えられる。それは、中世的な宗教秩序という場合、上島氏にあってはそれが専ら仏教史の観点から捉えられていて、神社や神祇信仰の持つ独自の位置ないし役割が必ずしも明確でなく、そしてそれは単に「明確でない」というにとどまらず、事実認識の問題においても、また中世的な宗教秩序そのものの捉え方という点でも、多くの検討を要する問題が含まれていると考えられるからである。

詳細かつ極めて体系的な上島説について、ここでは十分に立ち入って検討を加える余裕を持たないが、結論的にいってとくに問題となるのは次の二点であろう。まず第一に、王権構成者とされる摂関や院によって主導される国家的な儀礼体系（中世的な鎮護国家体系）については明らかとなったが、しかし天皇を中心とする中世的な宗教構造や神祇体系の全体については必ずしも明確とはいえないこと、第二に、受領によって推進されたという国内宗教秩序の形成に関しては、事実認識の問題を含め多くの疑問が存することである。

まず第一の点についていうと、上島氏は天皇の神社行幸や二十一社奉幣制などの中世的な神祇秩序の成立を踏まえて法会の大衆化などの中世的な仏教秩序の形成と新たな「神仏習合」が展開するとし、このようにして成立した中世的な宗教秩序は基本的には顕密仏教を中心とする仏教的儀礼体系として機能したという。この指摘そのものに異論はないが、しかし重要なのはこうした仏教思想の発展と浸透にともなって神祇秩序そのものが再編成された、それこそが中世的な神祇体系にほかならない、上島説ではこの点が明確でないということである。

具体的に問題となる重要な論点の一つは天皇についてである。中世の天皇が古代とは異なる存在、特徴を持つとされるのは周知のところである。これは、本地垂迹説に基づいて皇祖神アマテラスを大日如来・毘盧舎那の化身と捉え、天皇はそのアマテラスを初めとする神々によって護られる存在だとする理解に基づくものである。永仁三年（一二九五）成立の『野守鏡』(36)が、「天照太神と申は遍照如来秘密の神力をもて王法を守国土をおさめんがために伊勢にてあとをたれたまへり。内宮は是胎蔵界。外宮は是金剛界。両部の大日なり」と述べているのはこれを示すものである。こうした理解は、日本を大日如来の本国とする「大日本国説」が康平三年（一〇六〇）成立の成尊『真言付法纂要抄』に初見する

（「神号二天照尊一。刹名二大日本国一乎。自然理、立二自然名一。誠職レ此之由矣」）[37]ことからも知られるように、十一世紀後半以後に成立していったものと考えられる。そしてこうした考え方が広く共有されていった背景には、古代天皇神話の仏教思想に基づく中世的な読み替え（＝中世日本紀の成立）が存在した。それが第二の論点、中世的神統譜の成立である。

中世的神統譜とは天皇の系譜を天神七代地神五代人王という形で捉えるもの。①『古事記』『日本書紀』に見える神世七代（クニノトコタチからイザナギ・イザナミまで）を、②同じく『扶桑略記』（十一世紀後半成立）などの神世七代（クニノトコタチからウガヤフキアエズまで）を媒介として、③天神七代（クニノトコタチからイザナギ・イザナミまで）・地神五代（アマテラスからウガヤフキアエズまで）・人王（神武以下）に再編・整理したものである。[38]史料に即して具体的に見てみよう。次に掲げる史料一が①、史料二が②、そして史料三が③にそれぞれ対応する。

【史料一】

(1)国の常立の神より下、伊耶那美の神より前を、并はせて神代七代と称す。[39]

(2)国常立尊より、伊奘諾尊・伊奘冉尊に至るまで、是を神代七代と謂ふ。[40]

【史料二】

(1)本国世系神代七代。第一国常立尊。第二伊奘諾伊奘册尊。第三大日孁貴・亦名二天照大神一。日天子始生為二帝王一。後登二高天一照二天下一。故名二大日本国一。第四正勝尊。第五彦尊。治三十一万八千五百四十二年前王太子也。第六彦火々出見尊。治六十三万七千八百九十二年。前王第二子也。第七彦瀲尊。治八十三万六千四十二年。次人代第一神武天皇。治八十七年。前王第四子也。第七十一代今上国主。皆承二神氏一。(41)

(2)神武天皇（人代最初、治天下七十六年、庚午生□、皇子四人、一人即位）神世第七帝王之第三子。母海神之女玉依姫也。(42)

(3)みかどは、まづ神の世七代をゝきたてまつりて、神武天皇をはじめたてまつりて、当代まで六十八代にぞならせ給にける。(43)

【史料三】

(1)已上、謂二之神世七代一、（天神七代也）
此外地神五代也、(44)

(2)伊勢大神宮と申は、天神第七代、伊奘諾、伊奘册尊の御子、地神最初の御神也(45)

(3)我朝には神武天皇は、地神第五代の御譲を稟御座しより以来、故高倉院に至らせ給ふまで、八十代(46)

(4)
天竺（仏在世已来）
震旦（自二三皇一至二文元一）
日本（自二神代一至二今上一）

神世十二代
天神
地神
釈迦牟尼仏出世（割注略）
人王(47)

史料三からも明らかなように、この中世的神統譜の最も重要な特徴は皇祖神アマテラスを地神初代（＝日本国主）と捉え、それが釈迦の誕生以前に遡るとするところにある。こうした理解が仏教的な三国世界観を踏まえ、それに対抗する形で構築されたのはいうまでもない。古代以来の天皇神話解釈の延長線上に、仏教思想に基づく天皇神話理解（＝中世日本紀）として成立したものであった。そしてこの中世的神統譜は、このの ち長く本居宣長の登場まで社会的通念・常識とされたのであった。

この中世的神統譜の成立は十一世紀末頃まで遡ると推定され、さきの「大日本国説」と合わせ、アマテラス＝地神初代＝日本国主＝大日如来とする理解が広く共有されることとなった。そして重要なことは、こうした天皇の位置づけの変化や中世的神統譜の成立が、中世的な神祇体系の成立と不可分、表裏一体の関係にあったと考えられることである。そこで問題となるのが上島説に関わるいま一つの論点である。

これまた上島氏の論考に立ち入って十分な検討を加える余裕はないが、結論的にいって二つの問題が指摘できよう。①上島氏が尾張と伊予国の事例に基づいて構築した一宮制理解が実証的に成り立ちえないと考えられること、②中世諸国一宮制の成立をめぐる理解そのものに二つの点で問題が含まれていると考えられることである。やや煩雑とはなるが、①に関しては次の点が問題となろう。

尾張国について。熱田神宮は、古代以来、尾張国の最有力神社として、尾張国内では唯一、一代一度大神宝使発遣の対象社ともされたが、中世には一宮でなく、真清田神社が一宮とされた（熱田神宮は三宮、二宮は大県社）。これについて、上島氏は次の二点から、真清田社の一宮選定が受領の「恣意」によるものとする。①寛弘元年（一〇〇四）十月十四日の大江匡衡大般若経供養願文[48]に、「当国守代代奉二為鎮守熱田宮一、奉レ書二大般若経一部六百巻一、已為二恒例之事一」とあり、すでにこれ以前から熱田神宮は尾張国の「国鎮守」として機能した（一代一度大神宝使発遣の対象社とされたのもそのため）。②『宇治拾遺物語』巻三第十四話に、尾張守橘俊綱（長久四年〈一〇四三〉頃補任）が熱田大宮司を拘禁した話があり、逆に永久二年（一一一四）には尾張目代藤原季兼の子息季範が熱田大宮司に就任している。以上のことから、十一世紀中葉〜十二世紀初頭（＝一宮制成立期）の国衙と熱田社との微妙な対立関係が、熱田社ではなく国府近郊の真清田社が一宮の地位を得た主たる原因であった〈その後は熱田神宮が実質的に尾張国一宮であった〉とする。しかし、この理解には無理がある。まず第一に、熱田神宮が尾張国の「鎮守」だというのはあくまで鎮守一般のことであって、中世的な「国鎮守」を意味してはいない。第二に、「国鎮守」としては、『赤染衛門集』(49)の次の記事からして、真清田社こそそれにふさわしい。「其ころ〈赤染の夫・尾張守大江匡衡の在任は長保三年〈一〇〇一〉～寛弘七年〈一〇一〇〉〉、国人はらたつことありて田もつくらし、たねとりあけほしてんといふときゝて。またますたの御社〈真清田神社…井上〉といふところにまうてたりしに、神にまうさせし、〈賤が男のたねほすといふ春の田をつくりますたの神に任せん〉かくてのち、田みなつくりてきとぞ」。第三に、国司〈受領〉が中央政府の意向を無視して「恣意」的に一宮を選定したとは考えがたい。他国の事例からしても、熱田神宮を一代一度大神宝使発遣の対象社と定め、その後も一代一度大神宝使を発遣し続けた中央政府は、熱田社こそ一宮にふさわしいと考えていたのは明白であって、上島氏のいう②を含め、熱田神宮が「国鎮守」たるにふさわしい理論武装と体制づくりをなしえなかった〈逆に真清田社がそれをなしえた〉ことにこそ、熱田神宮が「二宮」に甘んじざるをえなかった原因があると考えなければならない。中央政府もまたそのことを承認していたからこそ、こうした捻れ現象が生まれることにもなったと考えられる〈中世を通じて尾張国一宮は熱田神宮ではなく真清田神社であって、国衙自ら七月桃花祭などの一宮祭礼の執行に努めた[50]。

次に伊予国について。中世伊予国の一宮は三島宮（大山祇神社）であるが、上島氏は建長七年（一二五五）十月日の伊予国神社仏閣免田注文[51]の分析から、以下のような結論を導き出す。①国家鎮護を祈る最勝講は、惣社・大山祇社・八幡宮（康平六年〈一〇六三〉に伊予守に補任された源頼義が創建したとの伝承を持つ）で行われ、この三社を頂点とする国内の宗教秩序が形成されていた（国鎮守＝一宮を頂点とする宗教構造ではない）。②最勝講は八幡宮・三嶋宮でも行われるが、惣社の免田が圧倒的に多いことから、一宮ではなく、惣社での最勝講が国内の最重要法会とされたことがわかる。③伊予一宮大山祇社は、実施される法会や免田の量では八幡宮とまったく同じで、国内護持の側面では一宮と八幡宮は同格の位置づけを与えられていた。④これに対し、大山祇社は寛仁元年（一〇一七）の一代一度大神宝使では南海道で唯一、使者が派遣されていて、十世紀中葉・十一世紀前半には国内最有力社の地位を確立していたことが確認できるから、免田注文の記載は、その後受領によって（恣意的に）国内秩序が改編されたことをうかがわせる。

しかし、この史料解釈にも問題がある。まず第一に、上島氏が抽出したのは最勝講以下の講経法会（＝仏事）のみであって、神事と仏事からなる伊予国内の祭礼構造の全体ではない。第二に、伊予国内の神事では、例えば四月二十二日の宵祭に国衙目代や在庁官人たちが遥々三島社まで出向き、「国司庁館」で三島社大祝を大明神に擬した犯人召取や除目などを上卿（国司代官）に「仰問」う儀式、そして翌日には上卿以下在庁官人らが、同じく大祝から上卿に返祝詞が与えられるなど、「国中第一之御神事」と呼ばれる祭礼が実施され[52]（十一月にも同様の神事あり）、三島社でのみ伊予国鎮守たるにふさわしい祭礼（神事）が行われた。第三に、国衙による免田の給付についても、例えばさきの八節供など、伊予国鎮守三島社の年中行事に要する費用はすべて国衙からの寄付によって賄われ、ほかにも例えば「日御供料田」三十六町が国衙から寄進されるなど[53]、一宮大山祇社が圧倒的な地位を誇っていたことが推察される。ところが、これら一宮三島社への国衙寄進地・免田は、さきの建長七年の免田注文にはそのすべてが記載されてはいない。その点で、この文書は必ずしも一宮社領の全体を書き上げているとはいえず[54]、上島氏の議論はその前提そのものに重大な疑義が含まれていると考えざるをえない。

次に②に関しては以下の点が問題となろう。その第一は、上島氏は十世紀末頃成立し、十一世紀中頃に定例・一般化する国司神拝を、受領による国内神社に対する掌握・統制の強化という脈絡において理解しているが、果たしてそれは正しいのかという問題。第二は、各国一宮の成立について上島氏は基本的にそれが受領の「恣意」によるとしているが、これまたそれが正しいのかということである。

まず第一の点に関していえば、これは天皇の神社行幸や二十一社奉幣などに準ずるその国衙版ともいうべきものであって、天皇の代理として各国内最有力神社の神々の加護を得ることを目的とするものであった（神社の統括・管理とは異なる）と考えなければならない。また第二の点に関しては、これまた二重の意味で国司の「恣意」と考えることができない。一つは一宮となる神社の自主的・主体的努力を初めとする在地側の動向、二つには中央政府の意向や承認、この二つ条件のもとで有力な一宮の選定は具体的に進められたと考えられるからである。要するに、中世諸国一宮制は受領による任国支配の強化という観点からではなく、中央における二十一社・二十二社奉幣と同じく、有力神社の神々の加護を得ることによって政治・社会の安定を実現することを目的として進められた神社制度であったと考えなければならない（国内神社の統括・管理は国衙支配権力機構の一環としての惣社制の成立として理解すべきものであろう）。このことは、一宮（国鎮守＝国中第一之霊神）と認定された神社に対し、各国国衙が神社の維持・経営のために社領や祭礼料田の寄進などのさまざまの財政的支援や一国平均役の申請、あるいは特定祭礼の一国規模での執行など、他の一般の神社とは異なる特別の待遇を与え、その加護を求めたことからもうかがうことができる。受領が在庁官人を率いて行う国鎮守（一宮）への公式参拝（＝国司神拝）も、その一環にほかならなかった。国衙目代・在庁官人がわざわざ一宮（国領守）まで出向き、一宮神官と共同で執り行う一宮祭礼と、多数の国内寺社を動員して執り行われる講経法会などとはその性格や次元が異なることに留意しておく必要があるといえるであろう。

さて、それでは、こうした新たな中世的神社制度の成立にいかなる意味があったのか。結論的にいって、次の三点が指摘できるであろう。

まず第一は、各国一宮は国家権力機構の中間支配機関である「国」の鎮守神たるにふさわしい理論武装を行うべく、各国ごとの状況に応じた独自の論理に基づいて天皇神話を改編し、多様な形で神社縁起(=中世日本紀)を構築していったことである。例えば出雲国の場合、中世出雲国一宮杵築大社の祭神スサノヲ(=本寺鰐淵寺の本尊蔵王権現の化身)が仏教の聖地霊鷲山の一部を引き寄せて出雲の国づくりを行い、そこ(浮浪山=島根半島)に杵築大社を築いておさまったという。[55] また長門国の場合、一宮住吉神社と二宮忌宮社(中世は神功皇后宮という)は、中世ではそれぞれ祭神が仲哀天皇と神功皇后という夫婦神で、仲哀の築いた「穴門豊浦宮」(=長門国)は夫婦神が共同で外的防御に努めた、本州への玄関口としてのとりわけ重要な位置を占めたとされる、[56] などである。

第二に、各国ごとのこうした顕著な地域的多様性を持った中世神話群は中世的神統譜によって一つに結び合わされ、これら王城鎮守と国鎮守の全体が連携し合って天皇及び「神国」日本を鎮護するものとされたことが注目される。『類聚既験抄』[57]が、「諸国一宮事。

国々擁護霊神也。日本者神国□」と指摘しているのはそれを示すものといえよう。八世紀に登場する古代の「神国思想」が極めて抽象的・観念的であったのに対し、中世の「神国思想」は中世日本紀の成立によって理論的に整備されるとともに、全国各地の神社（その中核がすべての国に設けられた国鎮守＝諸国一宮）によって具体的に支えられ、機能することとなった。本格的な「神国思想」とそれを支える体制がここに整ったと評価することができると考えられるのである。

第三に、こうした各国ごとの多様性を持った諸国一宮の成立は、国家権力の中間支配機関たる各国（＝地域支配権力）の相対的な自立性を踏まえつつ、基本的には中央と地方とが連携して日本国全体の維持・安泰を実現するという、日本中世に特有の多元的で分散的、しかし中央集権な国家権力構造に対応するものであったといえる。

以上のような中世的な国家的神社制度としての二十二社・一宮制（＝王城鎮守・国鎮守制）の成立にともなって、中世の神社は(a)公的国家的な位置を占める二十二社・一宮と、(b)荘園制支配の一翼を担う荘郷鎮守、及び(c)その他の小祠という、基本的に三つの階層に区分されることとなった。そして重要なのは、古代にはなかった天皇と神社・天皇神話（中世日本紀）との緊密で一体的な関係が、二十二社・一宮制という形で実現されたことであった。

では、こうした中世的な神祇体系と神社制度の成立にともなって、「神道」の内容はどのように変化したのか。中世における「神道」の用語例を調べてみると、基本的にはそれぞれ異なる次の三つの意味で使用されたことが知られる。その第一は、天皇神話（中世日本紀）上の神々やそのありようを示すもの。『神皇正統記』[58]が「大日本は神国なり。天祖はじめて基をひらき。日神ながく統を伝へ給ふ。…此国は神国なれば、神道にたがひては一日も日月をいたゞくまじきいはれなり」とするのは、その一例である。これは、古代の「神道」理解と基本的に同じものと考えられるが、王城鎮守・国鎮守制という中世的な国家的神社制度・神祇体系の成立にともなって天皇神話と神社とが緊密な関係を持つに至ったこと、及び第三次的「神仏習合」の展開にともなって、改めて仏教に対抗するための「教義」として、天皇神話が位置づけ直されるに至ったことによると考えることができる。これに対し、第二の用例は、「仏道」に対するもので、例えば年月日未詳某書状断簡[59]が「杵築与鰐淵二而不レ二、而並仏道・神道暫モ無二相離ル事一」などと指摘していて、「神祇道」の略称と考えられる。これは中国から導入された本来の用例ともいうべきもので、「神仏習合」の進展による神と仏、寺院と神社が一体のものとする理解に基づいて称えられたものと考えられるであろう。しかしその場合も、例えば『太平記』巻二五が「凡一陽分レテ後、清濁汚穢ヲ忌慎ム事、故ラ是神道ノ所レ重也」などと述べているように、第一との区別は明確でなく、またその用例も一般的ではなかった。部分的で派生的な用例にとどまったと考えるべきであろう。そして第三は、第一の「神道」についてのさまざまな思想的解釈（＝「神道」教説）で、のちに「伊勢神道」・「両部神道」などと呼ばれたものがこれに当たる。

以上のうち、中世における「神道」概念の中心に位置したのはいうまでもなく第一の用例で、先述したように、『日葡辞書』が「神道」を「神と神に関すること」と説明していたのもこのことを示している。これに対し、中世を通じて大きく発展したのが第三であった。顕密僧や伊勢神宮を初めとする有力神社の神官たちが種々の「神道」教説を展開したのは周知のところである。[60] そしてモンゴル襲来以後における「神国思想」の高揚の中で、根本枝葉果実説が提起されるなど、儒・仏・道に対する「神道」の思想的な独自性・優越性が強調される中、かつての「ジンドウ・シンドウ」に代わって、意識的に「シントウ」の呼称も生まれるに至った。しかし、それが一個の教義的な体系性を持ったものとしてまとめられ、そして「シントウ」の呼称が広く定着していくのは、戦国期の吉田兼倶による「唯一神道」論の提唱とそれを踏まえた「吉田神道」の成立を待たねばならなかったと考えられるのである。

むすび

以上、本稿では今日専門研究者の間でも一種の常識＝通念とされる「神道（シントウ）＝自然発生的な日本固有の民族的宗教」説が歴史の事実と合致しない、二重、三重の誤解に基づくものであること、こうした誤解が「国家神道」についての極めて不正確、ないし誤った理解と深く結び合っていること、その意味で戦後の歴史学自体が「国家神道」の呪縛からいまなお自由になりえていないことを、「神社」と「神道」そのものの成立期に遡って検討した。この「神道」の理解をめぐる問題は、日本における国家と宗教との関係や天皇制をいかなるものとして理解するか、そしてそれらと緊密に結び合う日本の「文化的伝統」なるものをどう理解するかという問題などと密接に関わり合っていて、その影響は極めて深刻だといわなければならない。日本及び人類の歴史を大きく後戻りさせる危険性をはらんだ一国中心主義的な考え方が再び急浮上しつつある今日、科学的歴史学に課せられた課題には極めて重いものがあることを、とくに強調しておきたい。

なお、改めていうまでもないところであるが、本稿で述べた神社の歴史的性格というのは神社の持つ多様な諸側面のうちの最も本質的な一部ではあるが、しかし決してそのすべてではない。民衆の素朴な信仰に支えられた神社の持つ豊かな歴史との統一的把握こそが、本来の神社史研究に課せられた課題であることを、あえて誤解のないよう申し上げておきたい。ただ、そうした問題の全面的な解明のためにも、「神道」及びそれとの関わりについての正確な理解が極めて重要だということを強調したかった、というのが本稿の趣旨である。

注

（1）本稿は歴史科学協議会二〇〇五年度大会での報告を文章化したもので、大会の統一テーマが「歴史における伝統」であったところから、こうした課題設定となったものである。

（2）今日における「国家神道」論研究の基礎を築いた村上重良氏（『国家神道』一九七〇年、岩波新書など）が、以下に述べる「神道＝日本固有の民族的宗教」説に基づいて理論を組み立てたことは周知に属し、そこに柳田説の影響が認められるとともに、その理論的な枠組みは現在に至るまで本質的に変わるところがない。なお、筆者の「国家神道」理解については本書第三章を参照されたい。

（3）『黒田俊雄著作集二　顕密体制論』（法藏館、一九九四年）。

（4）平雅行「黒田俊雄氏と顕密体制論」（『歴史科学』一三八、一九九四年）、末木文美士「鎌倉仏教の形成をめぐって」（速見侑編『院政期の仏教』所収、吉川弘文館、一九九八年）、上川通夫「中世仏教と「日本国」」(『日本史研究』四六三、二〇〇一年)、上島享「中世の国家と寺社」(『日本史講座3　中世の形成』所収、東京大学出版会、二〇〇四年)、佐藤弘夫「神仏習合と神祇不拝」(『日本史研究』五一一、二〇〇五年)、西山克「「中世神道」論のための覚書」(『神道大系・月報』一一六、一九九三年)、横井靖仁「中世神社史研究の基本問題」(『新しい歴史学のために』二二七、一九九七年)、拙稿(本書序章)など。

(5) 前掲注(4)上川氏論文、平雅行「神仏と中世文化」(『日本史講座4　中世社会の構造』所収、東京大学出版会、二〇〇四年)など参照。

(6) 前掲注(4)佐藤氏論文など参照。

(7) 岡田荘司・嵯峨井建・佐藤真人・三橋正「シンポジウム・神仏習合と神仏隔離をめぐって」(『神道宗教』一四六、一九九二年)など参照。

(8) 本書第一章〜第三章において不十分ながら考察を試みた。

(9) 『神道の成立』(平凡社、一九七九年)。

(10) 「神仏習合と神仏隔離」(『神道文化』五、一九九三年)九一・二頁。

(11) 義江彰夫『神仏習合』(岩波新書、一九九六年)など。

(12) 本書結章でその概略を述べたので参照されたい。

(13) 神道大系・論説編『天台神道』上、五一七頁。

(14) 加藤隆久『神道津和野教学の研究』一〇七頁。

(15) 神野志隆光『古代天皇神話論』(若草書房、一九九九年)、米谷匡史「古代東アジア世界と天皇神話」（『日本の歴史08　古代天皇制を考える』講談社、二〇〇一年）など。

(16) 中村英重『古代祭祀論』（吉川弘文館、一九九九年）、高橋美由紀「中世神道の天皇観」（今谷明編『神祇と王権』所収、思文閣出版、二〇〇二年）など参照。

(17) 小倉滋司「八・九世紀における地方神社行政の展開」（『史学雑誌』一〇三―三、一九九四年）。

(18) 山本信吉「神社修造と社司の成立」（山本信吉・東四柳史明編『社寺造営の政治史』所収、思文閣出版、二〇〇〇年）、三橋正「中世的神職制度の形成―「神社神主」の成立を中心に―」（『神道古典研究』一五、一九九三年）など参照。

(19) 丸山茂『神社建築史論―古代王権と祭祀―』（中央公論美術出版、二〇〇一年）、三宅和朗『古代の神社と祭り』（吉川弘文館、二〇〇一年）、岡田荘司「古代出雲大社神殿の創建」（『神道文化』一二、二〇〇〇年）など。池辺弥氏のいう、仏教の影響による「社（ヤシロ）」から「神社」への変化（『古代神社史論攷』吉川弘文館、一九八九年）というのも、こうした文脈において理解すべきものといえよう。

(20) 藤井正雄「日本人にとっての神と仏」（『岩波講座・日本文学と仏教8　神と仏』所収、岩波書店、一九九四年）。

(21) 西山良平「〈神〉・怨霊・山陵」（斉藤英喜編『アマテラス神話の変身譜』所収、森話社、一九九六年）。

(22) 阿部武彦「延喜式神名帳の人格神」（『北海道大学文学部紀要』四、一九九五年）。

(23) 黒田俊雄「日本宗教史における神道の位置」(『黒田俊雄著作集4 神国思想と専修念仏』所収、法藏館、一九九五年)。

(24) 岡田荘司『平安時代の国家と祭祀』(続群書類従完成会、一九九四年)。

(25) 大津透『古代の天皇制』(岩波書店、一九九九年)参照。

(26) 吉田一彦「多度神宮寺と神仏習合」(『古代王権と交流4 伊勢湾と古代の東海』所収、名著出版、一九九六年)。

(27) 『年中行事秘抄』(『群書類従』巻八六、五六二頁)。

(28) 川原秀夫「国司と神社行政」(林睦朗・鈴木靖民編『日本古代の国家と祭儀』所収、雄山閣出版、一九九六年)、小倉氏前掲注(17)論文など参照。

(29) 国史大系『類聚国史』巻一〇、神祇一〇、祈年祭。

(30) 丸山裕美子「天皇祭祀の変容」(『日本の歴史08 古代天皇制を考える』所収、講談社、二〇〇一年)、小倉氏前掲注(17)論文など参照。

(31) 前掲注(28)。

(32) 木村茂光『「国風文化」の時代』(青木書店、一九九七年)参照。

(33) 村井章介「王土王民思想と九世紀の転換」(『思想』八四七、一九九五年)、岡田氏前掲注(24)著書など。

(34) 上川通夫「中世仏教と「日本国」」(『日本史研究』四六三、二〇〇一年)、前田雅之「和漢と三国—古代・中世における世界像と日本—」(『日本文学』五二—四、二〇〇三年)など。

(35) 上島享「中世宗教支配秩序の形成」(『新しい歴史学のために』二四二・二四三合併号、二〇〇一年)、「中世宗教秩序の形成と神仏習合」(『国史学』一八二、二〇〇四年)、「中世国家と寺社」(『日本史講座3　中世の形成』所収、東京大学出版会、二〇〇四年)など。
(36) 『群書類従』巻四八四。
(37) 伊藤聡「大日本国説について」(『日本文学』五〇―七、二〇〇一年)。
(38) 本書第一章第三節参照。
(39) 岩波文庫『古事記』上巻一。
(40) 岩波文庫『日本書紀』巻一神代上第三段本文。
(41) 『参天台五台山記』延久四年(一〇七二)十月十五日条(『大日本仏教全書』遊方伝叢書三)。
(42) 国史大系『扶桑略記』抄一。
(43) 日本古典文学大系『大鏡』第一巻、四〇頁。
(44) 勝命『古今序注』(新日本古典文学大系『古今和歌集』附録)三八一頁。
(45) 国民文庫刊行会『源平盛衰記』巻三〇「大神宮行幸願」。
(46) 同巻三二「還俗人即位例」。
(47) 国史大系『帝王編年記』目次。
(48) 『本朝文粋』巻一三。
(49) 『群書類従』巻二七七。
(50) 一代一度大神宝使発遣の対象となった諸国のうちに、二十二社・一宮がまったく含まれていないのは尾張国（三宮）のみである。

(51)『今治郷土史　資料編古代中世』。

(52) 貞治三年十一月「三嶋社大祝職幷八節供祭礼等事」（『祭礼行事集成』六）。

(53) 元久二年七月十四日「地頭平某下文」（大山祇神社文書、写真複製版『愛媛県指定重要文化財　大山祇神社文書』二号）。この史料については山本高志氏からご教示いただいた。記して感謝の意を表したい。

(54) 三島社とその周辺部は「三島荘」と呼ばれる荘園であったが、残念ながらその規模を示す史料は残されておらず、不明といわざるをえない。一方、建長七年の「伊予国神社仏閣等免田注進状写」には、上島氏が分析の対象とした「講経供料田」とは別に、「封戸」五十五町七反が書き上げられ、その六割以上に当たる三十四町余が三島宮領とされている。しかし、国衙から寄進された「日御供料田」は三十六町で、これを「封戸」に当てることはできない。かといってこれを「講経供料田」に当てることもできない。「免田注進状」によれば、三島社領の合計は四十二町六反、別宮分を加えれば六十一町二反にも及ぶからである。国衙からの寄進になる「日御供料田」三十六町が、仮に「講経供料田」の一部を指すとしても、三島社にはこれとは別に多数の浦なども社領として存在したことが推定されるから、そうした記載をいっさい含まないこの「免田注進状」から三島社領の全体（三島大祝氏以下の神官の所領を含む）を復元することは、やはり困難だといわざるをえない。川岡勉氏も指摘するように（「中世の伊予府中と在地勢力」『愛媛大学教育学部紀要　第Ⅱ部　人文・社会科学』三五―一、二〇〇二年。『中世の地域権力と西国社会』清文堂出版、二〇〇六年再録）、「この史料（免田注進状…井上）をもとに国内の宗教秩序全体を問題にするのは無理があり、史料の性格からくる限定性を考慮しながら論じられるべきだ」ということになろう。

(55) 拙稿「中世の出雲神話と中世日本紀」（『古代中世の社会と国家』所収、清文堂出版、一九九八年）など。これは最も典型的な中世的仏教説話＝中世日本紀（吉田兼倶のいう「本迹縁起神道」＝「社家神道」）の一つと評価することができよう。

(56) 拙稿「中世長門国一宮制の構造と特質」（一宮研究会編『中世一宮制の歴史的展開』上所収、岩田書院、二〇〇四年）。

(57) 『続群書類従』巻五八。

(58) 『群書類従』巻二九。

(59) 鰐淵寺文書（『大社町史』史料編古代・中世、一八三七号）。

(60) 平雅行「神仏と中世文化」（『日本史講座4　中世社会の構造』所収、東京大学出版会、二〇〇四年）、三橋正「中世前期における神道論の形成―神道文献の構成と言説―」（大隅和雄編『文化史の様相』所収、吉川弘文館、二〇〇三年）など。

あとがき

本書は、筆者が大阪に転出してきた一九九七年以後、中世神社史研究（中世諸国一宮制の研究）を進める中で考えた、いわば副産物としての論考をまとめたものである。

筆者は、一九七五年に島根大学（当時は文理学部、現在は法文学部）に赴任して以来、基礎的な史料の収集・整理作業を初めとして、大きく立ち遅れていた中世の島根・山陰地域史研究を自らに課せられた責務と考え、微力ながらその前進と発展のために努めてきた。島根県にとって中世史を専門とする研究者が大学などの専門研究機関に着任するのは筆者が初めてのことであり、かつ当初は筆者一人だった（のちに藤岡大拙氏が島根県立女子短大に就任された）こともあって、地域や地域住民からのさまざまな要請・要望に応えて研究を進めることが、地方大学に籍を置く筆者にとっては最大かつ最優先の研究課題とされた。十五年余の長い年月を経て、二〇〇四年一月にようやく国史跡に指定された島根県益田市の三宅御土居跡保存・活用運動などに、専門研究者の一人としてその一端を担うことも、欠かすことのできない重要な課題であり責務であった。そして、そうした多面的な諸研究課題の一つとして、『大社町史』の編集・執筆の機会を与えられたのを機に、神社・宗教史研究が改めて一つの重要なテーマとして浮上することとなった。

ところで、地域史研究を経験した方なら誰でも承知されているところであろうが、地域史研究と個別の専門的研究との間には現実問題として大きな矛盾と鋭い緊張関係が存在する。総合性及び地域への緊密な密着と地域の側に視点を据えた歴史の総体的な捉え返しを使命とする地域史研究と、個別の研究テーマを普遍的・全国的な視点に立って専門的に行う研究、この両者を多数の研究者が分担できる条件に恵まれている場合はともかく、基本的にそのすべてを一人で担わなければならない場合、絶対的な時間的制約や能力の限界などもあってその間の矛盾は極めて深刻なものとならざるをえない。かねてよりこの矛盾を抱えていた筆者に、抜き差しならない問題を突きつけたのが神社・宗教史研究であった。中世諸国一宮制や神社史研究そのものが著しく立ち遅れている現状にあって、諸国一宮の中でも最も中心的、かつ拠点的な位置を占める中世出雲国一宮＝出雲大社の実態を全面的に解明することは、地域史研究という視点によってはとうてい果たしえない、大きな限界と矛盾に直面せざるをえなかったからである。そこで意を決し、平凡社『日本歴史地名大系33　島根県の地名』の刊行（一九九五年）により地域史研究に一段落がついたのを機に、島根県のみなさまには十年間という期限を設けて、一時島根を離れるお許しをいただき、現任校に転出することとなった。筆者自身に即していうと、大阪大学文学部への就職のため、在籍わずか二カ月にして中退した大学院後期博士課程でできなかった研究を、遅ればせながらもう一度じっくりやり直したい、そして何よりも一人の研究者として自らが主体的に設定した研究テーマを、いま一度自由、かつ集中的に研究してみたいという強い思いがあった。

いま一つ、筆者にはどうしても一度は地域を離れて全国的・普遍的な立場から研究してみたい、あるいは研究しなければならないと考える理由があった。それは恩師である黒田俊雄氏の学恩に報いることである。かつて書いたこともあるように（「黒田俊雄氏の人と学問」『歴史評論』五二八、一九九四年）、筆者は黒田氏から実に多くのことを学ばせていただいたが、恥ずかしながら学問的には十分その学恩に報いることもできないまま今日に至った。黒田氏が一歴史学徒として、その生涯をかけて解決しようと立ち向かった諸課題、そしてそれを十分になしえないまま逝ってしまった、その熱い思いを私たちがしっかりと受け止め、たとえ一部ではあってもその実現に向け一歩でも近づくこと、そのために、改めて黒田氏の研究と真正面から向き合い、それを批判的に継承・発展させるよう努めること、それは単に「学恩に報いる」というにとどまらず、史学史上に占める黒田氏の位置の重要性に鑑みて、黒田氏の教えを受けた者に課せられた重要な責務でもあると考えた。黒田氏からはあまりにも遅きに失し、かつ拙いとお叱りを受けるかも知れないが、本書はそうした意図のもとに執筆・編集したものでもある。

当初からの予定であった十年間の「研修期間」が満了となる今年、ようやく本書をまとめることができ、不十分ながら一つの課題と責務は果たすことができたと考えるが、本来の研究課題であった中世神社史（中世諸国一宮制の研究）に関しては、残念ながらそれをまとめるまでに至らなかった。自己研鑽と努力が足りなかったものと深く反省している。今後は、再び中世島根・山陰地域史研究との厳しい緊張と矛盾・対抗関係の中で、引き続きその完成を目指さなければならないこととなる。しかし、それにしてもこの十年間、國學院大學の岡田荘司氏や東京大学史料編纂所の榎原雅治氏、国立歴史民俗博物館の井原今朝男氏を初めとする中世諸国一宮制研究会（のち一宮研究会）のみなさま、あるいは日本史研究会や日本宗教文化史学会・大阪歴史科学協議会等々の諸学会のみなさまなど、実に多くの研究者の方々と親しくさせていただいたことで、多くのことを学び、またこの上もなく有意義で楽しい研究生活（いくつかの島根県内自治体史の編集委員長をはじめ、県や市町村の遺跡発掘調査指導等に関わるなど、必ずしも地域から完全に解放されていたわけではなかったが）を送ることができた。自由な研究活動を保障し、支援していただいた大阪工業大学と情報科学部、及び同僚の教職員のみなさまにも心より感謝申し上げたい。

さて、本書に収めた論考は、「はしがき」を除きいずれもそれぞれ単独に発表したものを一つにまとめ、章節だてに編集し直したもので、その初出と原題は以下の通りである。

序　章：「中世神社史研究の課題――〝顕密体制〟論の批判的継承・発展のために――」（『歴史科学』一六二、二〇〇〇年）

第一章：「「神道」の成立――神社史研究序説――」（『大阪工業大学紀要』四六―一、二〇〇一年）

第二章：「中世末・近世における「神道」概念の転換――日本おける「神道」の「宗教」化の一過程――」（『大阪工業大学紀要』四八―一、二〇〇三年）

第三章：「「国家神道」論の再検討――近世末・近代における「神道」概念の転換――」（『大阪工業大学紀要』五一―一、二〇〇六年）

結　章：「日本の「神道」と神社祭祀」（『日本宗教文化史研究』九―一、二〇〇五年）

附　論：「中世日本の神社・「神道」と中世日本紀」（『歴史評論』六七三、二〇〇六年）

本書への収録に当たって、表題を一部修正したほか、結章と附論以外は、一部の修正と補足を行ったものの、基本的にはもとの通りとした。結章と附論に関しては、紙幅制限など種々の制約のために圧縮し、あるいは割愛していた部分を復活させ、少し膨らませる形で体裁を整えた（とくに附論）が、これまた論旨そのものに変更はない。ただ、両論考とも第三章までの考察内容を踏まえて、それぞれ日本宗教文化史学会及び歴史科学協議会で行った大会報告をまとめたものであるところから、内容的に若干重複することとなった。しかし、力点の置き方が異なるなど、筆者の見解がより明確になると考え、あえて結章及び附論として掲載することとした。

困難な出版事情のなか、本書の刊行には校倉書房の洞圭一氏と山田晃弘氏に特別のご高配を賜った。両氏には、筆者が島根大学に赴任する以前の数十年前に著書をまとめるようお薦めいただいたにもかかわらず、島根大学への転出にともなって、それまで進めてきた「日本中世封建制成立史論」の研究を中断・放棄してしまったこともあって、長らくご期待に添えないまま時を過ごしてしまった。形こそ違え、こうした形で著書をまとめることができ、この点でも不十分ながら責任の一端は果たせたと安堵している。長年にわたる両氏の温かいご支援とご配慮に深く感謝申し上げたい。とくに山田氏には、本書刊行に至るまでの詳細にして懇切なご指導とご教示とをたまわり、ようやく刊行にこぎ着けることができた。ご指導・ご援助に改めて深く感謝申し上げたい。

遅ればせながらではあるが、本書を故黒田俊雄氏と、私のわがままな研究活動を励まし支えてくれた妻及び息子たちに、心よりの感謝の意を込めて捧げたいと思う。

二〇〇六年六月

井上寛司

文庫版あとがき

本書は、二〇〇六年に校倉書房から刊行された『日本の神社と「神道」』を文庫化したものである。

前著が刊行された当時に較べ、神社・神祇史研究や神道史研究は大きな前進と発展を遂げてきた。その中にあって、本書を復刻することにいかなる学問的な意味があるのか、いささか躊躇するところもあったが、法藏館編集部からのお勧めもあり、意を決して復刻することとした。

この間における研究の活性化と発展を象徴的に示すのは、國學院大學神道文化学部岡田莊司氏の編になる『日本神道史』が二〇一〇年に、そしてその増補新版が二〇二一年に同学部小林宣彦氏との共編で吉川弘文館から刊行されたことにある。ここでは、「確定した教祖・教典・教義を持たない神道」の骨格部分は国家祭祀の体系化が進んだ律令国家形成期の天武・持統朝期に成立した（＝神道の成立）との認識を踏まえ、その歴史的前提と、その後の今日に至る歴史過程が総括的に論じられている。

神社や神道を無前提に「太古の昔に遡る自然発生的な日本固有の民族的宗教・宗教施設」とする旧来の社会的通念から脱却し、史料による厳密で実証的な方法に基づいて神社・神道の成立やその歴史的展開過程を検討する、そうした共通の学問的土俵が構築されたことは、当然のこととはいえ、研究の大きな前進・発展と評価することができるであろう。

上島享『日本中世社会の形成と王権』（名古屋大学出版会、二〇一〇年）に代表されるように、寺院と神社、仏教と神祇信仰を統一的に捉える方向性が明確となり、それが共有されるようになってきたのも、重要な前進といえる。

伊藤聡『神道の形成と中世神話』（吉川弘文館、二〇一六年）を初めとして、神道の語義の究明や思想史的検討がさらに精緻に進められ、神祇道としての神道との違いや両者の併存がより鮮明となってきたのも重要な前進といえよう。

以上のように、かつて本書が提起しようとした問題のいくつかはすでに解決され、それにともなって本書の補正を要するところも少なくないが（中世的神道譜の成立過程など）、しかし依然として本書の持つ学問的な価値がなくなったわけではないと考える。その主な論点を整理すれば、次のようにまとめることができるであろう。

まず第一は、神道における教義・教説と祭祀・儀礼体系との関わりを、古代の天皇神話との関わりをも視野に入れていかに捉えるのかという問題である。仏教などのいわゆる創唱宗教と異なって、宗教としての神道が教祖や教典を持たないことは自明のところであるが、しかし仏教などから区別される、一個の自立した宗教として定立されるためには、教義・教説ないしそれに準ずるものが求められることもまた否定することができない。従来から、古代の天皇神話がそれに準ずるものと考えられてきたのはそのためであるが、しかしその位置づけは今もって明確になったとはいいがたい。神祇信仰という場合の神祇が天神地祇の略称で、古代の天皇神話と表裏一体の関係にあることからしても、宗教としての神道と天皇神話との関わりの有り様を正確かつ歴史的に捉えるよう努めることは、依然として今後に残された重要な研究課題だといわなければならない。

第二は、先述の岡田・伊藤両氏らによって提起された、祭祀・儀礼体系としての神道（神祇道）と教説・思想としての神道との区別や連関をいかに捉えるのかという問題である。これは、中国から伝来した「シンドウ・ジンドウ」の語がいつ、どのような経過を経て日本独自の呼称である「シントウ」へと転換していったのかとも密接に関わるところであって、神道をめぐる多様な議論や考え方の違いを整理し、より生産的で学問的な議論が進められるようにするためにも、改めて早急の検討が求められるところといえよう。

第三は、世俗の政治権力と宗教との関わりをいかに捉えるかという問題である。古代における国家権力の成立過程を含め、世俗の政治権力や国家と宗教との関わり方は、古代・中世・近世・近代・現代の各時代においてそれぞれ大きく変化してきた。宗教としての神道の場合、先に指摘した天皇神話との関わりを含め、この問題はとりわけ複雑かつ深刻で、その学問的解明は、これまた今後に残された重要な研究課題だといわなければならない。

以上に指摘した三つの論点が凝縮され、それ故にいっそう解明が困難とされてきたのが近代の国家神道である。これに関しては、島薗進『国家神道と日本人』（岩波新書、二〇一〇年）や畔上直樹「国教問題と近代日本」（『日本宗教史3 宗教の融合と分離・衝突』、吉川弘文館、二〇二〇年）を初めとする多くの論考が発表されてきたが、残念ながら未だ十分に解明されたとはいいがたい。とくに明治初年の維新政府の宗教政策を「神道国教化」と捉え、それが崩壊した後に改めて国家神道が成立するという大方の理解には、「神道」の根幹に関わる抜本的な再検討が求められる。その際の最も重要な論点の一つが、世俗の政治権力（明治維新政府）と神道との関わりであって、世俗政治権力による宗教への直接的で強権的な介入と統制が「国教指定」のレベルを遥かに超えてしまっていること、及びここにいう「神道」が宗教一般とは異質であること、この二点にとりわけ留意しておく必要があると考えられる。

最後にいま一つ、神社（常設の神殿を設け、そこに祭神を祀って信仰の対象とする）の問題がある。神道と同じく用語としては中国からもたらされた神社が、日本ではいつ、どのように、またどのようなものとして成立したのか、そしてそれは以上に指摘した四つの論点といかに関わり合いながら、どのような経過を辿って今日に至っているのか。これは、言葉を変えていえば、日本固有の宗教施設である「神社」をどのようなものとして理解し、その歴史的な変遷を神祇祭祀及び「（教説・思想としての）神道」との関係も視野に収めていかに理解するかという問題ともいえよう。これらの点についても、多くの論考が発表されてきたが、とりわけ古代から現代に至る各時代ごとの神社のトータルなあり方や神道との関わり方に関しては、なお多くの問題が未解明のままにあるといわなければならない。

序章でも指摘したように、本書の主要な課題は「神社・宗教史研究を進めていくための理論的・方法論的基礎ないし前提を構築する、そのための一つの問題提起」というところにあり、多くの不十分さを抱えているが、今後における神社・神道史研究の発展に幾ばくかの貢献ができれば、これに勝る喜びはない。

本書の刊行には、以前に『出雲鰐淵寺文書』『出雲鰐淵寺旧蔵・関係文書』の刊行のためにご尽力いただいた法藏館と同社大山靖子氏にたいへんお世話になった。今回もまことに詳細で的確なご助言とご支援をいただき、そして文庫版の一冊に加えていただいたことに、深く感謝申し上げたいと考える。

二〇二三年九月二六日

井上寛司

井上寛司（いのうえ　ひろし）
1941年生まれ。大阪大学大学院修士課程修了。島根大学・大阪工業大学名誉教授。
専門は日本中世史・神社史。
主な編書に『日本中世国家と諸国一宮制』（岩田書院）、『「神道」の虚像と実像』（講談社現代新書）、『出雲鰐淵寺旧蔵・関係文書』（法藏館）などがある。

日本の神社と「神道」
二〇二四年五月一五日　初版第一刷発行

著　者　井上寛司
発行者　西村明高
発行所　株式会社法藏館
京都市下京区正面通烏丸東入
郵便番号　六〇〇-八一五三
電話　〇七五-三四三-〇〇三〇（編集）
〇七五-三四三-五六五六（営業）

装幀者　熊谷博人
印刷・製本　中村印刷株式会社

ISBN 978-4-8318-2664-0 C1121

法蔵館文庫既刊より

価格税別

さ-1-1
増補
いざなぎ流　祭文と儀礼　斎藤英喜著
高知県旧物部村に伝わる民間信仰・いざなぎ流。中尾計佐清太夫に密着し、十五年にわたるフィールドワークによってその祭文・神楽・儀礼を解明。
1500円

さ-2-1
アマテラスの変貌　中世神仏交渉史の視座　佐藤弘夫著
童子・男神・女神へと変貌するアマテラスを手掛かりに中世の民衆が直面していたイデオロギー的呪縛の構造を抉りだし、新たな宗教コスモロジー論の構築を促す。
1200円

く-1-1
王法と仏法　中世史の構図　黒田俊雄著
強靱な論理力で中世史の構図を一変させ、「武士中心史観」にもとづく中世理解に鋭く修正を迫った黒田史学。その精髄を示す論考を収めた不朽の名著。解説＝平　雅行
1200円

さ-4-1
ラジオの戦争責任　坂本慎一著
戦前最強の「扇動者」、ラジオ。その歴史を五人の人物伝から繙き、国民が戦争を支持し、また玉音放送によって瞬く間に終戦を受け入れるに至った日本特有の事情を炙り出す。
900円

は-1-1
明治維新と宗教　羽賀祥二著
近代「神道」の形成と特質を仏教までもを含んだ俯瞰的な視野から考察し、「国家神道」に止まらない近代「神道」の姿をダイナミックに描いた、日本近代史の必読文献。
1800円

ブ-1-1
儀礼と権力　天皇の明治維新
ジョン・ブリーン著

日本の「近代」創出に天皇がはたした身体的役割とは何か。天皇はいかにして「神話の体現者」となったのか。従来とは異なる儀礼論的アプローチから迫ったユニークな試み。

1300円

こ-1-1
神々の精神史
小松和彦著

カミを語ることは日本人の精神の歴史を語ること。竈神や座敷ワラシ。酒呑童子、ものくさ太郎に、山中の隠れ里伝承など、日本文化の深層に迫った妖怪学第一人者の処女論文集。

1400円

み-1-1
江戸のはやり神
宮田登著

お稲荷さん、七福神、エエジャナイカ――民衆の関心で爆発的に流行し、不要になれば棄てられた神仏。多様な事例から特徴を解明し、背景にある日本人の心理や宗教意識に迫る。

1200円

た-5-1
安倍晴明の一千年
「晴明現象」を読む
田中貴子著

スーパー陰陽師・安倍晴明はいかにして誕生したのか。平安時代に生きた晴明が、時代と世相にあわせて変貌し続ける「晴明現象」を追い、晴明に託された人々の思いを探る好著。

1200円

み-2-1
天狗と修験者
山岳信仰とその周辺
宮本袈裟雄著

修験道の通史にはじまり、天狗や怪異伝承、修験者の特性と実態、恐山信仰などを考察。入手困難な記録や多様な事例から修験者の固有信仰を幅広く論じる。解説＝鈴木正崇

1200円

さ-6-1
祭儀と注釈
中世における古代神話
桜井好朗著

神話はいかに変容したのか。注釈が中世神話を創出し、王権－国家の起源を新たに形成。中世芸能世界の成立をも読解した、記念碑的一冊。解説＝星優也

1400円

ま-1-1
中世の都市と非人
武家の都鎌倉・寺社の都奈良
松尾剛次著
非人はなぜ都市に集まったのか。独自の論理で彼らを救済した仏教教団とは。中世都市の代表・鎌倉と奈良、中世都市民の代表・非人を素材に、都市に見る中世を読み解く。
1200円

た-8-1
維新期天皇祭祀の研究
武田秀章著
幕末維新期における天皇親祭祭祀の展開過程を文久山陵修補事業に端を発する山陵・皇霊祭祀の形成と展開に着目しつつ検討、天皇を基軸とした近代日本国家形成の特質をも探る。
1600円

う-2-1
〈小さき社〉の列島史
牛山佳幸著
「村の鎮守」はいかに成立し、変遷を辿ったのか。各地の同名神社群「印鑰社」「ソウドウ社」「女体社」「ウナネ社」に着目し、現地調査・文献を鍵に考察を試みる意欲作。
1300円

い-3-1
日本の神社と「神道」
井上寛司著
日本固有の宗教および宗教施設とされる神社と、神社祭祀・神祇信仰の問題を「神道」との関わりに視点を据えて、古代から現代までをトータルなかたちで再検討する画期的論考。
1500円

お-2-1
来迎芸術
大串純夫著
阿弥陀来迎図や六道図等の美と信仰のあり方を、浄土教美術に影響を与えた『往生要集』の思想や迎講・仏名会等の宗教行事から考証。
解説＝須藤弘敏
1200円

に-1-1
仏教文化の原郷
インドからガンダーラまで
西川幸治著
伽藍、仏塔、仏像、都市、東西文化交流……近代以降、埋もれた聖跡を求めて数多行われた学術探検隊による調査の歴史をたどりつつ、仏教聖地の往事の繁栄の姿をたずねる。
1400円